A RIQUEZA
DO AMOR

A RIQUEZA DO AMOR

Pelo espírito
IRMÃO IVO

Psicografia de
SÔNIA TOZZI

LÚMEN
EDITORIAL

A riqueza do amor
pelo espírito Irmão Ivo
psicografia de Sônia Tozzi

Copyright © 2016 by
Lúmen Editorial Ltda.

1ª edição – julho de 2016

Direção editorial: *Celso Maiellari*
Direção comercial: *Ricardo Carrijo*
Coordenação editorial: *Casa de Ideias*
Revisão: *Mary Ferrarini*
Projeto gráfico e arte da capa: *Casa de Ideias*
Impressão e acabamento: *Gráfica Paym*

Dados Internacionais de Catalogação na Publicação (CIP)
(Câmara Brasileira do Livro, SP, Brasil)

Ivo, Irmão (Espírito).
 A riqueza do amor / pelo espírito Irmão Ivo ; psicografia de Sônia
Tozzi. – São Paulo : Lúmen Editorial, 2016.

 1. Espiritismo 2. Psicografia 3. Romance espírita I. Tozzi, Sônia.
II. Título.

16-04400 CDD-133.93

Índices para catálogo sistemático:
1. Romances espíritas : Espiritismo   133.93

Rua Javari, 668
São Paulo – SP
CEP 03112-100
Tel./Fax (0xx11) 3207-1353

visite nosso site: www.lumeneditorial.com.br
fale com a Lúmen: atendimento@lumeneditorial.com.br
departamento de vendas: comercial@lumeneditorial.com.br
contato editorial: editorial@lumeneditorial.com.br
siga-nos nas redes sociais:
twitter: @lumeneditorial
facebook.com/lumeneditorial

2016

Proibida a reprodução total ou parcial desta obra
sem prévia autorização da editora
Impresso no Brasil – *Printed in Brazil*

AGRADECIMENTO

DEDICO ESTE LIVRO a todos os meus irmãos que sofrem a dor da humilhação simplesmente por habitar as comunidades que não estão inseridas na dita classe superior; a todas as pessoas que, movidas pelo sentimento de solidariedade e amor ao próximo, lutam para minimizar o sofrimento dos necessitados; e, principalmente, às queridas irmãs de fé que trabalham comigo no atendimento fraterno às gestantes carentes do Lar de Amparo à Gestante Ricardo Luiz.

O homem dá prioridade à divulgação incessante do quanto o mundo é mau e se esquece de perceber o quanto ele pode se tornar bom, se cada um de nós contribuir para isso.

Ao leitor

O MUNDO VIOLENTO e cheio de agressões no qual vivemos obriga-nos a pensar o que poderíamos fazer para modificar essa situação de total desordem que atravessa a humanidade.

Que bom seria se o mundo fosse de paz!

Que bom se as pessoas pudessem se olhar e se reconhecer como irmãos, filhos da Criação Divina.

Mas como seria este mundo sem que o vendaval da ignorância, do preconceito, do orgulho e da maldade não derrubasse e jogasse por terra as chances de harmonia e felicidade?

Como seria?

Imaginemos...

As pessoas caminhando rumo ao trabalho com o coração sereno por saber que retornariam às suas casas após o dever cumprido; e, em seus lares, filhos e pais, esposas e maridos alegres pela certeza do retorno do seu ente querido.

Imaginemos...

Todos integrados na sociedade e lutando por uma vida melhor, confiantes em que a chance de prosperidade e a lei do trabalho fossem iguais para todos, acreditando que não seriam banidos por atos impensados dos egoístas e invejosos.

Imaginemos...

A união de todos os seres, sem distinção de raça, cor ou credo religioso; união fundamentada no amor desenvolvido no coração complacente.

Imaginemos...

A natureza preservada; os rios limpos, com seus peixes coloridos; a vegetação viçosa e exuberante enfeitando e equilibrando a vida urbana agitada em seu vai e vem nas ruas limpas, onde rostos alegres demonstram em seu sorriso a felicidade.

Imaginemos...

O fim das comunidades e do submundo do crime; todos possuindo um lar para voltar; portas se abrindo para o repartir; corações emanando amor e fraternidade para os desvalidos; lábios se calando quando não têm nada de útil e bom para falar; o mundo se modificando e se transformando em razão da evolução do homem.

Imaginemos...

A humanidade percebendo que Jesus transita entre os homens por meio das palavras de seu Evangelho.

Imaginemos enfim...

Que o homem, dentro dessa introspecção, comece a perceber que para esse mundo de paz existir necessário se faz extirpar o desamor do coração.

Para que tudo aconteça no equilíbrio e na felicidade é fundamental aprender e exercitar o respeito, a compreensão e o amor fraternal; não cobiçar o que pertence a outrem; não dificultar o caminho do semelhante; não ludibriar os corações simples para conquistar riquezas.

Não se consegue felicidade sem coração limpo; não se consegue paz fomentando a discórdia; não se consegue equilíbrio sem cultivar virtudes, enfim, não se constrói um mundo melhor sem aprender a amar com a dignidade e a transparência que o verdadeiro amor possui.

O coração do homem é sua bússola e o leva para o bem ou para o mal, depende do amor que balsamiza a alma.

O coração benfeitor, limpo de ranços e maldade, continuará assim, independentemente do lugar onde possa estar, e é também verdade que o coração que abriga a maldade e a cobiça criará situações de violência e desajuste, sem se importar onde vive, se na riqueza ou na pobreza, porque a ele só interessa o seu desejo satisfeito.

Não podemos nem devemos rotular as pessoas, pois cada ser possui sua individualidade e seu livre-arbítrio. No lamaçal das comunidades podem existir lírios esperando ser colhidos por mãos ternas e amigas.

Por que não ir em busca da descoberta?

As rosas, apesar de belas, possuem espinhos. Os homens também trazem os espinhos da imperfeição, e esses espinhos estão registrados na história de cada um.

Como seria bom viver em um mundo de paz construído pela fraternidade humana. Mas esse sonho somente se transformará em realidade no dia em que o amor universal falar mais alto, criar raízes no coração e acabar, assim, com a desigualdade, que é fruto da ambição, do egoísmo e do orgulho do próprio homem.

É preciso perceber que todos têm direito à grande casa de Deus; permitir que todos possam usufruir das belezas do Universo; ver o luar refletido nas águas do oceano e, nesse momento de paz, olhar para dentro de si mesmo e sentir o olhar de Jesus refletindo na própria alma.

Aquele que conseguir perceber isso encontrou o caminho do mundo de paz e da verdadeira felicidade.

Sônia Tozzi

SUMÁRIO

Capítulo 1	O encontro	13
Capítulo 2	O trabalho se inicia	32
Capítulo 3	A decepção de Lenita	47
Capítulo 4	Preocupação de Lenita	60
Capítulo 5	Mariana descobre as ameaças	74
Capítulo 6	A ameaça se concretiza	93
Capítulo 7	Hora do acerto	109
Capítulo 8	Esclarecimentos de Heitor	126
Capítulo 9	O trabalho continua	134
Capítulo 10	História de Tamires	149
Capítulo 11	Lenita encontra o amor	169
Capítulo 12	O retorno de Mariana	180
Capítulo 13	Sofrimento e dor	190
Capítulo 14	Em outro plano	201
Capítulo 15	Nova sugestão de Heitor	209
Capítulo 16	A viagem de Lenita	227
Capítulo 17	Nova vida de Lenita	241
Capítulo 18	O tempo passou	255

Capítulo 19	O trabalho de Lenita continua	263
Capítulo 20	Verdadeira caridade	274
Capítulo 21	Não chores... Agradeça	285
Capítulo 22	A volta de Laurinda	297
Capítulo 23	Após o sono, o despertar	307
Considerações		316
Palavras da Médium		320

capítulo

1

O ENCONTRO

LENITA, COMO DE costume, ministrava suas aulas de alfabetização de adultos na Comunidade Santa Rita, localizada na periferia de importante capital, margeada por um córrego que servia de depósito para todos os tipos de detrito. As enchentes se sucediam cada vez que as fortes chuvas castigavam a cidade. Moradores perdiam todos os seus pertences, que eram levados pela força das enxurradas que invadiam, sem dó, os barracos construídos próximos do córrego. O cenário era de desolação e tristeza para toda aquela gente que pouco ou nada possuía.

Lenita, uma jovem professora de vinte e nove anos, dedicava-se como voluntária ao trabalho beneficente nessa comunidade tão carente. Acreditava na força do amor fraternal e esperava, assim, com sua atenção aos necessitados, minimizar a carência daqueles irmãos tão sofridos, que, apesar da idade madura, não sabiam nem mesmo ler ou escrever seu próprio nome.

Sonhava com uma condição melhor para aquelas pessoas e fazia o que estava ao seu alcance para ajudá-las, sem preconceito e sem julgamento, apenas movida pelo sentimento de fraternidade.

Visitava as famílias mensalmente levando-lhes remédios, alimentos e cobertores; amparava, como podia, as gestantes desesperançadas daquele lugar feio, cheio de problemas e dificuldades. Orientava-os sobre seus deveres e direitos; duas vezes por semana dava aulas de alfabetização para adultos. Era, na verdade, uma tarefeira vivenciando os ensinamentos aprendidos no Evangelho de Jesus.

O local que servia de sala de aula tinha sido, até bem pouco tempo, o lugar onde os porcos se empanturravam de lavagem, esperando o dia em que serviriam de refeição para os ocupantes do barraco que ocupava o espaço ao lado.

Como sempre, a aula transcorria em paz. Lenita se esforçava para se fazer entender. A paciência era uma de suas virtudes. Não importava quanto tempo ficava ensinando, a ela interessava o aproveitamento dos alunos, que, cada vez mais, se dedicavam a aprender.

De repente, ouviu-se um estampido, mais outro e mais outro. Todos identificaram o som como sendo tiros que se perdiam no ar, como em busca de um alvo não determinado.

As balas cortavam o ar aleatoriamente. Assustados, todos se abaixaram, não antes da entrada de quatro policiais armados, que, aos gritos, pediam a todos que abandonassem o recinto, pois estavam à caça de dois traficantes que tinham se escondido nos fundos daquela área.

Lenita, apesar do seu nervosismo, pedia calma e confiança aos seus alunos. Como não conseguiam sair, agacharam-se todos juntos em um canto da sala. Temerosa, mas confiante na proteção divina, Lenita orou ao Senhor implorando auxílio para todas aquelas pessoas que se esforçavam para não se desesperar.

Sem que ninguém pudesse evitar, um dos bandidos de arma em punho entrou no local e, com rapidez, segurou Lenita, tornando-a refém. O rosto daquelas pessoas simples estampava o medo e a dor por não poderem fazer nada em favor daquela que tanto bem espalhava entre pessoas tão sofridas, que pouco ou nada possuíam.

Os policiais pararam ante o quadro que presenciavam. O marginal enlaçou Lenita com o braço esquerdo, encostando-a rente ao seu peito, e com a mão direita encostava uma arma em sua cabeça ameaçando apagá-la, caso os policiais tentassem impedi-lo de fugir.

Todos estavam atônitos e assustados. O medo os impedia de articular qualquer som. Seus corações simples enviavam, do jeito que sabiam, pedidos de socorro ao Senhor para que salvasse a benfeitora de todos daquela comunidade; uma das poucas pessoas que se misturavam com eles com o único intuito de ajudá-los.

– Fiquem parados onde estão – gritava Orlando para os policiais. – Se derem um passo, estouro os miolos desta professorinha que, aliás, não sei o que está fazendo aqui. No mínimo, incentivando as pessoas a nos contrariar, conheço essa gente.

16 ❧ Irmão Ivo/Sônia Tozzi

– Por favor, deixe-a ir embora – gritou Anselmo, um dos policiais presentes. – Ela nada tem a ver com tudo isso.

– Não! Ela irá comigo para que eu tenha certeza de que não vão me perseguir; porque, se forem, encontrarão apenas o cadáver dela.

Lenita não emitia nenhum ruído, nenhum som ou gesto. Seu pensamento ligava-se ao Pai Maior e, do âmago do seu ser, saía um pedido de misericórdia direcionado a Deus.

– Meu Pai e meu Criador, não me desespero, pois confio em sua justiça e bondade para com todas as suas criaturas. Como uma de suas filhas, sei que não estou abandonada à minha própria sorte. Se for de sua vontade que eu pereça nas mãos desse irmão que não consegue enxergar sua luz, envie-me energia de paz e confiança, Senhor, para que eu saiba me entregar tal qual a filha que se aconchega nos braços protetores de seu Pai. Mas, se ainda me for permitido continuar a minha missão, que eu não recue no meu trabalho missionário e que esse incidente fortaleça, ainda mais, o meu propósito de auxílio ao semelhante que sofre. Confio e espero, Senhor, que sua vontade seja feita e por mim respeitada. Assim seja!

Orlando fez menção de sair levando Lenita consigo, quando Jonas entrou apressado e, a bem da verdade, um pouco amedrontado diante dos policiais.

Aproximou-se de seu cúmplice e, só então, percebeu que este aprisionava Lenita com seus braços fortes e firmes.

Ficou estupefato ao perceber de quem se tratava. Ela, justamente ela, era a refém.

Lenita levantou o rosto e seus olhos se encontraram com os de Jonas. O meliante estacou diante daqueles olhos que vira tantas vezes em sua casa auxiliando, com cuidados e remédios, sua companheira, que vivia uma gestação difícil. Abaixou os olhos constrangido, lembrando que só benefícios recebera daquela que agora se encontrava com uma arma na cabeça, vítima da delinquência de Orlando e da sua própria.

Envergonhou-se da sua atitude tão pequena diante de alguém que, desinteressadamente, só praticava o bem, sem julgamentos nem preconceitos.

Tudo passou em sua cabeça em um curto espaço de tempo. Recobrando seu controle, aproximou-se de seu comparsa e lhe disse:

– Deixa que eu tomo conta dela! – exclamou.

– Está bem – respondeu Orlando. – Mas veja se não a deixa escapar, já aconteceu outras vezes, mas agora, se acontecer de novo, quem paga é você. Estamos entendidos?

– Não precisa se preocupar, sei o que preciso fazer. Deixa comigo.

Os dois foram saindo devagar, com os olhos fixos nos policiais, que a tudo assistiam, atentos às atitudes dos marginais.

Ao alcançarem a rua, Orlando, puxando Lenita pelos braços, exclamou:

– Vamos levá-la conosco.

Na tentativa de salvar Lenita, Jonas respondeu:

– Não podemos fazer isso, Orlando, enlouqueceu? Ela vai conhecer nosso esconderijo. Vamos deixá-la aqui, é bem melhor.

– Nada disso, ela vai conosco, mesmo porque o chefe, depois de tirar suas "casquinhas" com ela, vai apagá-la. Portanto, não tem a menor importância ela descobrir onde escondemos a "muamba", já que vai mesmo partir desta para melhor! – exclamou Orlando com sarcasmo.

Jonas, criando coragem, enfrentou o companheiro e disse:

– Não! Ela fica; não vou permitir que ela sofra nada, afinal, foi ela que salvou a vida da Alzira, levando-lhe os remédios de que precisava, portanto, não posso permitir que morra à toa quem só me fez bem.

– Ah, não! – exclamou Orlando. – Além de tremer na base, amolece e ousa desobedecer à uma ordem do chefe? Pois vou acabar com ela agora mesmo e, quem sabe, com você também!

Apontou a arma na direção de Lenita e disparou dois tiros.

Jonas, rapidamente, colocou-se na frente de Lenita e, protegendo-a com seu próprio corpo, caiu ensanguentado a seus pés. Os policiais correram até o local, mas Orlando, aproveitando a confusão, saiu em disparada, conseguindo fugir. Lenita, atordoada, abaixou-se e, segurando a cabeça de Jonas com suas próprias mãos, ouviu-o dizer com dificuldade:

– Perdoe-me, dona Lenita. Que Deus a abençoe por todo o bem que fez por minha companheira Alzira. Não a abandone, eu lhe imploro, cuide dela e do meu filhinho. Fui um fraco, deixei-me envolver pelo mal e não tive forças suficientes para abandonar o vício, mas encontrei coragem para dar a minha vida em troca da sua, demonstrando, assim, a minha gratidão.

Emocionada, Lenita lhe disse:

– Por favor, Jonas, não fale. O socorro já está chegando, economize suas forças.

– Não... não, deixe-me falar, por favor. Não adianta chegar o socorro, porque sei que estou morrendo, por isso deixe-me dizer: não abandone a favela, ajude esta comunidade que luta contra toda a sorte de agressões, preconceitos e falta de oportunidades. Nem todos são bandidos assim como eu fui, nem todos querem ser bandidos. Separe o joio do trigo e, com esse amor que possui em seu coração, ensine os jovens favelados a transformar nossa comunidade em um lugar de paz e de respeito. Lamento não ter conseguido fazer o que estou lhe pedindo, peço a todos que me perdoem, eu...

Jonas calou-se, a sirene da ambulância fazia-se mais forte e mais próxima, mas, ao encostar junto ao corpo de Jonas, seus olhos já estavam fechados para sempre.

Enquanto os responsáveis retiravam o corpo inerte de Jonas, encaminhando-o para o IML, Lenita, estática, no auge da emoção, não conseguia se mover por conta dos acontecimentos que presenciara.

As palavras de Jonas ainda soavam em seus ouvidos. Lembrou-se de Alzira e sentiu um aperto em seu coração. Como dizer a ela que seu companheiro se fora para salvá-la?

Voltou a si ao sentir, em seus ombro, a mão de um policial que, delicadamente, perguntou-lhe:

– A senhorita está bem?

Lentamente, virou-se para ele e respondeu:

– Sim, obrigada, estou bem. Gostaria apenas de um copo com água, se possível. Sinto minha garganta muito seca.

– Pois não, senhorita, trarei em um instante.

Enquanto o policial se afastava, Lenita observava a saída do corpo de Jonas no carro apropriado. Seu coração generoso condoeu-se e, com humildade, orou ao Senhor:

"Agradeço, Senhor, por ter permitido minha permanência aqui na Terra; que os bons Espíritos me auxiliem para que eu não desperdice essa nova oportunidade que recebo e possa continuar meu aprendizado do amor. Suplico, meu Pai, por esse irmão que retorna à Pátria Espiritual de maneira tão trágica; que ele seja amparado pelos trabalhadores do seu reino, e que seu ato de generosidade em proteger-me a vida não seja jamais esquecido por mim, Senhor, pois ele mesmo transformou essa comunidade sofrida e sem oportunidades em um lugar de esperança, onde alguém que muito errou descobriu, em seu último momento, seu coração generoso e agradecido pagando com a própria vida o bem recebido."

Apesar de o corpo de Jonas ter sido retirado, o local continuava cheio de curiosos que comentavam o ocorrido. Cada um emitia sua opinião sem se preocupar se o que falava correspondia à verdade. O burburinho era geral.

Lenita permanecia no mesmo lugar, quando uma senhora de mais ou menos setenta anos de idade, rosto marcado pelas rugas do tempo e da grande exposição ao sol, por conta do seu trabalho de catadora de papel, aproximou-se e, timidamente, com receio de ser repudiada, disse à Lenita:

– Venha comigo até o meu barraco. Sou muito pobre, mas meu barraco é limpo. Gostaria de oferecer à senhorita um chá fresquinho que aprendi com minha mãe, há muitos anos, e que deixa a gente mais calma. Venha, você precisa se recuperar, passou por momento de grande tensão.

Lenita olhou para aquela senhora magrinha, cabelos puxados para trás formando um coque. Reparou em suas mãos grossas e calejadas; seus olhos, que, apesar de retratarem as dificuldades que enfrentava, emitiam um brilho que só possuem os olhos acostumados a perceber e a doar o bem e a fraternidade.

Com um leve sorriso, respondeu:

– Obrigada. Acho que vou aceitar, sim, estou mesmo necessitando de alguma bebida, e creio que nenhuma bebida seria mais reconfortante, neste momento, que um gostoso chá, principalmente quando é oferecido de maneira tão carinhosa.

– Então vamos!

– Vamos, mas diga-me, primeiro, o seu nome. Não me lembro de tê-la visto aqui na comunidade.

– Meu nome é Laurinda. Realmente a senhorita nunca me viu, mas eu a conheço muito bem e sei tudo o que faz por esta comunidade tão sofrida, com tantas carências e tantos preconceitos. Vamos, então?

– Sim, vamos – respondeu Lenita um pouco mais calma.

Desceram por algumas vielas estreitas e malcheirosas, até que chegaram a um barraco de tábua que mais parecia um oásis, em meio à tanta sujeira.

Lenita, surpresa, reparou nas pequenas flores plantadas em latinhas de conserva que Laurinda recolhia pelas ruas. A área que rodeava o barraco estava limpa e, na porta, havia um pequeno cartaz que dizia em letras azuis: "Doce Lar". Laurinda percebeu a surpresa de Lenita, mas nada disse; apenas ensaiou um sorriso e a convidou para entrar.

Entre, por favor, é um barraco pequeno, mas não tenha receio, tudo está limpo e no seu devido lugar.

Lenita entrou.

O barraco possuía três cômodos pequenos, mas, como dissera Laurinda, limpos e organizados. No primeiro via-se um fogareiro de duas bocas instalado em cima de uma mesa feita de dois caixotes, uma pia, e no canto oposto outra mesinha com quatro cadeiras. No quarto, apenas uma cama de solteiro e um velho armário onde Laurinda acomodava seus pertences. O terceiro cômodo era o banheiro. Tudo com o mínimo de comodidade, mas com o máximo de limpeza e ordem, mostrando a quantos a visitavam que pobreza não significa sujeira e desordem.

– Sente-se – disse Laurinda, puxando uma cadeira e a oferecendo à Lenita.

– Acomode-se e fique à vontade, faço o chá em um instante.

Lenita, sentindo-se bem acolhida, sentou-se e mais uma vez se surpreendeu ao ver na parede uma fotografia do rosto de Jesus e, embaixo, escrito em letras de forma:

"A humanidade só será feliz no dia em que aprender a incluir os excluídos."

– Laurinda, de onde a senhora tirou esta frase escrita embaixo do rosto de Jesus?

– Gostou? – perguntou Laurinda, feliz.

– Sim. Muito! Mas quem lhe disse isso?

– Ninguém. Eu mesma escrevi porque acredito que seja assim.

– Poderia fazer-lhe outra pergunta, Laurinda, sem querer, em absoluto, invadir seus sentimentos?

– Claro, Lenita, sempre tive muita vontade de conversar com a senhorita, saber se o que penso "na minha cabeça" está certo ou não. Enfim, aprender com quem sabe mais que eu. Faça a sua pergunta sem receio de me magoar.

– Logo que chegamos notei na porta da sua casa...

– Casa, não – interrompeu Laurinda –, barraco.

– Tudo bem. Notei na porta de seu barraco uma placa feita de tábua com a frase: "Doce Lar" escrita em letras azuis. Poderia me falar a respeito? A senhora considera este lugar um doce lar?

– Lenita, você deve, com certeza, não ter entendido mesmo, este barraco feito de tábuas, pequeno e com o mínimo que alguém necessita para viver ser chamado de doce lar, mas eu explico: doce lar, na verdade, não está caracterizando o meu barraco, mas o meu coração; quero dizer que todo aquele que de mim precisar encontrará abrigo na minha alma, que pertence a Jesus.

Lenita mal acreditava no que estava ouvindo de uma pessoa tão simples.

Laurinda continuou.

– O coração que abriga o Mestre se torna um doce lar, harmonizando o local onde vivemos. Este barraco pobre se tornou um doce lar pela fraternidade que se alojou em suas tábuas e pela paz que reina neste lugar, embora pequeno e pobre. Agora, diga-me, quantas casas cheias de conforto, beleza e fartura não se tornam um inferno por abrigar pessoas egoístas e orgulhosas, que caluniam seu próximo sem remorso e se perdem no preconceito?

Lenita, cada vez mais, se surpreendia; admirava-se da lucidez daquela mulher, que pouco ou quase nada possuía, mas que mantinha uma consciência firme e desprendida, apesar de deixar claro e notório sua condição de vida e sua total falta de escolaridade. Bem à vontade, perguntou:

– Diga-me, dona Laurinda, o que a senhora faz para viver?

– Graças a Deus trabalho não me falta. Eu sou catadora de papel.

Sem conseguir disfarçar sua surpresa, Lenita repetiu:

– Catadora de papel? – perguntou ainda admirada. – E mesmo assim cultiva essa alegria e esse otimismo?

– Claro, Lenita. Quantas pessoas têm menos que eu! – exclamou. – Nós precisamos aceitar a nossa existência, cumprir com a nossa obrigação e melhorar a nós mesmos. É isso que Jesus espera de nós.

– Por Deus, dona Laurinda... – antes de completar seu pensamento ouviu.

– Por favor, gostaria que me chamasse apenas de Laurinda.

– Está bem! Por Deus, Laurinda, onde você aprendeu tudo isso, como consegue se expressar com tanta propriedade, tanta sabedoria?

– Não se assuste, Lenita, sou espírita e aprendo com os espíritos. Sei que eles querem o meu bem, pois só me dizem coisas boas.

– Dizem?

– Sim, dizem! Leio e escrevo muito mal, cheio de erros. Só sei escrever em letra de forma e, mesmo assim, muito mal, e por isso eles "falam" comigo. Por favor, não pense que sou louca, mas escuto realmente os espíritos.

– Você fala com tanta sabedoria que me causa espanto! Mas que fantástico, Laurinda! Também sou espírita, mas não sou como você, nunca ouvi nenhum deles. Tudo o que aprendi foi lendo e estudando as obras da Codificação espírita realizada por Allan Kardec. Com base nesse aprendizado, tento fazer o melhor que posso e consigo. Todos nós temos limitações, e dentro da minha limitação, procuro servir o meu próximo.

– Você está conseguindo, Lenita, pelo menos aqui nesta comunidade você faz mais que o esperado por todos nós.

Lenita agradeceu com um sorriso. Laurinda voltou a dizer:

– Quem é Kardec?

– Kardec foi quem codificou a doutrina espírita; por meio de seus livros, de suas obras, aprendemos muito e de maneira correta a doutrina dos espíritos.

– Desculpe-me, Lenita, mas sou muito ignorante. Explique-me o que quer dizer "codificou"?

Com a paciência que lhe era característica, Lenita explicou:

– Quer dizer que ele, após estudar minuciosamente e por longo tempo as revelações dos espíritos, percebeu a concordância existente entre elas, mesmo quando feitas em lugares distantes e com médiuns desconhecidos uns dos outros. Notou bom senso, coerência e lógica em todas elas e reuniu, então, em algumas obras, todo o conceito da doutrina.

Laurinda ouvia com atenção. Lenita continuou:

– Explicou da maneira correta os ensinamentos dessa doutrina que consola e dá esperança, sem tirar a singeleza com que os espíritos transmitiram, sem rebuscar com adereços inúteis. Seu ponto mais importante é o esclarecimento da vida futura. Por isso, Laurinda, as obras da codificação de Kardec são as mais seguras para se conhecer e aprender a doutrina espírita.

Passados alguns instantes, Laurinda percebeu que não tinha ainda servido o chá que oferecera à Lenita.

– Meu Deus, Lenita, sou mesmo avoada, o chá... esqueci-me do chá! Espere, faço em um instante.

Foi até o fogareiro e, com desembaraço, fez o chá, oferecendo-o em uma pequena caneca de alumínio. Enquanto Lenita sorvia com tranquilidade a bebida feita com tanto carinho por Laurinda, esta, sentada ao seu lado, disse-lhe:

– Na verdade, Lenita, foi o Heitor que me pediu que a procurasse.

– Heitor?! Quem é Heitor?

É o espírito que conversa comigo. Ele me disse que nós duas tínhamos uma missão juntas e que a hora havia chegado.

– Missão?

– Sim!

– E qual é essa missão, Laurinda? – perguntou Lenita, cada vez mais interessada.

– Transformar ao máximo a vida desta favela, orientar as pessoas para que possam melhorar de vida, melhorando seus corações e empregando seu tempo no trabalho que enobrece, e não na conquista fácil dos desatinos. Enfim, lutar para que essas pessoas, apesar de morarem em uma comunidade, possam transformar seus corações em um abrigo de respeito, dignidade e amor ao seu semelhante, independentemente da condição social diferente da sua, melhor ou pior, enfim, conquistar com seu próprio trabalho o que ambicionam de outrem.

Lenita estava estupefata. Quase engasgada, disse para Laurinda:

– Foi por isso, então, que Jonas disse aquelas palavras antes de morrer. Ele me pediu que não desistisse da favela e que a transformasse em um lar de verdade, onde uma família pudesse viver em harmonia.

– Diga-me, Laurinda – continuou Lenita –, ele sabia dessa intenção, ou melhor, dessa missão? Você o conhecia?

Com os olhos cheios de lágrimas pelo trágico fim do rapaz, Laurinda respondeu:

– Sim, conhecia. Ele era meu neto e, como ele mesmo disse, não era drogado porque queria, foi levado a isso por causa da miséria, da fome, dos inúmeros problemas.

Acreditava que se drogando conseguiria fugir da realidade, mas caiu na própria armadilha, tornou-se um bandido e, quando quis sair, não conseguiu, não deixaram. Ele foi vivendo dessa maneira até acontecer o que você já sabe: sua morte trágica.

Com voz embargada, continuou:

– Pelo menos teve coragem de ser um homem de verdade ao salvar você, demonstrou que ainda tinha um sentimento nobre, ou seja, a gratidão.

Sentindo cada vez mais compaixão por aquela pobre mulher, Lenita perguntou:

– Mas por que eu e você?

– Porque você tem o conhecimento, a fraternidade e o amor ao próximo, e isso se vê por sua dedicação a esta favela; e eu porque serei a porta-voz do mundo espiritual, trazendo até você as orientações dos espíritos.

– Você aceita? – Laurinda perguntou emocionada.

Lenita, ainda surpresa com todos os acontecimentos, olhou aquela mulher miúda, maltratada e sentiu-se pequena ante a força espiritual que transparecia em seus olhos. Quanta lucidez e fé naquele coração sofrido! Lembrou-se de Jonas e perguntou à Laurinda:

– Como você consegue esquecer sua própria dor e pensar no bem-estar dos outros? Não sofre por seu neto?

– Sofro, sim, Lenita, sofro muito, mas Heitor me disse que era chegado o momento de me aproximar de você e que não perdesse essa oportunidade. Por isso fui procurá-la. Daqui a pouco vou até o IML esperar a hora de retirar o corpo de Jonas e entregá-lo a Deus, com amor e aceitação da vontade divina, pedindo ao Pai o amparo divino para ele neste momento difícil para o espírito.

– Onde você encontra essa força, Laurinda?

– Aprendi a sofrer com Jesus, Lenita. É a única maneira de sobreviver com dignidade nesta selva de pedra sem corromper o coração.

Os olhos de Lenita, até então surpresos com tudo o que viam, deixaram que as lágrimas escorressem abundantes por seu rosto.

Quanto aprendera naquele dia!

Percebeu que nem sempre a aparência revela a sabedoria e a grandeza espiritual que enobrece a alma. Laurinda lhe havia mostrado isso; aquele coração simples e aquele barraco pobre onde possuía menos que o necessário eram a morada de Deus. Laurinda soube perdoar as pedras da vida e, com elas, construiu no seu coração a morada de Deus.

Lenita não se deu conta do tempo que estivera divagando. Voltou a si quando a mão de Laurinda a tocou suavemente e, em voz baixa, disse:

– E então, Lenita, aceita cumprir essa missão ao meu lado?

A resposta de Lenita foi um grande abraço dado com carinho em Laurinda, que acabara de conhecer e sentia que seria uma grande amiga.

– Claro, minha amiga, claro que aceito e estou muito feliz por ter sido lembrada pelos espíritos. Vamos tentar, juntas, tornar esta comunidade mais feliz. Jesus vai nos dar força e amparo para trabalharmos com sabedoria, fazendo o bem sem humilhar aquele que recebe.

Emocionada, continuou:

– Eu pedi isso a Deus quando a arma estava na minha cabeça, que eu não recuasse e me fortalecesse no bem. O Senhor ouviu e veio a resposta.

Pensou um pouco e voltou a dizer:

– Só uma coisa ainda me preocupa.

– Diga-me o que é – respondeu Laurinda.

– Alzira! Como dizer a ela que Jonas se foi para sempre e para salvar minha vida? Será que ela vai entender e me perdoar!

– Deixe Alzira comigo, Lenita. Vou falar com ela daqui a pouco. Perdoar você? Não vejo o menor motivo para esse receio. Perdoar por que e de quê? O que fez você, além de acarinhar toda aquela gente que frequenta suas aulas de alfabetização? Conheço Alzira muito bem e sei o quanto ela é justa e consciente dos erros que Jonas cometia. A hora dele tinha chegado, Lenita. Deus apenas permitiu que ele desencarnasse praticando um ato de generosidade e reconhecimento. Por isso não se aflija, tudo vai ficar bem.

– Permita-me abraçá-la, Laurinda. Você é um ser iluminado. Hoje fui testemunha de que a luz do bem não precisa de ornamentos nem de grandes diplomas, mas, sim, da simplicidade de um coração humilde, sincero e generoso.

Após se abraçarem com alegria, separaram-se.

Lenita, tentando coordenar seus pensamentos, tomou o rumo de sua casa, enquanto Laurinda, com os ombros curvados, foi em busca do corpo de Jonas.

Acabara de acontecer o encontro entre duas tarefeiras de Jesus.

capítulo
2

O TRABALHO SE INICIA

— Filha, você vai hoje a Santa Rita? – perguntou a mãe de Lenita, enquanto servia o desjejum.
— Sim, mãe. Marquei uma reunião com Laurinda para iniciarmos nosso projeto, aquele sobre o qual conversamos ontem à noite.

Lenita percebeu um leve tremor em dona Mariana, abraçou carinhosamente sua mãe e perguntou o motivo de tanta preocupação. Sabia o quanto ela era zelosa com o seu bem-estar. Eram somente as duas desde o desencarne de seu pai, havia três anos, vítima de um infarto fulminante, o que deixou Mariana e Lenita mais unidas ainda.

Mariana docemente respondeu:
— Receio por você, minha filha. Há pouco tempo, sofreu toda aquela agressão... por pouco não perdeu a vida, e isso só não aconteceu por conta da gratidão daquele pobre homem que a salvou. Tenho medo de que venha a

acontecer novamente, receio que sofra. Essas comunidades são muito violentas.

Lenita beijou a face de sua mãe e lhe disse:

– Não precisa se preocupar, mãe, eles sabem as razões pelas quais vou até lá. O que aconteceu foi um acidente, como os que acontecem todos os dias, em todos os lugares. Foi um fato isolado. Eles não podem ficar esquecidos, excluídos como estão. Não se pode rotular as pessoas sem conhecê-las. Quando se age assim, geralmente, se cometem injustiças. Os justos não podem pagar pelos pecadores que, imprudentemente, se entregam à delinquência, aos enganos, à criminalidade. Se a justiça dos homens falhar, a de Deus não falha jamais.

– Mas por que isso acontece? – questionou Mariana.

– Mãe, nem todos recebem as mesmas oportunidades. A fome, a necessidade e a miséria são péssimas companheiras e levam aqueles que estão subjugados a elas a cometer atos desastrosos. Em sua ignorância espiritual, vão espalhando violência e semeando, para si mesmos, o sofrimento futuro.

– E o que você pode fazer, Lenita? Que força você tem para enfrentar tudo isso?

– Senão muita coisa, mãe, pelo menos tentar minimizar o sofrimento alheio, o sofrimento daqueles que lutam com dignidade para sobreviver em meio ao turbilhão em que se encontram. Este é o dever de todo aquele que se diz cristão. E sabe por quê? Porque viver é o direito de todos, e é da lei divina que todos tenham um lugar ao sol.

Mariana sorriu, abraçando sua filha, e disse-lhe:

– Filha, gostaria de ser como você. Gostaria de ter esse coração generoso que você guarda no peito.

– O que é isso, dona Mariana – respondeu Lenita –, a senhora também possui um coração generoso. Tanto é verdade que me ensinou a ser como sou, apenas não se deu conta disso.

– E o Guilherme, tem se encontrado com ele? – perguntou Mariana.

– Ontem, pela manhã, nos falamos e marcamos um encontro para hoje à noite.

– Vocês estão bem?

– Claro, mãe. Por que a pergunta?

– Por nada, Lenita, por nada. Não se preocupe e vá ao seu compromisso. Que Jesus a proteja!

Lenita estranhou a pergunta de sua mãe, mas preferiu não dizer nada. Levantou-se e foi ao encontro de Laurinda.

Percorrendo aquelas vielas estreitas, com seus barracos amontoados uns em cima dos outros, Lenita não pôde deixar de pensar na grande diferença social existente; no preconceito que, apesar de velado, existia com toda sua força nociva.

Sentiu-se entristecer, mais uma vez, ao constatar a desigualdade existente de uma maneira ostensiva, contrastando com a opulência de alguns que, não raro, enriqueciam de maneira ilícita, sem se importar com os rastros que deixavam nos corações agredidos.

A passos rápidos, venceu a distância até o barraco de Laurinda. Pensava na maneira mais adequada de ajudar aquela gente esquecida e quase sem perspectivas de mudança.

Assim que chegou, suas palmas foram ouvidas por Laurinda, que sem demora atendeu.

– Oi, minha filha... Posso chamá-la assim?

– Claro, Laurinda, é uma honra para mim.

– Esperava, com ansiedade, sua chegada. Você está bem?

– Sim, muito bem e com grande expectativa.

– Parece-me um pouco triste. O que foi, algum problema?

– Nada! – exclamou. – Não dê importância, Laurinda.

– Por que esconde suas emoções, minha filha? Isso não é bom, só nos traz doenças. Mas se prefere não comentar, eu respeito.

Antes que Lenita dissesse qualquer coisa, ouviram uma voz chorosa chamando por Laurinda. Esta, de pronto, atendeu ao chamado.

– Lívia! – exclamou. – Entre!

Lívia morava na favela de Santa Rita desde que passara a viver com Gerson. O único bem que possuíam eram os cinco filhos que aglomeravam em um barraco de apenas dois cômodos. A precariedade com que viviam machucava os corações sensíveis. Os olhos de Lívia, inchados e vermelhos pelas lágrimas derramadas, imploravam ajuda.

Tanto Laurinda quanto Lenita se emocionaram ao ver a aflição de Lívia.

– Entre, sente-se aqui – disse-lhe Laurinda – e conte-nos o que aconteceu. Pode falar sem receio, esta é Lenita, uma amiga que quer nos ajudar.

Lívia olhou para Lenita e apenas sorriu.

– Aconteceu o de sempre, Laurinda, mais uma vez fui dispensada do serviço.

Surpresa, Laurinda perguntou:

– O que está dizendo, Lívia, foi mandada embora? O que fez para que isso acontecesse?

– Não fiz nada de errado, Laurinda. Minha patroa descobriu onde moro, veio até aqui e ficou horrorizada com tudo o que viu. Não teve nem o cuidado de me poupar a humilhação. Disse que não queria uma ladra na casa dela, pois sabia muito bem quem eram os moradores das favelas. Disse que todas as comunidade são iguais, e nelas moram somente ladrões e traficantes.

– O que você disse a ela?

– Tentei explicar, dizendo que realmente existe esse tipo de gente, mas que nem todos são iguais. Existem os trabalhadores que lutam honestamente para levar o pão de cada dia para sua casa e que eu era uma dessas pessoas.

– O que ela respondeu?

– Nem quis me ouvir, pediu que pegasse minhas coisas e saísse de sua casa.

Parou um pouco de falar, enxugou suas lágrimas e, com um tom de revolta, voltou a dizer:

– Eu sou honesta, jamais peguei alguma coisa que não fosse minha. O que faço agora, Laurinda, como vou sustentar meus filhos sem um emprego?

– Fique calma, Lívia – disse Laurinda –, vai ver como tudo se arranja.

– O que vou dar para meus filhos comer? Gerson não consegue emprego e faz bico no supermercado, levando as compras dos fregueses até o carro. O que consegue tirar dá apenas para o leite dos menores.

Após breve instante, voltou a dizer.

– Será que, realmente, vou ter de roubar, virar ladra, como ela pensa que sou, para conseguir sobreviver?

E, novamente, se entregou ao pranto. Lenita, que até então mantivera-se em silêncio, aproximou-se de Lívia, fez-lhe um gesto de carinho e disse:

– Não diga e nem pense em uma bobagem dessas, Lívia. Tudo vai se arranjar. Olhe, estou me lembrando que minha mãe comentou comigo, um dia desses, que estava precisando de alguém que soubesse passar roupa para ajudá-la.

– Você sabe passar roupa, Lívia?

– Claro que ela sabe e muito bem! – exclamou Laurinda.

– Então está resolvido. Deixo-lhe o meu endereço e amanhã bem cedinho você vai até minha casa combinar com minha mãe, certo?

Lívia, surpresa e muito emocionada, mal conseguia falar.

– Não acredito no que você está me dizendo, Lenita. Você é muito boa. Será que sua mãe precisa mesmo ou você, condoída com minha sorte, está apenas tentando me ajudar?

Com a generosidade que lhe era peculiar, Lenita respondeu:

– É você que vai ajudar minha mãe, Lívia. Ela precisa dos seus serviços. Poderia fazer isso por nós?

Heitor aproximou-se de Laurinda e lhe disse:

"Veja, Laurinda, a maneira cristã de ajudar alguém, sem humilhação e sem deixar mais pobre aquele que necessita. Que Jesus abençoe esta tarefeira!"

Laurinda olhou Lenita e sentiu um profundo respeito e carinho por aquela jovem que se preocupava com o próximo tão sofrido. Sua juventude não a impedia de olhar à sua volta e enxergar que nem tudo são rosas para muitas pessoas e que o supérfluo, que às vezes desprezava, era o necessário para levar alegria aos olhos sem brilho das pessoas que nada possuíam.

Lívia, mais calma, perguntou a Lenita:

– Explique-me, Lenita, por favor, por que tanta desigualdade? Por que Deus concedeu a uns a riqueza e o poder e a outros a miséria?

– Para provar cada um de maneira diferente. Aliás, essas provas são escolhidas pelos próprios espíritos que, muitas vezes, sucumbem ao realizá-las.

Lenita continuou sem perceber que estava sendo intuída por Heitor.

– O que importa, Lívia, é compreender que não se deve cair em lamentações intermináveis. Ao contrário, pedir ao nosso Pai que está no céu auxílio para não nos entregarmos aos erros que enlameiam a nossa vida e a nossa alma; trabalhar para conquistar seus sonhos; encontrar possibilidade onde pensamos e julgamos não existir e, principalmente, respeitar o que não nos pertence e não desejar nada que não fizemos por merecer.

– Está mais calma, Lívia? – perguntou Laurinda.

Com largo sorriso, Lívia respondeu:

– Sim. Agradeço a vocês duas por terem me acolhido. Amanhã logo cedo estarei em sua casa, Lenita. Agora preciso ir, meus filhos me esperam.

Despediu-se e retornou para sua casa com um raio de esperança em seu coração.

Laurinda ofereceu um copo com água, que Lenita aceitou de pronto.

– Bem, Lenita, vamos falar sobre o nosso projeto. Por onde vamos iniciar?

– Penso que podíamos começar com o Clube de Mães – disse Lenita, animada. – Usaríamos a sala de aula, em dias alternados, e ensinaríamos artesanato para as pessoas desempregadas, para que pudessem vender e conseguir alguma renda. Desse modo, sentiriam dignidade por colaborar com a receita da casa. O que você acha?

Diante do silêncio dela, Lenita percebeu que Laurinda sempre dava um tempo antes de responder, como se esperasse alguém orientá-la, o que, na verdade, acontecia.

– Claro, Lenita, este seria um bom começo. Só não podemos nos esquecer de iniciar a aula sempre com um agradecimento ao nosso Pai, ensinando, assim, o hábito salutar de nos comunicar com Deus. É importante, também, ter o momento para palestras educativas, que, aos poucos, há de reformar os conceitos de quem escuta; aquecer o coração daqueles que sentem o frio do desprezo e da solidão. A esperança deverá habitar esses barracos tão sem estímulos para que possa trazer a luz da dignidade e de novas perspectivas.

Lenita, de imediato, percebeu que a orientação vinha de Heitor, o espírito que "falava" com Laurinda orientando-a sobre a maneira equilibrada de realizar um trabalho beneficente. Perguntou a Laurinda:

– Laurinda, se houver possibilidade, poderia perguntar ao Heitor por que os governantes se esquecem tão depressa das promessas feitas nos palanques e permitem a expansão das favelas, onde há tanto sofrimento, sem dizer da violência existente nessas comunidades.

Após um minuto de silêncio, Lenita ouviu a voz de Laurinda, agora ligeiramente modificada pela interferência do espírito, dizer-lhe:

– O homem se esquece de tudo o que julga não ser importante. Para muitos, a vida do próximo não lhes diz o menor respeito, mesmo quando possuem o poder nas mãos. Por isso as promessas se sucedem sem nenhum critério. As palavras lhes saem da boca sem terem fincado raiz no coração. O egoísmo os impede de enxergar além de seus próprios interesses e não permite que sejam sensíveis à dor e à necessidade de seu semelhante. Quando o orgulho toma conta do ser, este passa a viver exclusivamente de si mesmo, luta para conseguir sobressair no mundo dos homens, procura cargos públicos e de destaque para aumentar sua conta bancaria e satisfazer sua vaidade, mas chega o dia em que ele se perde nas teias de sua própria incompetência e do seu próprio engano e, nesse dia, vai arcar com as consequências dos seus desatinos.

– Se me permite outra pergunta – disse Lenita –, gostaria de saber se existem os bons políticos?

– Sim! Sempre haverá os bons políticos porque existem bons homens. Há aqueles que prezam sua integridade moral e espiritual e não se deixam corromper; são sensíveis às fragilidades e às necessidades do próximo, e disso temos vários exemplos. Homens que levantaram grandes bandeiras em prol do bem comum; e, tenha certeza do que digo, pois em breve cruzará com um que vai auxiliá-las na luta que se inicia.

Animada e feliz com as palavras que ouvia do espírito Heitor, Lenita aventurou-se a fazer outra pergunta:

– E as favelas, por que existem?

– Porque os homens não compreenderam, ainda, que a casa de Deus pertence a todos, por isso, todos têm direito a ela. Cada um quer para si a maior parte, mesmo que essa parte fique esquecida em um canto, improdutiva e inabitável. Esquecem-se de que Jesus percorreu terras e não se prendeu a nenhuma, porque sabia que no reino de Deus os lugares são conquistados com amor e caridade. É chegada a hora de mudança; trocar tábuas por tijolos; esmola por trabalho; miséria pelo mínimo da condição digna de vida.

Mas aqueles que vivem nas favelas precisam se conscientizar dos seus deveres. Podem e devem transformar o ambiente em que vivem com esforço e trabalho, dignificando o seu barraco por meio da transformação do seu coração, preferindo e seguindo o caminho do bem, sem revolta, sem desespero, compreendendo que cada um recebe o que nosso Pai acha justo, tudo segue a lei de causa e efeito. Não existe injustiça, minhas irmãs, existe a lei.

Esta será a missão de vocês, Lenita. Estaremos atentos quanto a esse trabalho. Confiem em Jesus e amem os irmãos que ainda sentem dificuldades em aprender a aceitar a própria existência e, muitas vezes, ambicionam o que não lhes pertence.

Timidamente, Lenita falou:

– E se não conseguirmos mudar essa comunidade?

Com a paciência e generosidade própria dos bons espíritos, Heitor respondeu:

– Não esperamos isso, irmã. Lembre-se que ninguém muda ninguém, o que se pode fazer é auxiliar as pessoas a descobrir sua força e sua capacidade; esclarecer sobre a melhor maneira de conseguir superar certas dificuldades; prevenir doenças; conquistar ideais sem prejudicar o próximo, mas é necessário respeitar o livre-arbítrio de cada um. Se no fim do tempo um só irmão conseguir transformar seu coração em um doce lar, terá valido a pena.

– Será que um dia essa desigualdade social vai desaparecer?

– Somente as leis de Deus são eternas. Essa desigualdade desaparecerá quando o orgulho e o egoísmo deixarem de prevalecer entre os homens.

Emocionada, Lenita agradeceu ao bondoso espírito.

– Obrigada, Heitor. Estou certa de que Laurinda e eu estaremos amparadas pelos bons espíritos nessa nossa luta em favor do bem e da justiça.

– Que nosso Divino Amigo as proteja!

Houve um silêncio.

Lenita notou que Laurinda abriu os olhos. Olhou-a como se acordasse de um sono, colocou as mãos em prece e orou.

– Obrigada, meu Pai, que eu possa sempre servir ao Senhor.

Por mais algumas horas ficaram acertando os detalhes. Ficou decidido que Laurinda reuniria as mulheres que se interessassem em aprender o artesanato; anotaria seus nomes e lhes explicaria como seria o funcionamento do trabalho.

Lenita, por sua vez, assumiu a incumbência de adquirir o material necessário e convidar as pessoas que quisessem ajudá-las no ensino do trabalho manual. Tudo programado para não fugir das orientações de Heitor.

Após tudo decidido, despediram-se.

Lenita lembrou-se do encontro com Guilherme e sentiu uma gostosa sensação de felicidade. Namoravam havia dois anos, e Lenita alimentava o desejo de se casar com ele, sentia que ele seria o homem ideal para construir uma família. Seguiu para sua casa para se aprontar para o encontro esperado.

Assim que entrou em casa, encontrou sua mãe passando roupa, serviço que mal podia fazer por conta das dores que sentia na coluna.

– Mãezinha, de novo passando roupa! Sabe que não é bom para senhora, já lhe foi explicado isso. Hoje eu arrumei uma passadeira para ajudar a senhora. O nome dela é Lívia e estará aqui amanhã logo cedo.

Mariana depositou o ferro e, virando-se, disse à Lenita:

– Que bobagem é essa, minha filha, não estou precisando de ajudante. Somos só nós duas e até me distraio fazendo o serviço da casa. Por que isso agora?

Lenita contou-lhe o que acontecera.

– Filha, como já disse, não há necessidade de empregá-la. Eu dou conta do trabalho, minha saúde está boa, não vejo razão para ter ajudante.

– Vamos fazer assim: para que ela não perca a viagem, dou-lhe uma pequena cesta básica, algum dinheiro e pronto. Fica tudo resolvido.

Lenita lembrou-se das palavras de Heitor.

– Mãe, essa é a caridade mais fácil de praticar: "dou o dinheiro e pronto!" Lívia não quer esmola, quer trabalho; quer sustentar seus filhos com seu esforço, seu suor e não ser um peso para a sociedade vivendo de esmolas. Pagaremos a ela o justo, o que tem direito; assim poderá recobrar sua autoestima ao levar para seus filhos o pão adquirido com seu próprio esforço, fruto de sua luta. Isso é dignidade, mãe.

– É isso que todos precisam compreender, principalmente os governantes. É necessário abrir espaço para as pessoas poderem trabalhar e ganhar o seu sustento. Será que quando isso acontecer as comunidades não se tornarão menos violentas?

Mariana ficou impressionada com as palavras de sua filha.

– Filha, filha, você não vai consertar o mundo! – exclamou Mariana.

– Isso eu sei, mãe, porque para consertar o mundo seria necessário que, primeiro, o homem consertasse a si mesmo, mas, se cada um fizer uma pequena parte, em algum lugar florescerá uma árvore.

Dona Mariana abraçou a filha e lhe disse com carinho:

– Eu amo você, minha filha, e tenho muito orgulho da sua generosidade.

– Eu também te amo, mãe!

Lenita, tentando quebrar a emoção que envolvia sua mãe, falou sorrindo:

– Dona Mariana, vamos parar com esse dengo e falar agora de serviço. Tenho um para a senhora.

– Serviço?! Pra mim?!

– Isso mesmo, dona Mariana. Não é a senhora que pinta panos de prato como ninguém e borda com a perfeição de uma mestra?

– Lenita, Lenita, aonde você quer chegar? Não está indo depressa demais?

– Não, mãe, estou indo com passos prudentes, sabendo exatamente o que pretendo e aonde quero chegar. Só espero poder contar com a colaboração de minha mãe!

Mariana sorriu.

– Claro, filha, acredito em você; quero estar ao seu lado sempre, aprendendo a amar de verdade o meu semelhante.

Lenita abraçou sua mãe.

Rapidamente, colocou-a a par de tudo o que havia combinado com Laurinda, inclusive o encontro com Heitor.

– Quem é Heitor? – perguntou Mariana.

Lenita explicou com exatidão tudo o que se referia a Heitor; seus conselhos e suas orientações.

– É um espírito de luz, mãe, é um tarefeiro que trabalha no Evangelho de Jesus. Então, dona Mariana, vai nos ajudar? Quer fazer parte do Clube de Mães Luz de Esperança?

Impressionada com tudo o que escutara de sua filha, Mariana respondeu:

– Que lindo nome! Vou me sentir útil ao meu próximo e isso me faz feliz. Só uma coisa me preocupa.

– Fale mãe, o que a preocupa?

– A escola não será prejudicada?

– Fique tranquila, não será prejudicada; tudo será feito da maneira certa e equilibrada, sem prejudicar minhas obrigações.

– Você não vai ficar sobrecarregada, afinal, você precisa de tempo livre para preparar suas aulas e descansar também, minha filha.

– Como já lhe disse, não se preocupe, faremos tudo dentro do equilíbrio. Ninguém fará nada que não tiver disponibilidade para fazer.

– Sendo assim...

– Isso quer dizer que posso contar com a senhora?

– Claro, Lenita, jamais deixaria de colaborar com você nesse trabalho fraterno tão bonito. Ah! Estou me lembrando; você não quer que eu convide a Jussara e a Efigênia? As duas poderiam ensinar tricô e crochê. O que acha?

– Ótimo, começou bem, hein, dona Mariana! Agora vou subir para tomar um gostoso banho para relaxar e me aprontar para encontrar com o meu amor. Guilherme vai passar aqui às dezenove horas.

– Vá, minha filha, enquanto isso eu lhe preparo um lanche.

– Não precisa, mãe, vamos jantar no restaurante – respondeu e subiu correndo para seu quarto.

capítulo
3

A DECEPÇÃO DE LENITA

LENITA, AO OUVIR a buzina do carro de Guilherme, despediu-se de sua mãe e foi ao encontro do namorado. A felicidade se misturava à ansiedade que tomava conta de seu coração. Não via a hora de poder contar ao namorado os planos que, junto com Laurinda, elaborara; o projeto de beneficiar as pessoas tão carentes da favela Santa Rita.

Esperava receber de Guilherme o incentivo que proporciona mais força e confiança sempre que se inicia um trabalho. Entregue à sua alegria de poder auxiliar o próximo, nem imaginava que algo poderia dar errado.

Assim que viu Guilherme encostado no carro, como sempre bonito e bem vestido, condizente com sua situação socioeconômica, com naturalidade correu ao seu encontro com os braços abertos e a expectativa no rosto. Em um gesto de carinho, beijou-o dizendo:

– Puxa, Guilherme, que saudade! Você está bem? Por que demorou a me procurar?

Sua alegria era tanta que não conseguiu perceber a frieza com a qual Guilherme a tratava.

Sem muita expressão, Guilherme respondeu:

– Sim, Lenita, estou ótimo. E você?

– Eu estou muito bem, melhor agora que estou com você. Queria muito me encontrar com você! – exclamou.

– Por que, algum motivo especial?

– Estou muito feliz, Guilherme, cheia de planos e expectativas que, aliás, estou aflita para te contar, sei que também vai aprovar e me ajudar.

Secamente, Guilherme respondeu:

– Pois bem, então vamos, entre no carro.

Acomodaram-se no carro. Guilherme ligou o som e partiram em seguida.

– Aonde vamos, Guilherme, ao cinema?

– Não, Lenita, prefiro ir a algum lugar tranquilo onde possamos conversar, eu também tenho algumas coisas a lhe dizer.

– Ótimo, então está bom para mim também.

Rodaram alguns minutos. Durante o trajeto, o silêncio de Guilherme começou a incomodar Lenita, que por várias vezes tentou conversar com ele, todavia, sem receber nenhuma palavra em troca. Guilherme permanecia quieto ou respondia com monossílabos.

Lenita irritou-se.

– O que foi, Guilherme, algum problema? – perguntou nervosa.

– Por favor, Lenita, estamos chegando. Assim que nos acomodarmos, conversaremos.

Lenita não gostou da maneira como Guilherme falara com ela.

"Alguma coisa está acontecendo. Guilherme sempre foi atencioso comigo e hoje está estranho, silencioso, enfim, vamos ver o que vem por aí."

Após um curto espaço de tempo, chegaram ao local.

Um aconchegante restaurante, com mesinhas arrumadas graciosamente e lindas garçonetes em trajes típicos serviam os presentes, enquanto todos eram agraciados com quatro músicos que entoavam canções que convidavam a dançar.

Lenita apreciou o local.

– Que lugar interessante, Guilherme, ótima escolha.

Guilherme não respondeu. Sentaram-se e, sem pressa, fizeram o pedido.

Lenita, sem poder se controlar mais, disse-lhe:

– Guilherme, escute-me, tenho novidades para lhe contar e, para ser sincera, aguardo com ansiedade sua opinião. Podemos conversar?

– Diga o que quer, Lenita, estou ouvindo – respondeu Guilherme.

Sem dar mais importância às suas impressões, Lenita começou a narrar todo o seu projeto, seu sonho de fraternidade. Falou de Laurinda e da sabedoria que possuía; das necessidades que aquela comunidade enfrentava; da vontade que sentia de ajudar pessoas tão sofridas; crianças de olhos tristes e opacos; pais que mal conseguiam alimentar os seus filhos e o risco que corriam com os traficantes do lugar, que comandavam, sem piedade, todos os moradores, que, por medo, mantinham-se em silêncio, enfim, colocou Guilherme a par de tudo o que acontecera.

— A partir daí, Guilherme, fundamos o Clube de Mães, onde ensinaremos artesanato dando alguma condição de renda para as mulheres que não conseguem emprego e, paralelamente a isso, promoveremos palestras sobre comportamento social, direitos e deveres que possuem — enfim, todo o sonho de Lenita foi bem explicado.

Esperando a reação favorável de Guilherme, estranhou quando ele apenas disse:

— Pode me dizer quem vai dar essas aulas?

— Ora... Eu, Laurinda, minha mãe e todas as pessoas que quiserem se juntar a nós, pessoas que sonham os nossos sonhos. Sinto que vamos fazer um bom trabalho!

— Onde você pensa que vão fazer e vender esses produtos?

— A ideia, Guilherme, é conseguir uma garagem e organizar um bazar permanente. Tiramos o capital para a reposição do material necessário; o lucro será dividido entre as mulheres que participam do projeto. Acreditamos que assim elas terão estímulo para continuar. Aprenderão a ter responsabilidade nas palestras educativas. Com o nosso apoio e amizade perceberão como é mais reconfortante e compensadora a conquista com o próprio esforço.

— E as professoras, quem vai pagar?

— Ora, Guilherme, ninguém. Todas nós seremos voluntárias!

— Tudo isso que me contou, Lenita, é uma utopia. Aliás, é sobre isso mesmo que quero conversar com você.

Lenita sentiu que algo desagradável iria acontecer.

"Ele não gostou da ideia", pensou.

– Pode falar, Guilherme, estou ouvindo.

– Gostaria que apenas me escutasse sem interromper.

– Pode falar – repetiu Lenita.

– Durante todo esse tempo que namoramos, nunca vi com bons olhos essa sua mania de frequentar essa comunidade, pois sou contra esse tipo de trabalho. Sempre tive esperanças de que um dia voxê iria cair na realidade e perceberia que aquele povo não consegue entender e muito menos aprender e ser grato. Vivem na sujeira e nela morrerão.

– O que está me dizendo, Guilherme? – perguntou Lenita aflita.

– Estou lhe dizendo que não gosto nem vou permitir que você continue com essa mania sem fundamento de querer mudar o mundo. Quando houve aquele incidente no qual você quase perdeu a vida, imaginei que desistiria, mas qual a minha surpresa: você chega e me diz que vai intensificar suas atividades na comunidade!

Lenita respondeu com emoção.

– Guilherme, você não imagina o sofrimento que enfrentam! Estou certa de que muitas dores poderão ser amenizadas se levarmos informação, remédios, atenção; se mantivermos as crianças ocupadas, retirando-as da rua, afastando-as das drogas e dos traficantes, aproximando-as dos esportes e da escola. Eles precisam apenas ser enxergados e incluídos na vida.

– Não se meta com esse assunto das drogas, Lenita, isso não é problema seu!

– Guilherme, como pode ficar indiferente a tudo isso? Jonas queria se livrar do inferno das drogas e não deixaram. É preciso fazer alguma coisa, você não acha?

– Repito: Isso não é problema seu!

– Guilherme, isso não é problema só meu; é um problema da sociedade, porque são jovens se perdendo, morrendo no despertar da juventude, mães e famílias inteiras chorando a perda de um ente querido.

Lenita, cada vez mais indignada, continuou:

– Como fechar os olhos para isso, para a droga que consome principalmente nossos jovens?

– E o que podemos fazer? – perguntou Guilherme já irritado.

– A humanidade precisa lutar para reconquistar o equilíbrio, a moral, a saúde e o direito de ser feliz com corpo e mente sadios.

Visivelmente incomodado, Guilherme falou em um tom de voz já agressivo.

– Pare com esse assunto, Lenita!

Tão envolvida estava, falando de coisas em que acreditava, que nem percebeu a ira com que Guilherme falara. Com o coração puro e fraterno, olhou com ternura para o namorado e, passando a mão delicadamente em seus cabelos, falou:

– Guilherme, vamos deixar esse assunto para outra hora, está bem? Eu entendo que você não gosta do que faço, mas, por favor, respeite meus ideais de vida. Vamos fazer assim: não tocarei mais neste assunto com você, tudo bem?

Sem o menor cuidado para não deixar transparecer sua inquietação, Guilherme respondeu imprimindo à própria voz um tom autoritário:

– Não! Você terá de fazer a sua escolha: ou fica comigo ou fica com sua favela.

Lenita sentiu seu coração bater mais forte, não acreditou que tivesse escutado aquelas palavras da pessoa que amava. Com voz trêmula, respondeu:

– Guilherme! – Exclamou, mal podendo crer no que ouvia. – Pode repetir, por favor, acho que não ouvi direito.

Sem meias palavras, Guilherme respondeu:

– Foi isso mesmo que ouviu: ou fica comigo e desiste desse trabalho sem razão de ser, ou, se preferir seus favelados, nosso namoro termina aqui e agora.

Lenita sentiu-se empalidecer, mal acreditava no que acabara de ouvir de Guilherme. Parecia, para ela, um pesadelo. Pensou em Heitor e, como por encanto, as palavras ditas pelo bondoso espírito afloraram novamente em seus ouvidos; suas explicações claras e lógicas; sua bondade; o carinho de Laurinda; os olhos de Jonas ao lhe pedir que não abandonasse seu povo; e o desespero de Lívia.

Tudo ficou nítido em sua mente, principalmente o amor egoísta de Guilherme empobrecendo aquele que sente e aquele que recebe.

Respirou fundo, encarou Guilherme sem medo, esqueceu o amor que sentia por ele e lhe disse com firmeza, lutando para não deixar esmorecer dentro de si o seu ideal:

– Estou indignada com você, Guilherme, indignada e decepcionada. Não consigo ver nesse homem frio, insensível e egoísta aquele pelo qual meu coração se encheu de amor e carinho.

– O que você está querendo dizer? – perguntou Guilherme.

– Escute, Guilherme, vim a esse encontro com grande expectativa e ansiedade porque julgava que iria receber de você apoio, compreensão e, principalmente, respeito pelo sonho, meu ideal, meu desejo de ser útil ao meu próximo; entretanto, sou atingida por sua insensatez, esse egoísmo que vai corroer sua alma e você não vai se dar conta disso.

Guilherme, visivelmente, irritado respondeu:

– Lenita, eu penso e exijo que...

Sem deixar que ele completasse o seu pensamento, Lenita, com a emoção dominando seu coração, disse:

– Não me importa mais o que você pensa e muito menos o que você exige, porque já ouvi o suficiente para me decidir.

– Posso saber o que foi que você decidiu? Aconselho-a pensar bem antes de responder, para não se arrepender mais tarde. O que disser não terá volta, porque jamais a perdoarei.

– Não tenho dúvidas! Decidi ficar comigo e com meus ideais; decidi ficar com a doce voz de Jesus ensinando o amor universal e esclarecendo a vida futura; decidi caminhar ao lado dos meus semelhantes, e com eles tentar ser fiel às leis de Deus. Saiba, Guilherme, que nas leis divinas não cabem o egoísmo e o preconceito.

Dizendo isso, Lenita levantou-se e fez menção de retirar-se.

Guilherme, segurando seu braço, forçou-a a se sentar novamente.

– Pense bem no que está fazendo, Lenita. Será que é isso mesmo o que quer para sua vida? Você está chorando!

– Estou chorando pela morte de um sonho, mas, como na lei de Deus nada morre e a nossa alegria está aí, eu confio que, a partir de hoje, meu coração vai se abrir e se fortalecer mais e mais no amor fraternal.

– Você vai se arrepender, Lenita. Ou imagina que vai ficar sozinha para sempre? Logo será outro a exigir o mesmo que eu.

Lenita secou algumas lágrimas que, teimosas, escorriam por sua face. E com a voz afetada pela tristeza que sentia, respondeu:

– Acredito que não, Guilherme. Meu coração saberá escolher melhor, enxergar melhor. Se eu me apaixonar novamente, será por alguém que pensa e age como eu, porque somente assim construirei uma família feliz. Um casal não pode ser feliz se os cônjuges pensam e agem de modo tão diferente.

– É isso que você quer, tem certeza?

– Sim, é isso que eu quero. Se não se importa, gostaria que me levasse para casa.

Guilherme abrandou um pouco a própria voz e disse, colocando suas mãos em cima das mãos de Lenita:

– Um dia saberá por que agi assim e, se puder, me perdoe.

Lenita, retirando suas mãos e sem dar nenhuma chance para Guilherme se expressar, falou:

– Por favor, me leve para casa, não temos mais nada a dizer um para o outro.

– Vamos.

✿ ✿ ✿

Assim que entrou em casa, ouviu sua mãe dizer:

– Tão cedo, Lenita? Não gostou do filme ou fizeram outro programa?

– Não fomos ao cinema, mãe, e o programa que fizemos não foi nada agradável, aliás, foi desastroso.

– Como assim, minha filha, aonde vocês foram?

– Fomos a um restaurante para conversar, e...

– E... – cutucou Mariana, sentindo que algo acontecera entre os dois – Fale de uma vez, Lenita. O que aconteceu?

– Simples, mãe, terminamos o namoro. Antes que a senhora fale alguma coisa, vou logo dizendo que foi melhor assim.

– Terminaram o namoro?! Posso saber por quê?

– Porque descobri que pensamos e agimos de modo diferente; para falar a verdade, não temos nada em comum.

– E só agora percebeu isso, Lenita?

– Exatamente, mãe, somente agora ele tirou a máscara e se mostrou como é.

Meio confusa, Mariana falou:

– Não consigo entender. Como assim tirou a máscara?

– Guilherme não é o homem que eu pensei que fosse e, infelizmente, somente agora pude perceber o quanto é egoísta e preconceituoso.

– Explique-se melhor!

Em pouco tempo e com paciência, embora sentisse a dor em seu coração, Lenita colocou a mãe a par de tudo o que acontecera, sem omitir uma só palavra.

– E é isso, mãe, não vou trocar meu ideal por alguém que não me merece.

Mariana ficou estarrecida.

– Filha, é verdade, mesmo, tudo isso que me contou? Custo a acreditar que ele teve a ousadia e a coragem de pedir que escolhesse entre ele e o seu trabalho voluntário!

– Sim, mamãe, é a mais pura verdade; penso que ninguém tem o direito de pedir isso a alguém que ama.

– Tem razão, Guilherme não parecia ter esse comportamento, estou achando bem estranho.

– É estranho, mas é verdade. Eu escolhi o meu trabalho, a missão pela qual eu vim ao mundo, disso não tenho dúvida.

Mariana pensou e logo perguntou:

– Mas, filha, você não está sofrendo?

Com lágrimas nos olhos, Lenita respondeu:

– Sim, mãe, estou sofrendo e muito, mas tenho certeza de que essa tristeza vai passar. Tudo na vida passa, só Deus não passa, e Ele é suficiente para vivermos em paz. O trabalho vai me ajudar a esquecer.

– E o arrependimento, Lenita, será que não virá?

– Não, mãe, tenho certeza de que não virá. Não poderia conviver e ser feliz com uma pessoa que preenche seu coração com o egoísmo e tanta falta de solidariedade. Existem outras coisas que precisamos partilhar com quem amamos para que possamos ser verdadeiramente felizes.

O amor físico pode acabar, mas a união de duas almas que se amam além do físico, que pensam e sentem o bem por inteiro, não acaba nesta vida, prossegue no infinito. Com Guilherme percebi que não teria um amor assim, e é esse o amor que procuro.

– E se esse amor não chegar, minha filha, vai ficar sozinha?

– Gostaria muito que chegasse, mãe. Mas, se não chegar, não estarei sozinha porque meu coração estará com a grandeza do amor universal, trabalhando e aprendendo, passando para as pessoas tudo de bom que aprendi com você e com meu pai, que já não está presente, mas, com certeza, vibra por mim e inspira-me o bem. Vocês me mostraram a semente do amor e do bem, cabe a mim regá-la e fazê-la florescer.

Mariana, emocionada, disse:

– Minha filha, como me orgulho de você! Tenho certeza de que seu pai, onde estiver, está orgulhoso também. Você será muito feliz.

– Serei sim, mãe, mas... Dona Mariana, quem disse que eu sou infeliz? O fato de meu namoro com Guilherme ter chegado ao fim não quer dizer que vou ser infeliz para o resto da minha vida. Tenho uma vida pela frente, mãe, e sei que no momento propício alguém vai cruzar o meu caminho, alguém que sonhe os mesmos sonhos que eu ou, pelo menos, não me impeça de realizar meus ideais.

Brincando com sua mãe, Lenita deu-lhe um gostoso beijo no rosto.

— Agora chega de lamentações. Eu amo você, estamos juntas e é isso que, na verdade, me importa — continuou.

— Vou subir, dormir e ter lindos sonhos; quero acordar disposta e cheia de energia para poder, assim que abrir os olhos, optar por ser feliz.

— Faça isso, minha filha. Que Jesus abençoe seu sono!

— Boa noite, mãe!

— Boa noite, Lenita!

Mariana ficou observando a filha subir a escada e pensou:

"Que espírito nobre o de minha filha. Feliz sou eu que a tenho perto de mim, ensinando-me, com seus exemplos, o verdadeiro sentido da vida."

Experimentando enorme sensação de bem-estar e de paz, Mariana apagou as luzes, subiu para seu quarto e logo adormeceu.

Fazer o bem sempre será o caminho que levará aquele que o pratica a promover sua reforma interior.

capítulo
4

Preocupação de Lenita

Alguns meses se passaram desde o rompimento entre Lenita e Guilherme.

O projeto da Santa Rita se tornara uma realidade. Lenita e Laurinda dedicavam-se com esmero para que tudo se desenvolvesse da maneira como sonharam.

O Clube de Mães Luz da Esperança não deixou de funcionar um só dia. Aquelas mães tristes e desiludidas tornaram-se pessoas esperançosas e confiantes no futuro, pois, apesar da necessidade grande pela qual passavam, conseguiam, com o pouco que ganhavam, saciar a fome de seus filhos.

Lenita empregava todos os seus esforços para beneficiar aquele povo sofrido, que almejava apenas uma oportunidade de viver com dignidade.

Para as voluntárias que trabalhavam na comunidade, ficara absolutamente claro que, apesar da aparência feia de uma comunidade, nem todos os seus moradores eram bandidos ou delinquentes. Havia os que esperavam apenas uma oportunidade para aprender a construir uma vida melhor.

A crueldade e o desrespeito nascem e fixam morada nos corações desavisados, que pouco ou nada conhecem das leis de Deus e somente dão atenção às coisas materiais, dizendo que é preciso viver com intensidade, satisfazendo a si próprio, porque a vida é uma só.

Pobres homens! Nada sabem de Deus... Nada sabem do amor!

A amizade entre Lenita e Laurinda tornava-se, a cada dia, mais sólida.

Lenita admirava aquela alma simples, que lutava ao lado dela em favor dos irmãos oprimidos, nunca negando aos que a procuravam uma palavra de conforto e um aperto de mão sincero.

Tanto Laurinda quanto Lenita confiavam nas orientações de Heitor, que nunca as desamparava. Ele esclarecia as dúvidas que, às vezes, assaltavam seus corações; orientava-as sobre a maneira mais segura e o modo mais correto de ajudar com equilíbrio, sem interferir no livre-arbítrio de cada um, deixando sempre um espaço aberto para que o ajudado pudesse compreender o próprio dever.

Entre as duas amigas nunca houve nenhum resquício de preconceito. Para elas, a grande diferença social não existia, pois, o que era importante, na verdade, era o amor que ambas nutriam pelo próximo e a confiança mútua que sentiam.

Dona Mariana, Jussara e Efigênia dedicavam-se, com prazer, ao trabalho voluntário; admiravam Lenita, que jamais se queixava de cansaço. Tudo faziam para auxiliá-la.

Os barracos das mulheres que participavam do projeto tornaram-se mais limpos. As crianças, recebendo mais cuidados e sendo tratadas com maior higiene, tornaram-se mais saudáveis.

Lenita, atendendo às reivindicações das próprias mães, integrou ao clube uma pequena escolinha em que as crianças aprendiam a fazer caixinhas, cofrinhos e porta-guardanapos de madeira, que pintavam, envernizavam e vendiam no bazar.

O instrutor era um adolescente, filho de um marceneiro, que à tarde se dedicava a ensinar o ofício que vinha aprendendo com seu pai. Foi uma maneira que Lenita encontrou de tirar as crianças da rua e do contato com as drogas.

Mas nem tudo corria tão serenamente para Lenita.

Desde a abertura da escolinha, Lenita começou a receber cartas anônimas ameaçando-a. Exigiam que terminasse com aquela escolinha, deixando as crianças livres.

"Precisamos de nossos boys" – diziam – "Deixe-nos em paz e a deixaremos também."

A cada bilhete que recebia, Lenita se preocupava. Tinha receio pelas crianças, pelas voluntárias e, por que não, receava pela própria vida.

Segurando entre as mãos o aviso que recebera, Lenita lia e relia as palavras ali escritas com letras recortadas de jornal para dificultar e esconder o autor.

"Fique apenas com o Clube de Mães, acabe com a escolinha e devolva nossos boys. Este é o último aviso. Se dentro de quinze dias não tiver fechado a escolinha, vai se arrepender, com toda a certeza."

Lenita não podia entender por que queriam tanto aquelas crianças. Dobrou o papel e se dirigiu à casa de Laurinda.

"Quem sabe Heitor não poderia nos orientar", pensou. Assim que entrou, entregou à Laurinda o bilhete.

– Veja, amiga, mais um e, segundo dizem, será o último. O que faremos, Laurinda? Até hoje consegui esconder das voluntárias essas ameaças, mas, até quando conseguirei? O que eles farão e por que querem tanto essas crianças?

– Calma, Lenita – disse-lhe Laurinda docemente –, nossos amigos espirituais nunca nos desampararam, principalmente Heitor. Nossa alma está limpa, nosso trabalho é aceito por nosso Pai, que vê sinceridade em nosso coração. Nada de ruim vai lhe acontecer, fique em paz e confie em Jesus, nosso Divino Amigo.

Laurinda calou-se por alguns minutos e logo voltou a falar, mas Lenita identificou, de imediato, a presença de Heitor.

– Filha, o caminho da evolução é árduo e, muitas vezes, nos faz pensar que sofremos injustiças, mas ninguém, nenhum filho de Deus, sofre injustamente. Nossos débitos com a lei devem ser quitados, sofrer as consequências dos nossos enganos, nesta ou em outra encarnação, mas sempre teremos de quitar nossas dívidas para que possamos seguir com nossa evolução.

E prosseguiu:

– Confie em Deus, esclareça-se a respeito da espiritualidade, da vida futura e fortaleça-se na fé. Tudo no lugar certo é bênção divina. Nunca se esqueça de que a oração é a força mais poderosa para acalmar nosso coração e nos ligar com Deus. Prossiga sem desistir, estaremos sempre atentos. Procure nosso irmão Flávio.

Heitor despediu-se.

Laurinda, voltando a si, pediu a Lenita que lhe servisse um copo com água, no que foi prontamente atendida pela amiga.

– E então, Lenita, o que disse Heitor a respeito desse assunto?

– Como sempre, Laurinda, disse palavras de paz e equilíbrio. Pediu que não desistíssemos, porque temos a espiritualidade nos protegendo; falou que não existem injustiças e que tudo segue conforme a lei de causa e efeito, enfim, precisamos ter fé e prosseguir. Agora, Laurinda, o que mais me surpreendeu foi ele ter pedido que eu procurasse o Flávio.

– Ele pediu isso, Lenita?

– Pediu, sim, Laurinda. Fiquei surpresa! – exclamou Lenita.

Com segurança, Laurinda aconselhou:

– Pois faça o que ele pediu. Heitor sempre quis o nosso bem.

Flávio era um jovem vereador que se aproximaria dela para ajudá-la. Conheceram-se por ocasião de uma grande enchente que destruiu metade dos barracos da favela.

O encontro se deu quando Lenita, solidária com os desabrigados, auxiliava na retirada das crianças das zonas consideradas de maior risco e as abrigava na sede do Clube de Mães. Flávio, recém-eleito vereador, fora levado por amigos até o local para testemunhar o grande sofrimento daquela gente e, com sua influência, tentar minimizar o padecimento daquela comunidade.

Logo se identificaram como espíritos afins, e se uniram na grande tarefa de solidariedade. Nasceu, entre eles, uma sincera e sólida amizade.

Lenita, facilmente, percebeu que Flávio era o bom político do qual Heitor lhe falara. Tomando a decisão que julgava certa, Lenita levantou, despediu-se de Laurinda e foi ao encontro de Flávio.

Facilmente encontrou Flávio, que estava em colóquio com seus amigos, mas, assim que a viu, correu para abraçá-la.

– Lenita, há um tempo não nos falamos. Que saudade, amiga!

– Também senti saudade, Flávio, mas você é muito ocupado e eu me preocupo em não o incomodar. Mas também tenho o meu trabalho, minhas preocupações, enfim, como já disse, não gosto de incomodá-lo sem um motivo justo.

– Lenita, o que é isso? Você sabe que nunca me incomoda e seus motivos nunca foram fúteis, sempre são justos e necessários.

Segurou as mãos de Lenita e perguntou:

– Mas o que a trouxe aqui? Por favor, não se acanhe, estou sempre disponível para ajudá-la.

Afastaram-se dos demais e se dirigiram ao gabinete de Flávio. Acomodaram-se e Lenita, em seguida, lhe disse sem esconder sua preocupação:

– Flávio, estou ficando amedrontada, as cartas anônimas continuaram desde a última vez em que nos falamos. Em princípio, não dei muita atenção, mas agora receio estar tomando um caminho mais perigoso e estou muito receosa.

– Diga-me o que está acontecendo.

– Hoje, pela manhã, recebi este bilhete novamente me ameaçando. Não sei o que fazer.

Lenita entregou-lhe o bilhete e Flávio o leu com atenção. Após terminar a leitura, Lenita percebeu as rugas de inquietação marcando sua testa.

– O que acha disso?

– Não quero assustá-la, Lenita, mas também estou preocupado com sua segurança. Isso é atitude de traficante que, sem o menor respeito com o ser humano, usa crianças nas suas transações.

Nervosa, Lenita repetiu:

– Você disse que usam crianças?

– Sim, Lenita. Usam as crianças para entregar as mercadorias. Acreditam que assim não despertarão suspeitas. Enquanto você cuidou das mães, alfabetizou os adultos, não os incomodou, mas, a partir do momento em que tirou aquelas crianças da rua, explicou-lhes o perigo a que se expunham misturando-se com gente perigosa e sem escrúpulos, você mexeu em um vespeiro.

– Mas quem é tão desumano assim que usa crianças infiltrando-as no crime sem piedade?

– Não sei responder, minha amiga, só sei que existem muitos, e isso é um fato.

– O que posso fazer, Flávio?

– Por enquanto não faça nada, espere até eu conversar com um amigo meu que é policial. Ele poderá nos orientar da maneira correta. Aguardemos um pouco, nós vamos saber quem é, eu te prometo.

Lenita silenciou por alguns instantes e voltou a dizer:

– O que acho estranho é que no espaço da comunidade em que sempre atuei todos me conhecem e me respeitam. Reconhecem o bem que recebem, são sensíveis às modificações que aconteceram em suas vidas pelo conhecimento que adquiriram. Hoje vivem mais felizes e esperançosos, cuidam melhor dos seus filhos e de seus barracos. Não posso entender quem me quer tanto mal.

– Não é a você que querem mal, Lenita. É a ameaça que você representa. Provavelmente, deve ser uma rede de traficantes que, na verdade, de uma maneira ou de outra, receia ser descoberta.

– O que vai fazer primeiro?

– Vou conversar com um grande amigo meu que é policial e, em conjunto com ele, traçar algum esquema para tentar desmascarar essa quadrilha.

– Não é perigoso, Flávio?

– Sim. Claro que é perigoso, mas não podemos nos omitir totalmente. Para isso existem os policiais bem treinados.

– Mas e eu, Flávio, estou correndo risco?

– Você terá segurança, Lenita, amanhã mesmo vou solicitar um policial da maior confiança que a protegerá até que tudo fique resolvido.

– Mas um policial fará com que eles fiquem mais atentos e dificultará o plano de vocês.

– Não se preocupe, Lenita, a polícia sabe o que faz, estão acostumados a isso. O policial que fará sua segurança estará à paisana. Eles têm bastante experiência, tudo correrá bem.

– Obrigada, Flávio. Mais uma vez você mostrou o grande amigo que é.

– É minha obrigação, Lenita, como ser humano e político, preocupar-me com o bem da comunidade. Foi para isso que me candidatei e fui eleito vereador: para reivindicar melhorias para a cidade, lutar para acabar com os vermes que tentam corroer a vida das pessoas em benefício próprio; os vermes que lançam jovens adolescentes nas transações ilícitas; adultos imprudentes no inferno de si mesmos e se satisfazem em vê-los queimar na inconsequência, porque sabem que quanto mais os incautos se afundam, mais o bolso deles se enche de dinheiro.

– Puxa, Flávio, como é bom ouvi-lo falar assim. Isso me dá, realmente, a certeza do que Heitor sempre fala: "Enquanto houver bons homens, haverá bons políticos". Você é, de verdade, um bom homem.

– Se eu sou um bom homem, Lenita, não sei. Acho que ainda falta muito, mas procuro não esquecer que o bem sempre vai prevalecer sobre o mal, e é nosso dever lutar para que isso aconteça. É preciso trabalhar para acabar com os parasitas da sociedade.

– Você tem razão, Flávio – disse Lenita encantada em ouvi-lo.

– Não só os traficantes, mas também aqueles que, de uma forma ou de outra, enganam a sociedade e se enriquecem ilicitamente; roubam os cofres públicos sem pudor e sem culpa; lesam o povo que os elegeu para que os defendesse, e, no entanto, defendem a si próprios. Essa luta deve ser de todos, Lenita. É necessário prestar atenção em quem vai depositar sua confiança na hora de votar e não se iludir com o lucro que poderá obter vendendo o seu voto para esse ou aquele.

Suavizando a expressão do rosto, Flávio, de uma maneira carinhosa, disse para Lenita:

– E aí, Lenita, continuo não tendo nenhuma chance com você?

Lenita sorriu.

– Flávio, você é um grande e querido amigo, uma das melhores pessoas que conheço, mas, infelizmente, ninguém manda no coração, e o meu, desde aquela decepção que sofri com Guilherme, não conseguiu se entregar a ninguém mais. Não me queira mal e me aceite como sua querida amiga.

– Eu sei, Lenita, e a admiro cada vez mais. Gosto de você, você sabe disso e não vou negar, mas não vou me impor nem exigir nada que você não me queira dar. Apenas lhe peço que continue minha amiga, que confie em mim e que me dê a oportunidade de exercer a solidariedade ao próximo.

Os dois se abraçaram como dois irmãos que se estimam. Sabiam que podiam confiar um no outro e que nada abalaria o sentimento que os unia; sentimento este que nascera e se fortificara por várias encarnações. Eles eram, na verdade, dois espíritos afins que promoviam sua evolução por meio do amor ao semelhante, que sempre norteara suas vidas na Terra.

Lenita, despedindo-se de Flávio, retirou-se mais tranquila e confiante. Sabia e sentia que podia contar com o apoio de Flávio e, acima de tudo, Jesus a protegeria para que tudo se resolvesse.

Andou despreocupada usufruindo daquela gostosa tarde de verão. Olhou vitrines e tomou sorvete. Seu coração se acalmara. No fim da tarde, retornou à sua casa e encontrou dona Mariana batendo um delicioso bolo.

Após dar um beijo em sua mãe, perguntou-lhe:

– Mãe, para quem é esse bolo?

Com um grande sorriso, Mariana respondeu:

– Sabe o que é, Lenita, a Ritinha, filha da Lívia, comemora cinco aninhos amanhã e nunca teve a alegria de soprar uma velinha em um bolo de aniversário. Resolvemos, então, Jussara, Efigênia e eu, proporcionar a ela essa alegria com uma festinha de aniversário no horário da aula de artesanato. Você sabe que fazer um bolo é simples.

– Que bom, mãe, adorei a ideia. Ritinha vai ficar muito feliz. O que vai ter nessa festa?

– Bem, eu fiquei de levar o bolo; a Efigênia, os sanduíches; e a Jussara, os refrigerantes. Será algo bem simples, mas tenho certeza de que deixará Ritinha muito feliz.

– Ah! Em festa de criança não podem faltar bexigas – disse Lenita. – Deixa comigo, vou levar lindos balões e uma velinha bem ao gosto infantil.

Aproximando-se de sua mãe, disse-lhe emocionada:

– Mãe, lembra-se quando me disse que queria ser como eu, e eu respondi que a senhora era, apenas não se dava conta? Pois bem, eu estava com a razão. A senhora tem um coração maior que o meu, do tamanho do mundo! – exclamou e, sorrindo, abraçou a mãe com carinho.

– Lenita, não seja exagerada. Só por causa de um bolo sou tudo isso que você falou?

– Não é por causa de um bolo, mãe, mas por causa desse sentimento que nutre seu coração. Tenho certeza de que tanto Lívia quanto Ritinha vão ficar felizes e muito agradecidas com essa demonstração de carinho e amizade.

Ao dizer isso, Lenita tornou-se séria e perguntou para sua mãe:

– Mãe, por que nem todas as pessoas querem ver os outros felizes? Por que algumas pessoas preferem ver o sofrimento e a dor alheia sem se importar, como se fosse algo tão distante que não lhe dissesse nada, não tocasse seu coração, não provocasse o mínimo respeito?

Sabiamente, Mariana respondeu:

– Filha, as pessoas não são iguais. Umas são mais sensíveis que as outras; mais solidárias que as outras e, nessa conduta, está o livre-arbítrio de cada um. Muitos se esquecem do que disse Jesus: "O plantio não é obrigatório, mas a colheita, sim, cada um colhe o que planta".

– Será que um dia a humanidade vai perceber os enganos nos quais está caindo e se voltará para o bem? Será que os homens se olharão como irmãos e perceberão que todos têm os mesmos direitos neste Universo de Deus?

– Com certeza, isso acontecerá um dia. O importante é que as pessoas que já encontraram o bem dentro de si vivam sempre de acordo com esse sentimento, porque assim, por meio dos seus exemplos, os outros perceberão com facilidade o caminho da evolução.

– Gosto de ouvi-la falar assim, mãe. Onde aprende coisas tão boas e importantes?

– Em *O Livro dos Espíritos*, *O Evangelho Segundo o Espiritismo*, enfim, nos livros que estão na sua estante. Nas minhas horas vagas sempre leio, e cada vez aprendo um pouco mais sobre esse mundo maravilhoso dos espíritos.

– Não sabia que gostava de ler esses livros!

– Sempre gostei, filha. Vou para seu escritório e fico lendo seus livros. Você se incomoda?

– Absolutamente, mãe. Essa sua atitude só me causa alegria. Nunca comentei nada sobre os livros porque pensava que não iriam lhe agradar. Enfim, não devemos impor nada a ninguém sobre nossas crenças, todos devem ter liberdade de escolha, mas folgo em saber que gosta. Esses são, realmente, os livros que podem nos trazer equilíbrio e sustentação nas horas difíceis. Ensinam-nos a viver o amor fraternal baseado na palavra de Jesus e nos esclarecem sobre a vida futura. Que bom, mãe, que você se abre para a leitura edificante. Aí está a explicação de possuir esse coração enorme.

– Com certeza, menor que o seu, minha filha!

– Obrigada, mãe!

– Mas, Lenita, mudando de assunto, ultimamente eu a sinto um pouco preocupada, intranquila. Está acontecendo alguma coisa que eu não saiba?

Lenita, querendo evitar a preocupação de sua mãe, tentou colocar despreocupação em sua voz e lhe disse:

– Não, mãe, nada de estranho está acontecendo, pelo menos nada que Jesus não vá nos ajudar a resolver. Pode ficar sossegada e acabar de preparar esse bolo. Agora, se não se importar, vou até o escritório preparar minha aula de amanhã.

– Vá, minha filha, e assim que terminar venha tomar um lanche.

– Tudo bem, mãe, virei sim!

Sentindo-se feliz, dirigiu-se ao escritório. O carinho de sua mãe fez seu coração se alegrar e esquecer um pouco as ameaças que vinha sofrendo. Sentiu-se feliz.

capítulo
5

MARIANA DESCOBRE AS AMEAÇAS

CONFORME PROMETERA, FLÁVIO foi ao encontro de Estácio, o policial de sua confiança sobre o qual falara com Lenita. Encontrou-o em sua casa gozando seu dia de folga. Sem omitir nenhum detalhe, narrou-lhe o acontecido, deixando claro o quanto era importante que tudo saísse a contento; não só por Lenita, mas pelas crianças envolvidas e pelo trabalho que era realizado com seriedade e grande possibilidade de reajustar aquelas crianças a uma vida digna.

Estácio a tudo escutou com atenção.

Flávio, percebendo no rosto do amigo a preocupação, perguntou em seguida:

– E então, Estácio, posso contar com você? O que podemos fazer para ajudar Lenita a se livrar dessas ameaças?

O amigo pensou e, com cuidado, respondeu:

– Flávio, tudo tem de ser muito bem pensado para não cometermos erros que podem ser fatais. Você sabe que o traficante não recua, luta por seu território sem se importar com quem se interpõe em seu caminho. Para isso vão até as últimas consequências. Precisamos ir com cautela para, de fato, proteger Lenita. Tudo o que você me contou parece até algo pessoal contra essa moça.

Pensou um pouco e perguntou:

– Vocês têm ideia de quem seja o chefe dessa quadrilha?

– Infelizmente não, Estácio, ninguém faz a menor ideia. Não sabemos se mora ou não na comunidade Santa Rita. O que se sabe é o local onde se reúnem, mas ninguém se atreve a incomodá-los, pois todos têm consciência do que são capazes de fazer ao se sentirem ameaçados.

– É estranho! Geralmente, o chefe gosta de aparecer, desfilar sua autoridade entre a comunidade exigindo que todos obedeçam a ele.

Já um pouco aflito, Flávio perguntou:

– Mas, então, Estácio, o que podemos fazer?

– Calma, Flávio, como já lhe disse, temos de pensar bem. Vamos fazer o seguinte: dentro de mais ou menos dois dias eu o procuro e o colocarei a par do que foi resolvido. Está bem assim?

– Tudo bem, Estácio, tenho plena confiança em você e sei que fará tudo o que estiver a seu alcance para ajudar Lenita.

– Sendo assim, Flávio, vou agora até a delegacia conversar com meu superior e colocá-lo a par desse assunto.

– Espero que ele não se oponha. Diga-lhe que foi um pedido meu.

– Com certeza não vai se opor, ao contrário, sabe que este é um problema que tem de ser resolvido pela polícia. Pode confiar.

– Obrigado, Estácio. Conte comigo sempre que precisar.

Despediram-se e Flávio, mais tranquilo e confiante, retornou ao seu gabinete. Seu coração bondoso lhe dizia que tudo daria certo.

Lenita e dona Mariana voltavam felizes para casa.

A festinha de Ritinha havia sido um sucesso; todos cantaram e brincaram com alegria. Lívia deixou que as lágrimas escorressem por seu rosto, pois sabia serem frutos da gratidão pelo carinho que todos demonstravam por sua filha.

A garotinha, pela primeira vez, tinha apagado uma velinha de aniversário, comido bolo enfeitado com guloseimas e brincado com as lindas bolas coloridas, enfim, tinha se divertido com outras crianças iguais a ela.

O brilho maior da festa tinha ficado por conta da solidariedade e do grande carinho existentes no coração daquelas criaturas simples que vivenciavam os ensinamentos de Jesus, sem se importar com diferenças sociais. Era o bem brilhando com toda sua intensidade.

– Você reparou, Lenita, como Ritinha estava feliz? Dava gosto vê-la circulando por entre as pessoas com os olhos brilhando.

– Tem razão, mãe, todos perceberam a felicidade dela! Ela estava eufórica!

Mariana voltou a falar:

– Às vezes, fico pensando que, com tão pouco podemos fazer a alegria das pessoas, dar-lhes satisfação e colocar o sorriso em seus lábios. Por que se torna tão difícil para algumas pessoas entender isso?

– Eu acho que entender, até entendem, mãe. O que acontece é que certas pessoas preferem as horas vazias ao trabalho edificante. Outras julgam mais importante acumular bens que, muitas vezes, levam a alma à perdição do que repartir com os necessitados. Temem empobrecer se tirarem um pouquinho para sanar o sofrimento do próximo que, não raro, pouco ou nada tem para comer.

E continuou sem esconder sua emoção:

– O que me incomoda, mãe, é ver que algumas pessoas se escondem atrás de um falso moralismo, da falsa verdade, julgando os motivos pelos quais as pessoas sofrem. Enfim, várias são as razões que levam as pessoas a não praticar a caridade tão exemplificada por Jesus, mas, em todas encontramos a semente do orgulho e do egoísmo. Isso é o mais triste, porque não conseguem perceber que se tornam carrascos de si mesmos e, não raro, levam sua alma à perdição.

Mariana, interessada no assunto, disse à Lenita:

– Tem razão, filha, muitos pensam nada ter para oferecer, entretanto, a caridade está na união do amor e da bondade para com o semelhante, e o amor não precisa de nada além do desejo sincero de oferecer a mão amiga àquele que sofre.

E completou:

– São esses sentimentos que engrandecem a alma humana!

– Lembro-me, mãe, de uma passagem contida em *O Evangelho Segundo o Espiritismo*, Cap. XV, n.7, quando São Paulo, que tão bem compreendeu a caridade, disse:

"Ainda que eu tivesse a linguagem dos anjos; quando eu tivesse o dom da profecia, e penetrasse todos os mistérios; quando eu tivesse toda a fé possível, até transportar as montanhas, se não tivesse caridade, eu nada seria. Entre essas três virtudes, a fé, a esperança e a caridade, a mais excelente é a caridade."

– Exortou assim, sem equívoco, a caridade acima mesmo da fé, porque a caridade está ao alcance de todos, do ignorante e do sábio, do rico e do pobre, porque independe de toda crença particular.

– Que linda mensagem, Lenita, pena que poucos a trazem no coração!

– Um dia, mãe, a humanidade vai reconhecer que, como diz Laurinda, o doce lar não está nas casas luxuosas, mas no coração que abriga o amor. Não importa se a pessoa mora em bairros de elite ou em uma simples favela, porque o coração do homem é sua bússola, ele o leva para o bem ou para o mal, depende do amor que balsamiza a alma.

– Pura verdade, filha, é o homem que faz de sua casa o oásis do bem, não importa onde ela esteja; porque somente o amor pode transformar o homem, e não a riqueza acompanhada de suas mazelas espirituais.

Mãe e filha prosseguiram conversando, trocando impressões até que Lenita encostou o carro na porta de sua casa.

Assim que Mariana entrou, percebeu um papel dobrado, colocado por debaixo da porta. Pegou-o e leu rapidamente a lacônica mensagem e, nervosa, entregou--o para Lenita.

– O que significa isso, Lenita?

Lenita, por sua vez, pegou o bilhete e, sem conseguir esconder o nervosismo, leu:

"O prazo se esgota."

Deixou-se cair em uma cadeira e, com as mãos escondendo o rosto, chorou.

Mariana, aflita, pedia-lhe explicações.

– Lenita, conte-me o que significa isso! Tenho o direito de saber o que está acontecendo. Nunca a vi assim tão nervosa!

– Como Lenita nada respondia, Mariana insistiu, dando à própria voz uma entonação carinhosa.

- Filha, divida comigo suas preocupações; duas pessoas pensando juntas podem encontrar a melhor solução para o problema, seja qual for.

Lenita, permanecendo calada, fez com que sua mãe insistisse novamente.

– Por favor, Lenita, eu te peço, poupe-me desta angústia; conte-me por que se encontra nesse estado de aflição.

Lenita levantou a cabeça e, com os olhos vermelhos e expressão de visível cansaço, pediu à sua mãe:

– Faça um favor, mãe, telefone para o Flávio e peça--lhe que venha até aqui. Diga-lhe que é urgente e que se relaciona ao assunto sobre o qual conversamos outro dia.

– Mas, filha...

– Telefone, mãe, por favor, depois venha até aqui, vou lhe contar tudo o que está acontecendo.

Com presteza, Mariana atendeu ao pedido da filha. Logo retornou, sentou-se ao seu lado, pegou carinhosamente a mão de Lenita e lhe disse:

– Pronto, Flávio estará aqui dentro de mais ou menos uma hora. Pediu que ficasse calma porque tudo já está sendo providenciado. Agora, por favor, Lenita, conte-me tudo sem omitir nada, estou muito preocupada.

– Está bem, mãe, vou lhe contar. Só não o fiz antes porque queria poupá-la, sabia que iria ficar preocupada.

– Mas agora conte-me! – exclamou Mariana com voz decidida.

Lenita narrou à sua mãe todas as ameaças que vinha sofrendo havia algum tempo. O prazo que lhe deram para acabar com a escolinha, enfim, nada escondeu.

– Então, mãe, é isso. Pedi ajuda do Flávio e tenho certeza de que ele vai enfrentar, comigo, esse problema. Quero que me perdoe, mas ando muito nervosa, assustada por mim, pelas crianças, pelas voluntárias, enfim, por essa situação triste e perigosa.

– Filha querida, você deveria ter me contado, dividido comigo seus receios. Por que carregar sozinha tanta preocupação?

– Não queria que a senhora sofresse, mãe. Só isso!

– Não queria que sua mãe sofresse, entretanto, sofreu sozinha! – exclamou Mariana. – Sou sua mãe, quero ter o direito de estar com você sempre, minha filha, não importa se sorrindo ou chorando. Quero poder acalmá-la, como tantas vezes você fez comigo. Mas agora enxugue as lágrimas. Tenho certeza de que logo Flávio vai chegar com boas notícias, ele jamais deixaria de ajudá-la em um momento como este.

Silenciou e logo voltou a falar.

– Vamos confiar na proteção divina por intermédio do nosso amigo Heitor, que é um tarefeiro na seara do Evangelho de Jesus. Vamos enfrentar essa situação com coragem e fé no nosso Pai, que está no céu.

Sentindo a filha mais calma, beijou-a o rosto, foi até a cozinha e, sem demora, voltou trazendo-lhe um copo de refrescante suco.

– Tome, Lenita, vai lhe fazer bem.

– Obrigada, mãe, fique tranquila. Estou mais calma.

Dizendo isso, tomou o suco oferecido.

– Assim está melhor! – exclamou Mariana.

Não demorou muito e Flávio chegou.

Após os cumprimentos, Lenita entregou-lhe o bilhete, o qual Flávio leu com atenção.

– Lenita – disse Flávio –, antes de vir para cá, entrei em contato com Estácio e pedi que viesse se encontrar conosco aqui em sua casa. Você e sua mãe vão tomar conhecimento de tudo o que foi planejado pela polícia para desmascarar essa quadrilha e salvá-la das ameaças que tanto torturam. Vamos aguardá-lo, pois logo ele estará aqui.

Aflita, Mariana disse:

– Tenho receio por minha filha, Flávio!

– É natural que tenha, dona Mariana, todos nós estamos receosos, mas, creia, tudo será feito com muito cuidado, visando à sua proteção e ao seu bem-estar. Confie na polícia.

– Eu confio no Flávio, mãe, mesmo porque foi Heitor que me alertou para procurá-lo.

Pensativa e visivelmente receosa, Mariana disse:

– Às vezes, fico pensando se Guilherme não tinha razão em exigir que Lenita deixasse esse trabalho voluntário! – exclamou Mariana, e continuou.

– Tanto bem espalhado com verdadeiro amor e o mal vem ao encontro desse coração generoso!

Surpresa, Lenita respondeu:

– Mamãe, não acredito que ouvi isso dos seus lábios. Dizendo isso, a senhora está negando todas as coisas belas que me disse ainda há pouco!

Mariana abaixou a cabeça e, em seguida, respondeu:

– Desculpe-me, minha filha, você tem razão. Por um momento, deixei que o medo abalasse os meus sentimentos, perdoe-me. Sei perfeitamente, porque aprendi que é preciso tirar as pedras do caminho para que se construa a grande casa de Deus. Foi apenas um desabafo.

– Sabemos que nada acontece injustamente! – exclamou Lenita. – Não sabemos a história que trazemos quando aqui aportamos, mas é certo que não chegamos totalmente inocentes e, por esta razão, devemos lutar para vencer a escuridão dos nossos enganos e as adversidades sem desistir do bem.

Flávio apenas ouvia o diálogo, encantado com o que presenciava.

– Veja, Flávio, quem convive com uma alma tão nobre como a de Lenita não pode viver na escuridão. Sua luz interna atinge outros corações.

– Eu sei, dona Mariana, e por isso a admiro tanto!

Mariana olhou aquele jovem com carinho, pois sentiu que seu coração queria dizer à Lenita: eu a amo tanto!

Pensou:

"Se for verdade o que sinto desde que o conheci, que os bons espíritos os aproximem, para que Lenita possa desenvolver em seu coração o mesmo sentimento."

❧ ❧ ❧

No mundo espiritual, dois espíritos ouviam atentamente o diálogo dos encarnados.

– Heitor, sinto-me feliz e orgulhoso por ver Lenita tão segura em seus propósitos. Agradeço a Deus ter-me dado uma filha tão querida e especial para me acompanhar na minha trajetória terrena.

– Tem razão, Onofre, seu lar terreno foi agraciado com um espírito fortalecido no bem e no amor.

– Você reparou como ela conseguiu transformar Mariana em uma grande tarefeira de Jesus? Lembro-me, quando ainda encarnado, que Mariana sempre implicava com a tendência de fraternidade e solidariedade humana de Lenita; tendência essa que possui desde a infância. Seu coração sempre batia em direção aos mais necessitados.

– Como você mesmo pode observar, Mariana é hoje uma verdadeira voluntária do bem; estuda o *Evangelho* e pratica os ensinamentos de nosso Mestre.

– Sabe, Heitor, somente uma questão ainda não compreendo.

– Diga-me qual é?

– Por que Lenita sofre tantas investidas do mal, se o seu coração só gera o bem? Parece-me uma injustiça! – exclamou Onofre.

Heitor, com paciência e compreendendo as fragilidades ainda existentes em Onofre, respondeu:

– Nosso Criador não é injusto, Onofre, ao contrário, é bondade e justiça infinitas. Tudo acontece conforme a lei de evolução. De acordo com essa lei, nosso Pai nos dá as armas com as quais devemos lutar para quitar as dívidas contraídas no pretérito. Não devemos, portanto, desprezar e amaldiçoar por desconhecer o que está por trás. Tudo na lei de Deus está no lugar adequado. Lenita nem sempre foi esse espírito nobre que conhecemos.

– Se é assim, como ela conseguiu conquistar esse estágio de evolução?

– Ela conquistou seu progresso espiritual por meio de sucessivas encarnações e do desejo real de avançar para Deus. Aprendeu o significado real do amor e lutou bravamente para que este sentimento não se transformasse em teoria sem validade.

– Gostaria de saber mais sobre esse espírito. Poderia me contar sua história?

– Sim. Para o benefício daqueles que se encontram em um túnel escuro e pensam ser impossível conseguir a libertação.

– Em uma de suas encarnações, Lenita se envolveu com pessoas inescrupulosas, que se compraziam em denegrir os semelhantes, lançando-os na amargura. Lenita, imprudentemente, aceitou essa maneira de viver. Desequilibrou muitos jovens; levou à falência chefes de família e foi causadora de muitas lágrimas no rosto de seus semelhantes.

Envolveu-se com um homem ambicioso, que fez sua fortuna por meio de transações ilícitas e criminosas; desprezou o então namorado, jovem honesto e trabalhador, mas que não satisfazia os seus caprichos insensatos por não aprovar a maneira leviana pela qual Lenita levava sua vida. Sempre que tentava argumentar com Lenita a respeito de sua atitude enganosa e inconsequente, ouvia da namorada que, para ser feliz, tinha o direito de usar de todas as armas, não importando se deixava rastros de dor por onde passava. Cansada do que erroneamente julgava ser incompreensão do namorado, Lenita terminou o relacionamento e se envolveu com quem não devia: um espírito leviano, autoritário e ambicioso.

Heitor, após uma pequena pausa, continuou:

Ao desencarnar, sofreu as consequências de tanta leviandade. Andou pelas zonas de sofrimento perseguida por seus credores, que clamavam por justiça.

– E quanto tempo durou esse sofrimento? – perguntou Onofre.

– Após anos de dor e amargura, foi merecedora do socorro divino em razão do seu arrependimento sincero, da vontade real que nasceu em seu espírito de procurar sua evolução.

– Continue, por favor, Heitor – disse-lhe Onofre.

– Após um longo tempo de preparação, estudo e compreensão do verdadeiro sentido da palavra amor, conseguiu do Mais Alto a permissão para nova encarnação junto aos espíritos que, de uma forma ou de outra, havia prejudicado. Quem a levou para o sofrimento retornou como seu irmão consanguíneo, mas sucumbiu novamente por não conseguir ter força suficiente para se afastar dos vícios. Ao chegar à espiritualidade, culpou Lenita por seu fracasso; procurou por ela, mas, em razão de seu despertar para a claridade divina, ela vivia em outra faixa vibratória, preparando-se para nova encarnação. Após anos de sofrimento, também foi socorrido. Ao aproximar o momento adequado para nova encarnação, e sabendo da próxima volta de Lenita ao orbe terreno, pediu ajuda a Lenita, que concordou em ajudá-lo nessa nova oportunidade recebida para limpar seu espírito dos miasmas da culpa. Ele viria primeiro; na idade adulta se encontrariam e o amor se afloraria novamente em seus corações. Ancorado no amor de Lenita, o espírito ainda tão devedor teria mais condições de aprender o amor ao semelhante e o trabalho no bem, apagando sua tendência nociva para o vício, mas, infelizmente, fracassou novamente e caiu pela terceira vez no mesmo erro.

– Quem é ele nesta encarnação? – perguntou Onofre.

– Onofre, quem é não importa. Na verdade, o que interessa é o esforço realizado para que mude sua história, mas, infelizmente talvez não aconteça – respondeu Heitor.

– E Flávio – perguntou – tem alguma ligação com essa história?

– Flávio é o namorado desprezado de outrora. Ele aceitou estar ao lado de Lenita mais uma vez e ajudá-la na conquista da vitória espiritual, sem nenhum interesse, mesmo sentindo um grande amor por ela.

– Mas, Lenita cumpre o roteiro estabelecido para sua evolução, roteiro esse escolhido por ela?

– Com certeza, irmão. Lenita se fortaleceu no bem e no amor ao próximo; seu coração dá espaço para a palavra de Jesus, e essa dedicação ao seu semelhante a tornou fiel tarefeira do amor universal.

– E as dívidas do passado?

– As dívidas do passado de outras encarnações ela está quitando uma a uma, no lugar certo, com as pessoas certas.

– Por que seu trabalho é na favela – tornou Onofre –, correndo tantos riscos?

– Porque ela própria solicitou essa missão; quis entrar no ambiente que desprezou no passado.

– Então foi opção dela?

– Sim. Foi sua opção trabalhar junto às pessoas para as quais seu orgulho foi a ferramenta que as derrubou. Além do mais, Onofre, somente esse ambiente hostil, quase sempre perigoso, sem nenhum encanto, poderia se tornar, para Lenita, um doce lar, onde ela aprenderia, realmente, a repartir, a compartilhar e a amar sem restrição de cor, credo ou condição social.

– É uma missão difícil, considerando o risco que se corre, passando por situações agressivas, enfim...

– Aquele que passa rente às condições de risco e não se corrompe, Onofre, é porque já transformou seu coração no doce lar de Jesus. Lenita segue o caminho da vitória! – exclamou Heitor.

– E Laurinda, já conhecia Lenita de outras encarnações?

– Laurinda foi cúmplice de Lenita. Dona de grande fortuna, fez mau uso de sua riqueza; nunca se importou com as necessidades alheias; tornou-se vítima de si mesma por conta do seu orgulho e presunção. Dizia sempre que preferia comprar lavagem para os porcos a alimentar os miseráveis das ruas. Hoje, cata papel para se alimentar e, graças à bondade divina e ao seu próprio esforço e desejo, tornou-se essa alma nobre, sempre pronta para acolher o necessitado e a dividir a sabedoria que recebe dos espíritos.

– O que não compartilhava ontem reparte, hoje, com amor no coração – completou Heitor.

Após uns minutos de silêncio Onofre voltou a perguntar:

– Diga-me, Heitor, por que existem as favelas? Qual é a sua finalidade?

– Onofre, Deus coloca cada um de seus filhos no seio da abundância ou da carência que necessita para promover sua evolução. Nada é regra geral, porque cada caso é um caso e será estudado individualmente. Mas, muitas vezes, os moradores dessas comunidades foram, no pretérito, donos de terras e grandes fortunas e faliram no propósito do bem. Fizeram do sentimento do amor teoria sem validade. Hoje passam pela situação oposta para experimentar o outro lado, aprendendo, assim, as virtudes que levam à evolução, como a humildade, a subserviência à vontade de Deus, a resignação e o trabalho árduo para a conquista de seu sustento.

– Jesus disse: "Aquele que humilha será humilhado", não é isso, Heitor?

– Sim, Onofre, Deus dá oportunidades iguais para todos os seus filhos. O que não vivemos em uma encarnação, vamos viver em outra, consequentemente, aprendendo o que não aprendemos em encarnações passadas.

E continuou:

– Nas favelas, muitos ressurgem para o bem e abrem o coração para o amor; limpam sua alma e aprendem, com a necessidade, a se tornar fraternos e humildes. Mas outros, todavia, sucumbem novamente por se deixarem levar pela revolta, que os lançará, não raro, na delinquência e na agressão ao próximo.

– Lenita sofrerá com a concretização dessas ameaças?

– Sim! Mas ninguém sofre injustamente. Talvez seja este o momento da quitação final.

– Mas, ela vai desencarnar? – perguntou Onofre.

– Onofre, ansiedade não é bom. Acalme-se e aguarde. Lenita conquistou amigos espirituais, e nosso Mestre Jesus permitiu o auxílio. Estaremos atentos naquilo em que temos permissão para ajudar.

– Heitor, existem muitas pessoas boas e dignas nas favelas, não?

– Evidente que sim, Onofre. Aqueles que já encontraram o caminho da verdade e sustentam o coração no amor fraternal não se corrompem, mesmo que o ambiente seja propício a isso. Por essa razão, chamamos a favela de doce lar, porque é o lar, o laboratório do ensinamento e do aprendizado. Mostra todas as oportunidades da revolta e dos vícios, mas aqueles que passam por essas situações e se firmam no bem e na dignidade, lutando contra o vendaval da imprudência e da insensatez, respeitando o semelhante e aprendendo a ver através da melancólica visão dos barracos mal construídos a luz do nosso Pai que está no céu, chegarão à espiritualidade com o dever cumprido, com débitos quitados com a lei.

– Para o Criador – continuou Heitor – interessa o que trazemos dentro da alma, e não o que deixamos na Terra.

– Lenita está vencendo, Heitor?

– Sim, Onofre, nossa irmã, com certeza, chegará, no momento certo e previsto, como vencedora. Vamos ampará-la para que possa vencer este último reajuste. Jesus auxilia todos que, com sinceridade, clamam por misericórdia.

✿ ✿ ✿

A campainha tocou e Mariana correu para abrir a porta.

– Boa tarde. Sou Estácio, amigo de Flávio. Combinamos nos encontrar aqui. Ele já chegou?

– Boa tarde, Estácio, sou Mariana, mãe de Lenita. Seja bem-vindo à nossa casa. Flávio já está aqui e o aguarda.

– Muito prazer, senhora!

– O prazer é meu. Se é amigo de Flávio é também nosso amigo. Por favor, entre.

Incontinenti, dirigiram-se até a sala onde se encontravam Lenita e Flávio. Este, ao ver o amigo, correu a abraçá-lo, apresentando-o em seguida à Lenita.

– Obrigado, Estácio, por ter vindo. Precisamos, mesmo, de sua ajuda. Nada conseguiríamos sem a ajuda da polícia, veja...

Desdobrando um pequeno papel, mostrou-o a Estácio.

Ao terminar de ler, Estácio disse:

– Já temos tudo preparado e vim para colocá-lo a par do nosso plano.

Durante muito tempo apresentou detalhadamente todo o projeto elaborado para desmascarar a quadrilha. Ao terminar, dirigiu-se à Lenita.

– Precisamos que você confie na polícia e, principalmente em mim, que vou estar bem perto. Não julgue minhas atitudes nem o que falo, apenas confie, não interfira e, sob nenhuma hipótese, comente com ninguém, absolutamente ninguém, o que conversamos aqui. Disso depende o sucesso do projeto – finalizou.

Lenita olhou para Flávio, como a pedir orientação. Este logo entendeu e interveio:

– Lenita, pode confiar em Estácio como em mim mesmo. Ele sabe o que está fazendo. Você vai estar em boas mão. Ele é experiente e leal.

– Isso mesmo, minha filha, vamos confiar sem medo. Jesus estará nos protegendo.

Após uns minutos de silêncio, Lenita disse:

– Tudo bem, Estácio, farei como você quiser. Confio que tudo sairá bem.

– Se depender de mim, senhorita, tudo sairá a contento.

Mariana, levantando-se, foi até a cozinha preparar um café que todos aceitaram, saboreando com despreocupação os saborosos quitutes oferecidos.

Mais tarde se despediram, e Estácio deixou claro que tudo começaria no dia seguinte, lembrando a Lenita que agisse como de costume.

As luzes da casa de Mariana se apagaram. Mãe e filha oraram juntas pedindo ao Pai que as protegesse. Recolheram-se, cada uma em seu quarto, e adormeceram.

Heitor e Onofre também oraram ao Pai e pediram por aquelas irmãs que iriam viver momentos de tensão e angústia.

capítulo
6

A AMEAÇA SE CONCRETIZA

Os obstáculos aparecem para que possamos aprender a vencê-los. Como evoluir e crescer sem ter passado por nenhuma situação de aprendizado mais forte?

Deus nos dá o principal, que é a vida. Cabe a nós direcioná-la para o destino seguro.

Só sabemos das reações que temos quando enfrentamos situações adversas. A intensidade da nossa fé só será avaliada quando nos defrontamos com as agressões da vida. Confiar na bondade divina, quando tudo acontece conforme nosso desejo, é a maneira mais fácil de acreditar que o Criador olha por nós. Mas confiar no Pai que está no céu quando somos ameaçados ou massacrados pela dor, é ter verdadeiramente o amor de Deus dentro do coração. A confiança ou a vacilação é o termômetro fiel.

Lenita abrigou no íntimo de sua alma a certeza do amparo divino. Nem por um instante experimentou a dúvida na misericórdia do Pai.

Levantou-se cedo e foi dar aula no colégio, onde, há algum tempo, era professora estimada. É certo que, vez ou outra, seu coração batia mais acelerado, em razão da ansiedade que experimentava.

As horas transcorreram sem que nada de importante acontecesse. Por volta do meio-dia, retornou à sua casa. Almoçou e, após alguns minutos de descanso, dirigiu-se, acompanhada de Mariana, à comunidade.

– Lenita – disse-lhe sua mãe –, não se esqueça das recomendações do senhor Estácio; aja naturalmente e não se espante com nada.

– Não vou esquecer, mãe, estou tranquila! – exclamou mesmo sentindo enorme apreensão.

– Você vai até a casa de Laurinda?

– Sim. Ela está alvejando alguns sacos para fazermos panos de prato e, posteriormente, ser pintados. Vou ver com estão ficando.

– Vá, sim, minha filha, ficarei no clube auxiliando Efigênia. Hoje, ela dará uma aula nova.

– Sobre o que ela vai ensinar?

– Vai ensinar as mães a fazer perfumes.

- Perfume? – perguntou Lenita admirada. – Não sabia que ela fazia perfumes.

– A Efigênia é muito esforçada; foi aprender para poder ensinar. Acredita que os perfumes acondicionados em vidros enfeitados adequadamente ficarão graciosos e as mães terão mais um item para vender no bazar!

Ao chegar, Lenita encostou o carro bem próximo do portão e disse à sua mãe, assim que desceram:

– Até já, mãe, não me demoro.

– Você vai a pé? – perguntou Mariana, estranhando.

– Sim. Quero andar um pouco, depois a casa de Laurinda fica bem perto daqui.

– Vá com Deus, minha filha!

Lenita rumou para a casa de Laurinda. Andava desenvolta por aquelas ruelas estreitas, sem perceber nem imaginar que estava sendo seguida por três homens. Chegou rápido na casa de Laurinda e, assim que a amiga abriu o portão, Lenita entrou e, sem saber a razão, sentiu uma espécie de alívio.

– Lenita, você está pálida! – exclamou Laurinda. – Sente-se mal?

– Não é nada, amiga, apenas calor. Então, os panos ficaram bons?

– E como! Depois de pintados vão se transformar em lindos panos de prato.

– Obrigada, Laurinda, você é uma grande amiga e colaboradora – disse-lhe Lenita.

Como a amiga não respondeu, Lenita virou-se para ver o que sucedia. Notou a amiga em concentração, como se escutasse alguém.

– Deve ser o Heitor – disse para si mesma.

De fato, passados poucos minutos, Lenita ouviu as palavras amigas de Heitor.

– Lenita, que Jesus a abençoe. Não se esqueça de que Deus se preocupa com todos os seres que criou, e todos são alvos de sua bondade. Todavia, quando desrespeitamos e violamos suas leis sofremos as consequências desse ato impensado; comprometemos nossa felicidade futura e só poderemos recuperar a paz perdida quando saldamos nossos débitos, um a um. O seu espírito se fortaleceu ao conhecer a palavra de Jesus; aprendeu a amar e a se doar ao semelhante, cresceu na luz e evoluiu no amor. Mas nem tudo está completo, falta, ainda, a última parcela, que está por vir. Confie em nosso Pai e não deixe que nenhuma partícula de revolta se instale em seu coração. Absorva e aceite tudo como a grande ascensão do seu espírito; sinta-se amparada pelos amigos espirituais. Estaremos atentos. Não duvide da força do bem e confie na misericórdia Divina.

Lembre-se de que as vicissitudes da vida são provas impostas por Deus ou situações escolhidas pelo próprio interessado, quando no estado da erraticidade, precedente à reencarnação em questão, para expiar as faltas cometidas numa outra existência; porque jamais a infração às leis de Deus e, sobretudo, à lei de justiça, fica impune. Se a punição não é feita nesta vida, será, necessariamente, em outra. É por isso que aquele que é justo aos olhos dos homens se vê frequentemente atingido por seu passado.

Heitor, fazendo singela prece de agradecimento a Jesus pela oportunidade recebida, despediu-se deixando no ambiente a energia salutar que equilibra e fortalece a alma.

Emocionada, Lenita conseguiu apenas dizer:

– Obrigada, Heitor! – e sentiu uma ponta de melancolia invadir seu coração.

Assim que Laurinda se recompôs, tomou um copo com água e ofereceu outro a Lenita, que prontamente aceitou.

– Vamos até o clube, Laurinda, hoje tem aula nova. As mães estão aprendendo a fazer perfume.

– Perfume! – exclamou Laurinda, sem esconder o espanto.

– Sim. A Efigênia está ensinando como fazer. Isso é muito bom, assim nosso bazar fica mais sortido.

– Verdade – concordou Laurinda. – Lenita, mal posso acreditar que conseguimos realizar o projeto de atendimento a essas mães tão sofridas. Você notou como estão contentes?

– Claro que percebi, Laurinda, estão mais felizes porque se sentem mais úteis, mais produtivas. Sabem que podem auxiliar no sustento de suas casas com seu próprio esforço, e isso lhes dá mais dignidade. Além do mais, é tão bom aprender coisas novas, não é verdade?

– Tudo isso acontece graças a você, Lenita!

– Não, Laurinda, graças ao esforço de todas nós, que formamos uma equipe com o mesmo ideal de fraternidade, e às mães que vestiram a camisa e vieram à luta dando a si mesmas a oportunidade de melhorar a situação de suas vidas.

– É interessante, Lenita, mas às vezes tenho a impressão de conhecê-la de longa data, não apenas aqui da comunidade.

– Entendo o que você quer dizer, Laurinda, porque sinto essa mesma sensação. Naquele dia em que a vi pela primeira vez, no dia em que Jonas morreu, lembra? Pois bem, naquele dia senti que podia confiar em você, como se fôssemos amigas há muito tempo. É estranho, não?

– É... Devem ser lembranças de outra encarnação. É a única explicação que vejo diante deste sentimento tão forte que nos une.

– Com certeza, deve ser. O que, na verdade, importa é que novamente estamos juntas e, se estamos, algum motivo deve ter. O que precisamos é fazer esta encarnação dar certo, Laurinda.

– É verdade. Mas por que diz isso?

– Na realidade não sei, amiga! – exclamou Lenita.

– Bem, o que importa neste momento é o nosso clube. Vamos até lá?

– Vamos!

Saíram contentes sob o olhar de Heitor, que, elevando seu pensamento até o Senhor, orou: "Obrigado, meu Pai, por esses dois espíritos terem encontrado o caminho".

O dia transcorreu em paz.

Nada de suspeito aconteceu.

As mães se entusiasmaram com o novo aprendizado. As crianças, com alegria, batiam martelos, lixavam e envernizavam suas caixinhas. Tudo prosseguia com seu ritmo normal, sem apresentar nenhum problema ou situação que pudesse sugerir anormalidade. O trabalho produtivo e harmonioso era uma sinfonia de paz.

Ao cair da tarde, após o término das aulas, todos se preparavam para deixar o local, quando três homens entraram sem a menor cerimônia ou constrangimento e se aproximaram de Lenita.

Assustada, Lenita reconheceu, de imediato, Estácio, vestido com um bermudão, camiseta larga, meião e tênis.

Em nada lembrava o policial educado, bem vestido e generoso que estivera em sua casa. Lenita quase se traiu, mas os olhos fixos de Estácio lembraram-lhe de suas palavras na noite anterior: "Não se espante com o que eu fizer ou disser, confie em mim".

Disfarçando e controlando suas emoções, disse:

– O que querem? As aulas já terminaram e estamos fechando o clube.

Sem se importar com suas palavras, o mais jovem dos três dirigiu-se a Estácio:

– Esta é a moça, companheiro. Ainda bem que veio em nosso auxílio. O chefe tem receio de represálias. Pelo que conversamos hoje, pude perceber sua experiência no negócio. O chefe exige que terminemos com esse trabalho idiota de escolinha para as crianças.

Olhou para Lenita e, com um sorriso sarcástico, disse:

– Tivemos uma perda considerável de "mão de obra". Você entende, não é, companheiro? E a culpada é esta moça.

– Claro, mano. Vamos ver o que podemos fazer. Deixe a moça comigo, já passei por situações como esta e sei o que fazer.

O coração de Lenita batia descompassado, assim como o de todos os presentes.

À exceção de Mariana e Lenita, ninguém podia sequer imaginar ser Estácio um policial.

– Você trabalha sozinho? – perguntou o comparsa.

– Não. Meus companheiros chegarão amanhã para dar cobertura ao serviço. Não sabemos a reação dessa gente que tanto estima esta moça.

– Está ouvindo, moça? Você foi avisada várias vezes, mas não deu importância. Achou que iríamos desistir, não é? Pois se deu mal, agora não tem volta.

Timidamente, Lenita perguntou:

– Que mal eu fiz a vocês?

– Isso quem vai lhe dizer é o chefe. Agora não adianta choramingar nem tentar fugir. Sabemos onde você mora e, se a polícia entrar nessa, quem vai pagar primeiro é sua mãe. Não se esqueça de que sabemos tudo sobre você, temos a ficha completa da sua vida.

Estácio, ouvindo isso, reforçou sua ideia de que era algo pessoal contra Lenita.

Percebendo a aparente aflição de Lenita, achou por bem terminar o quanto antes com aquela situação de constrangimento e angústia. Virou-se para seus companheiros e lhes disse:

– Agora chega. Só obedeço às ordens do chefe. Tenho minha maneira de trabalhar e não vou mudar. Sempre deu certo assim. Se é a moça que o chefe quer, amanhã a terá. Assim que meus companheiros chegarem, levaremos esta moça até ele. Só não me disseram, ainda, como chegar lá – concluiu.

– Tudo bem, faça como quiser. Afinal, você está com o emblema vermelho, e isso já nos basta. Amanhã viremos com você e o levaremos até o chefe.

– Combinado, então. Agora tenho de ir. Não precisam se preocupar com essa moça, colocarei um de meus homens vigiando seus passos. Ela não vai fugir, não é tão ingênua a esse ponto, sabe que a acharemos em qualquer lugar, não é, dona?

Lenita apenas abaixou a cabeça em sinal de obediência.

Satisfeito, Estácio virou-se e saiu acompanhado dos dois homens.

Lenita e Mariana deixaram-se cair nas cadeiras que se encontravam ao lado. Cobriram o rosto com as mãos e choraram.

As mães que ainda se encontravam no local, assim como Efigênia e Jussara, aproximaram-se das duas e tentavam, com palavras doces e afetuosas, aliviar a tensão que tomara conta de Mariana e Lenita.

Alguém se lembrou de Laurinda, que havia se retirado momentos antes da chegada dos rapazes, e foi correndo avisá-la do ocorrido. Esta, ao ouvir a história, dirigiu-se apressadamente ao clube e, abraçando Lenita com carinho maternal, disse-lhe no ouvido:

— Nada tema. Não cai uma folha sequer de uma árvore sem que seja do conhecimento do nosso Pai. Heitor pede-lhe que se acalme. Ele estará com outros amigos espirituais protegendo você. Ore ao Pai e confie.

— Obrigada, Laurinda, suas palavras acalmaram meu coração aflito.

Mariana levantou-se e pediu a Lenita que fossem embora, dizendo-se cansada. Lenita, de pronto, satisfez o desejo de sua mãe.

Ao chegarem em casa, Mariana abraçou a filha e perguntou:

— Diga-me, Lenita, por que é tão difícil praticar o bem? Por que tudo isso está acontecendo? Por que temos de passar por essa angústia?

– Mãe, o bem não é difícil de praticar, porque, quando existe amor no coração, esta prática acontece de maneira espontânea, sem esforço. Com um pequeno impulso de generosidade, o bem surge naturalmente. O difícil, mãe, é conviver com as pessoas, porque cada uma tem uma história de vida diferente e faz uso do livre-arbítrio da maneira que desejar, e sabemos que nem todos optam pelo bem.

– Concordo, mas você não me respondeu: por que temos de passar por isso? – repetiu Mariana.

– O porquê não sei, mãe, mas algum motivo há de ter. Se não encontramos respostas nesta vida, com certeza, elas estarão no passado. Todos nós chegamos trazendo uma história que construímos no passado, e a colheita está de acordo com nosso plantio, que nem sempre está alicerçado no bem e no amor. Evolução é tarefa árdua e penosa, mãe, é preciso promover a nossa reforma interior por meio dos sentimentos nobres e do trabalho edificante, porque ninguém avança para Deus apenas meditando sentado. Em algum lugar está a resposta para sua pergunta e, com certeza, justa.

O telefone tocou e Lenita correu para atender, reconhecendo a voz de Flávio.

– Lenita?

– Oi, Flávio, que bom ouvir sua voz! – exclamou feliz.

– Quero lhe fazer um convite.

– Que bom, Flávio, faça. Já sei que vou adorar, porque estou precisando me distrair.

– Hoje, às vinte horas, vou assistir a uma palestra no núcleo espírita que frequento. Você e dona Mariana não gostariam de me acompanhar?

– Eu gostaria muito, Flávio, e acredito que minha mãe também adoraria. Aliás, estamos mesmo precisando relaxar.

– Passo em sua casa às dezenove e trinta, tudo bem?

– Tudo bem, estaremos aguardando.

Mariana se entusiasmou com o convite de Flávio.

– Que bom, filha, veio no momento certo para nós.

Na hora combinada, Flávio tocou a campainha da casa de Lenita. Mãe e filha já estavam prontas e rapidamente entraram no carro e partiram em direção ao núcleo.

– Você frequenta, com regularidade, este núcleo Flávio?

– Sim, Lenita, todas as terças-feiras estou aqui. Assisto às palestras, recebo energia por intermédio dos passes, oro, e sempre retorno para minha casa com as forças redobradas. É importante este contato com a espiritualidade, Lenita, tomamos consciência da importância de vivermos dentro das leis divinas, semeando o bem para colhermos felicidade.

Lenita sorriu e, com esperança no coração, seguiu Flávio.

Assim que entraram, sentiram a grande paz existente no local. Acomodaram-se e, em silêncio, aguardaram o início da reunião.

Após a oração inicial, foi feita uma vibração para os enfermos e, em seguida, o palestrante da noite iniciou com eloquência a palestra programada.

– Meus estimados irmãos em Cristo, hoje vamos falar de um assunto que a humanidade luta para conquistar e, se ainda não pôde vivenciar com intensidade, é porque o coração do homem ainda não se modificou.

– Vamos falar de paz!

– O novo século se inicia e, consequentemente, uma nova era. Momento para que a humanidade possa reavaliar seus conceitos e sua postura diante de Deus.

Hora em que o homem, que tanto procura desvendar os mistérios do Universo, deveria se esforçar para conhecer a si mesmo; descobrir seus enganos e sua fragilidade, acabando com os preconceitos que ferem tal a lâmina afiada; falar da paz com o coração e viver a paz com emoção, para que ela seja real.

Não podemos viver em paz quando fechamos os olhos para a miséria que atinge tantos irmãos; quando nos negamos a repartir o muito que temos com aqueles que nada possuem e que vivem sem perspectivas e sem esperanças. Não podemos viver em paz quando permitimos que nossa vida gire torno da satisfação dos nossos próprios desejos.

Jesus falou de paz e mostrou a paz, deixou-nos como herança seu Evangelho, que deve ser o farol a iluminar nossas horas de busca, mas, infelizmente, a humanidade não compreendeu, ainda, que não se pode falar de paz sem ter amor no coração.

Por isso, estimados irmãos, se quisermos a paz, não devemos fomentar discórdia; a paz só terá condições de renascer no seio da humanidade se renascer, primeiro, no âmago do coração humano.

Enquanto o homem conservar o coração borbulhando e se queimando no fogo da discórdia, da incompreensão, da inveja, do orgulho e do egoísmo, que são sentimentos que destroem nossa paz interna e aniquila a paz do semelhante, a humanidade terá, ainda, de amargar o sofrimento e a dor.

Ninguém consegue alcançar a elevação espiritual, sem deixar para trás suas imperfeições. Quanto mais nos depreendemos dos entulhos mentais, mais nos aproximamos das esferas celestiais.

Que nosso Mestre Jesus abençoe a todos e que sua verdade, suas palavras e seu amor possam acordar o homem para a verdade de Deus.

Em seguida, foi feita a prece e todos se beneficiaram com a energia salutar dos passes.

Ao término, retiraram-se em silêncio, levando no rosto a expressão de conforto e alegria.

Lenita tinha os olhos marejados de lágrimas. Aproximou-se de Flávio e lhe disse com emoção:

– Traga-me mais vezes aqui, Flávio, para que eu possa usufruir desse banquete espiritual. Não entendo nada de espiritualidade, mas posso sentir em minha alma a energia de amor aqui presente.

Flávio respondeu com alegria; percebeu o efeito que as palavras do orientador haviam causado em Lenita e isso o deixou contente:

– Sempre que quiser, amiga. Alegra-me seu interesse; tenho certeza de que vai lhe fazer muito bem.

Despediram-se de todos e retornaram à casa de Lenita. Ao deixá-las em casa, Flávio disse para Lenita:

– Por favor, Lenita, confie em Deus e amanhã não ponha tudo a perder. Fique tranquila quanto a Estácio; não deixe que ninguém perceba que é um policial e que o conhece. Tudo vai se resolver.

– Obrigada, Flávio, fique tranquilo, eu estarei bem! – exclamou Lenita.

– Então, boa noite, minha amiga! Diga a dona Mariana que deixei um abraço para ela.

– Direi, Flávio. Boa noite!

As luzes se apagaram e o silêncio se fez concomitante ao adormecer de Lenita e Mariana.

Heitor e Onofre aproximaram-se do corpo adormecido de Lenita e, brandamente, a chamaram. Lenita espírito levantou-se e demonstrou alegria ao ver os dois queridos amigos.

– Heitor! Papai! Que felicidade encontrá-los. Necessito de auxílio, estou temerosa quanto aos próximos acontecimentos.

– Por esta razão viemos encontrá-la, Lenita, para lembrar-lhe que você mesma solicitou do Mais Alto passar por essa situação de angústia, pois acreditava ser a maneira mais segura de limpar da sua alma os resquícios de culpa.

– Tenho receio de sucumbir nessa prova, sinto-me fragilizada, preciso de amparo – exclamou Lenita.

– Não esmoreça, Lenita, não perca a fé. Você está vencendo em seus propósitos, minha amiga, foi preparada para essa prova, portanto, confie no amparo divino.

– Tenho medo!

Paternalmente, Onofre respondeu apoiado por Heitor:

– Minha filha, você age na vida física conforme o previsto, e isso a está fazendo evoluir e crescer no amor.

Não se deixe enfraquecer agora que o momento se aproxima.

Heitor interferiu.

– Lenita, é chegada a hora da quitação final, posteriormente estará isenta das culpas que atormentavam seu espírito e poderá seguir seu curso de evolução, vivenciando o doce amor de Jesus – disse-lhe encorajando-a. – Infelizmente, o credor, mais uma vez, vai se perder nas suas próprias teias.

– Estarei amparada? – perguntou Lenita.

– Ainda duvida disso, Lenita?

– Na realidade, não, Heitor. É que às vezes me sinto fraquejar.

– O medo nos enfraquece – disse-lhe Heitor. – Lembre-se que o sofrimento de Jesus foi o maior que um ser vivendo na Terra pôde suportar. Seu sangue derramado transformou-se na cascata de amor que banha o coração de todas as criaturas. Só que os homens, presos em sua cegueira espiritual, ainda não se deram conta disso.

Onofre, carinhosamente, dirigiu-se à Lenita:

– Filha, você abrigou o amor de Deus em seu coração, e esse mesmo amor lhe dará força e confiança em nosso Pai e Criador. Obtive permissão para ampará-la juntamente com Heitor, e tudo faremos para que mantenha seu equilíbrio. Sabe que não podemos tirar a prova pela qual deve passar, mas podemos fortalecê-la com energia salutar.

– Ao acordar, lembrar-me-ei deste nosso encontro? – perguntou Lenita.

– Não – disse Heitor –, não lembrará, mas conservará a lembrança de ter sonhado com seu pai.

– E como conseguirei manter meu equilíbrio se não me lembrarei de nada do que disseram?

– Pela paz que sentirá em seu coração. Essa paz lhe dará segurança e a sensação de que tudo nos acontece para que possamos seguir para a frente, promovendo nossa evolução e avançando para Deus.

Agora, Lenita, volte para seu corpo físico. O dia amanhece dando, mais uma vez, o testemunho da grande sabedoria de Deus.

Os primeiros raios de sol entraram pela fresta da janela do quarto de Lenita, acordando-a para mais um dia no mundo físico; mais uma oportunidade concedida por Deus para todas as criaturas se renovarem no bem.

Lenita abriu os olhos e se espreguiçou gostosamente.

Experimentou uma deliciosa sensação de paz, sentiu seu coração leve e um sentimento de gratidão por ter sonhado com seu pai motivou-a a orar ao Pai, o que fez com emoção. Ao terminar sua prece, chamou por sua mãe e, ao vê-la entrar em seu quarto, disse-lhe:

– Bom dia, mãe, que noite repousante eu tive! Sonhei com papai, que estávamos juntos e ele me falava uma porção de coisas. Não me lembro do conteúdo de suas palavras, mas acordei com uma deliciosa sensação de paz em meu coração.

capítulo
7

HORA DO ACERTO

No DIA SEGUINTE, após cumprir suas obrigações costumeiras, Lenita e Mariana seguiram para a comunidade Santa Rita. Iam apreensivas, pois sabiam que a hora do acerto havia chegado e não tinham como fugir. Confiavam no plano de Estácio e na intervenção equilibrada da polícia.

Para combater o mal, Estácio fora conhecê-lo de perto, correndo o risco de ser descoberto; mas, isso não o intimidava, apenas queria cumprir sua obrigação de policial e homem de bem. Era um profissional comprometido com a ética e o dever de defender aqueles que sofriam, de alguma forma, com as investidas do mal.

Lenita sabia que os companheiros aos quais Estácio se referira eram, como ele, policiais disfarçados. Todos se mobilizavam para que a quadrilha fosse desmascarada sem que nenhuma tragédia maior acontecesse. A polícia estava convicta de ser algo pessoal contra Lenita, pois estranhavam como tudo estava ocorrendo.

Lenita, por sua vez, não conseguia compreender essa agressão contra ela, não se lembrava de ter feito inimigos; sempre tratara as pessoas com respeito e achava que poderia estar havendo um grande engano.

Ao pensar nisso, veio-lhe à mente Guilherme, e seu coração bateu um pouco mais forte ao lembrar-se do antigo namorado.

"Se ao menos Guilherme estivesse aqui"– pensou –, "talvez recebesse o seu apoio!" – exclamou para si mesma, mas logo as duras palavras ditas por ele por ocasião do rompimento soaram novamente em seus ouvidos.

"Que bobagem a minha, ele detestava meu trabalho e jamais daria o seu apoio, ao contrário, talvez ainda me culpasse."

Mariana, percebendo o silêncio da filha, perguntou:

– Lenita, desde que saímos de casa você não disse uma palavra sequer. O que está acontecendo com você, filha, que não consegue relaxar nem um pouco. Confie na Providência Divina e acredite que tudo dará certo.

– Não estou pensando em nada, mãe, ou melhor, estou pensando em tudo o que está me acontecendo. É difícil permanecer calma diante dos fatos.

Tentando tirar Lenita daquele estado, Mariana exclamou:

– Veja, Lenita, Laurinda nos espera à porta.

– É uma grande amiga, não, mamãe? Sempre pronta a ajudar quem quer que seja.

– É verdade. Quem a vê não imagina a grande alma que se esconde por trás dessa aparência tão humilde.

– Por isso, mãe, não devemos julgar as pessoas somente por sua aparência. É importante conhecer o íntimo de cada ser para, depois, fazer a nossa escolha de amizade. Aparência não é nada, o coração é tudo.

Dizendo isso, estacionou o carro e desceu. Lenita abraçou a amiga com carinho. Entraram e se agruparam às mães que as aguardavam sorridentes.

– Dona Lenita, a senhora me permitiria fazer a prece de abertura? – perguntou Joana.

– Naturalmente que sim, Joana. Gosto quando participam mais efetivamente desse momento de encontro com Deus. Faça, por favor!

Joana se concentrou para que suas palavras saíssem realmente do seu coração e iniciou:

"Senhor, não dê tanta importância às palavras simples que saem dos meus lábios. Não tenho instrução para falar bonito, mas ouça-me através do meu sentimento, que somente o Senhor pode avaliar o quanto é verdadeiro e sincero.

Rogo, meu Pai, misericórdia para nossa benfeitora; leve em conta o carinho com que ela, todo esse tempo, cuidou de nós, interessou-se por nós, compadecendo-se de nossa miséria e sanando muitas de nossas necessidades, como a fome que apunhalava as crianças.

Que seus anjos, Senhor, não sei se é assim que se chamam seus mensageiros, possam, na hora da decisão, estar por perto protegendo nossa querida Lenita, porque, para nós, ela é o anjo bom.

Confiamos no Senhor, Pai, e na certeza da sua proteção nos entregamos com serenidade ao nosso trabalho. Assim seja!"

As lágrimas desciam copiosas pelo rosto de Lenita, sensibilizada com tanto carinho.

Em resposta ao sentimento de verdadeiro amor expressado por Joana, o recinto inundou-se de intensa luz azul. Pequenas gotinhas, como se fossem orvalho, caíam sobre a cabeça de todos que ali se encontraram, energizando o chacra coronário e propiciando equilíbrio e bem-estar. Ninguém podia ver o grande espetáculo de bênçãos que se desenrolava do lado espiritual da vida, mas a sensação de paz e confiança estava presente no coração de todas aquelas irmãs que acreditavam no amor de Deus.

Lenita, passados alguns instantes, dirigiu-se à Joana e lhe disse:

– Querida amiga, meu coração transborda de alegria em poder chamá-la de "amiga". Obrigada, Joana, mas o mérito maior não é meu, mas sim de vocês, que se propuseram a lutar para melhorar o próprio padrão vibratório. Saíram da lamentação e se lançaram na esperança. Nada do que fiz teria vingado se não tivesse ido ao encontro do desejo de cada uma de vocês. Vocês permitiram ser ajudadas, e isso só vem provar que realmente nem todos os que moram em comunidades como esta são bandidos, preguiçosos e violentos.

É necessário continuar a obra. O que falta nas favelas são programas sociais nos quais mais pessoas possam se beneficiar com a informação, o estudo, o aprendizado de ofício que lhes traga condições de competir no mercado de trabalho; que lhes traga esperança de maior dignidade e lhes propicie uma vida condizente como ser humano que todos nós somos. É preciso extinguir o preconceito.

Muitas vezes, o desprezo, o descaso geram violência e...

Foi interrompida por uma voz áspera, que disse:

— Muito bem, professora, agora chega de discurso e vamos acertar nossas contas. O chefe a espera, e é melhor cooperar.

- Vamos!

Todos olharam espantados para a porta e viram alguns homens parados, em posição de alerta, olhando para Lenita. Imediatamente, Lenita reconheceu Estácio e Tarcísio, o jovem que tinha ido com ele no outro dia. Os outros não sabia quem eram.

Diante do olhar indagador de Lenita, Estácio logo prontificou a esclarecer, para que a jovem mantivesse a calma.

— Não lhe disse que meus companheiros não dariam "mancada"! Pode deixar a moça conosco. Temos experiência suficiente para dar conta do serviço sem a sua ajuda. E, depois, a favela está tranquila, não vai haver nenhum empecilho para que a levemos daqui.

— Puxa, mano, você é turrão mesmo. Eu só queria ajudar.

— Pois se quer ajudar, vamos logo acabar com isso e ir direto ao lugar onde está esse chefe que nunca aparece. Vocês precisam aprender a trabalhar, a rapidez é que garante o sucesso da operação.

Tarcísio não duvidou da argumentação de Estácio e disse:

— Está bem. Então pego a moça e vamos.

— Não. Já disse que ela é responsabilidade minha. Foi assim o combinado, afinal, não sou eu que tenho medo de represálias.

Aproximou-se de Lenita, olhou-a com carinho, tentando passar-lhe segurança e, em seguida, disse alto para que o companheiro ouvisse:

– Vamos, moça, e não crie problema, que é melhor para você. Se colaborar, nada vai acontecer com você.

Lenita se deixou levar. Saiu acompanhada dos homens, deixando para trás Mariana, que se entregava às lágrimas, fruto do medo e da absoluta insegurança.

Entraram todos no carro que os aguardava e partiram ao encontro do chefe da quadrilha. Sentada ao lado daqueles homens, Lenita rememorava toda sua história de vida. Seus acertos e seus erros. Questionou algumas de suas atitudes e pediu perdão ao Pai pelos erros cometidos por conta de sua imperfeição.

Como Tarcísio se encontrava no mesmo carro em que ela, nenhum dos policiais ali presentes puderam dizer nada que aliviasse a tensão de Lenita. Viajara por mais de quarenta minutos e chegaram ao destino. Todos desceram e entraram em um pequeno barracão que ficava em meio a um canavial.

Estácio perguntou a Tarcísio:

– Por que um lugar tão longe e escondido? Conheço esconderijos bem mais próximos que não despertam nenhuma suspeita!

– Sabe o que é, nosso chefe tem muito receio de ser descoberto. Ele pertence a importante família e, quanto mais afastado o local, menos chance de ser reconhecido.

Parou, deu uma risadinha e continuou:

– Sem dizer que ele adora trazer mocinhas para cá, para satisfazer certos desejos. Você entende, né?

A riqueza do amor 115

– E elas vêm numa boa? – perguntou Estácio, querendo obter mais informações.

– Sabe como é, companheiro, não tem essa de querer ou não querer: se o chefe quer, a gente traz.

– Elas não criam problemas depois?

– Claro que não! Elas sabem que se chiar a gente vai lá e apaga elas.

– E com essa moça aqui, é para isso que ele a quer?

– Com essa acho que é diferente, apesar de que a gente não entendeu direito a razão pela qual ele cismou com ela, mas nós temos de obedecer mesmo sem entender. O chefe sempre tira umas casquinhas, sabe como é homem, né, companheiro, nunca perde uma oportunidade.

Entraram e, sem passar mais que dois minutos, o chefe apareceu.

Lenita, ao vê-lo, soltou um grito:

– Guilherme! – e caiu desfalecida.

Todos tentaram, de uma forma ou de outra, reanimá-la e, assim que conseguiram, acomodaram-na em uma cadeira e ofereceram-lhe um copo com água. A palidez de Lenita impressionava a todos, principalmente Estácio, que se preocupava seriamente com ela.

Com certa dificuldade, devido ao forte choque emocional que tivera, Lenita indagou:

– Guilherme, por Deus! Por que isso? Por quê? – repetia.

– Porque sou assim, Lenita. Eu lhe disse que um dia você iria entender e, se pudesse, me perdoaria, mas não vou pedir o seu perdão porque, infelizmente, não vou poder deixá-la sair daqui com vida. Você me denunciaria.

Com voz trêmula, Lenita perguntou:

– O que eu fiz de ruim para você, Guilherme? Foi um erro ter-lhe dado meu amor? Eu o ofendi com meu carinho?

– Pare de falar assim... Quanto mais fala desse jeito, mais irado eu fico. Eu lhe disse, eu lhe avisei que parasse com esse trabalho voluntário, Lenita, você estava mexendo onde não devia, mas você não quis me ouvir, não deu a menor importância, e aí não houve outro jeito, fui obrigado a agir assim com você.

– Eu nunca imaginei que estava envolvida com um traficante e, pelo que vejo, perigoso. Que grande peça meu coração me pregou!

– Chega... Chega... Chega! – gritou Guilherme nervoso.

– Você se meteu onde não era chamada. Eu mandei lhe avisar, mas até os avisos você desprezou. Agora não poderá mais ter volta, você está sabendo demais.

– E seus pais, Guilherme, não pensa neles?

– Eles não sofrem porque não sabem. Sempre representei o bom moço e continuarão ignorando a verdade sobre mim, porque serei sempre o bom moço. Você me entende?

– Por que você se aproximou de mim, Guilherme, por que quis namorar comigo?

– Porque alguma coisa em você me atrai, não sei bem o que é. Queria me aproximar porque algo me empurrava para você, mas, ao mesmo tempo, essa sua maneira de ser me incomodava. Esse ideal de só praticar o bem me fazia perceber, cada vez mais, o quanto sou vilão; o quanto você é superior a mim. Isso me incomodava porque não consigo deixar de ser assim como sou.

Lenita chorava copiosamente.

Guilherme, cada vez mais irritado, perguntou:

– Por que você atravessou meu caminho, Lenita? Por que inventou essa escolinha, tirando da rua os meninos que nos serviam para levar a muamba?

Lenita respirou fundo e, deixando transparecer toda a sua irritação, perguntou:

– Você conseguiu me enganar durante muito tempo, Guilherme. Se não tivesse acontecido tudo isso, você continuaria com essa farsa e se casaria comigo sem nenhum remorso por ter me enganado...

– Casaria sim, Lenita – respondeu rispidamente. – E poderíamos ser muito felizes. Você já ouviu dizer que o que os olhos não veem o coração não sente?

– Não, Guilherme, nenhuma felicidade pode ser construída dentro da mentira, do engano e, principalmente, misturada com a desonestidade, a delinquência, o vício e o ato de agressão para com o semelhante. Jamais seríamos felizes. Mais cedo ou mais tarde tudo viria à tona. Você não consegue perceber que o maior prejudicado é você mesmo? Não percebe que vive na ilusão? Que enterra qualquer chance de felicidade nesta vida e na vida futura?

Cada vez mais irritado, Guilherme gritou:

– Já disse que chega! – vociferou visivelmente descontrolado.

Lenita, encorajada, perguntou:

– Você se droga, Guilherme, é viciado também?

– Não seja boba, Lenita. Se eu me drogasse não poderia comandar a quadrilha que comando, direcionar, planejar, enfim... As drogas são para os bobos, os fracos, que servem apenas para encher os nossos bolsos de dinheiro, sem perceber que estão perdendo tudo na vida, até chegar o momento de perder a própria vida.

Lenita, cada vez mais indignada, respondeu:

– Muitos pensam que os traficantes só existem nas favelas, entretanto, os favelados são os comandados. Os ricos se escondem atrás do dinheiro para proceder de maneira indigna.

– Cale a boca, Lenita. Já estou perdendo a minha paciência com você!

Estácio, percebendo a alteração de Guilherme, perguntou-lhe:

– Diga-me, chefe, o seu interesse em destruí-la é um caso puramente pessoal, não é? O que ela fez na favela não o prejudicou tanto assim!

– Claro, ou ela pensa que esqueci que fui trocado por um bando de favelados! – desabafou Guilherme.

Dirigindo-se a Lenita, disse:

– Naquele mesmo dia em que você me preteriu, Lenita, jurei que acabaria com você. O dia finalmente chegou. Ninguém me despreza e permanece impune.

– Guilherme, você não sente culpa em viciar crianças? – perguntou Lenita.

Sem controlar a irritação, Guilherme respondeu:

– Chega de perguntas, Lenita. Você está brincando com fogo. Aqui quem faz as perguntas sou eu, mas, se quer mesmo saber, para mim tanto faz a idade de quem consome; pagou, levou. A consequência é problema de cada um. A mim importa apenas o dinheiro que entra no meu bolso, isso por uma simples razão: o dinheiro compra o mundo, minha cara. Quem o possui domina tudo e a todos; compra o que e quem quiser.

Lenita ia responder, mas, a um olhar de Estácio, calou-se.

Tarcísio, cúmplice de Guilherme, nervoso e inquieto com a demora daquela situação, esbravejou:

– Chega, chefe, acabe com isso de uma vez. Se é para apagar a "mina", vamos fazer logo o serviço.

Estácio, sentindo o perigo crescer de uma maneira que o assustava, dirigiu-se a Guilherme:

– Companheiro, deixe-me levá-la daqui. O susto vai fazê-la ficar calada.

Descontrolado, Guilherme gritou:

– Não e não! Quero-a para mim antes de mandá--la de volta para o inferno. Como eu já disse, quem me despreza paga.

Puxou Lenita para junto de si, segurou-a com força e ordenou a todos que saíssem.

– Pelo amor de Deus, Guilherme, deixe-me ir embora – exclamou Lenita, entre lágrimas. – Não posso imaginá-lo tão cruel.

– Agora chora, mas houve um dia em que me repeliu; preferiu os favelados a mim.

Inesperadamente, ouviu-se a sirene das viaturas policiais que se aproximavam velozmente. Assustado,

Guilherme indagou de seus comparsas quem o havia traído. Diante da negativa de todos, formou-se uma confusão, pois cada um acusava o outro, até que os bandidos pararam e olharam ao mesmo tempo para Estácio.

– Traidor! – gritou Tarcísio, o mais exaltado.

Estácio, ligeiro e com toda a sua experiência, conseguiu tirar Lenita dos braços de Guilherme e protegê-la com seu próprio corpo. Puxando a arma, direcionou-a a Guilherme e lhe deu voz de prisão. Seus companheiros, tão experientes quanto ele, conseguiram dominar os outros componentes da quadrilha, intimando-os com suas armas.

Tarcísio, inconformado com aquela situação e encurralado com a entrada dos policiais, culpou Guilherme por tanta incompetência e por colocar todos eles naquela situação de fracasso por conta de um acerto pessoal com Lenita e para satisfazer sua autoridade de chefe autoritário. Completamente descontrolado, apontou sua arma em direção a Guilherme, e, sem que ninguém pudesse impedir, por não esperar tal atitude, disparou dois tiros em seu peito, matando-o na hora. Virou-se rapidamente para Lenita e, apontando a mesma arma para ela, disse com raiva:

– Tudo por sua culpa... Agora é a sua vez!

Estácio, com a rapidez própria de policial, empurrou Lenita para o chão e disparou sua arma em direção a Tarcísio. A bala atirada pelo bandido varou a parede, passando de raspão sobre a cabeça de Lenita; mas o projétil que saiu da arma de Estácio cumpriu a direção intencionada e cravou-se no coração de Tarcísio, derrubando-o morto no chão.

Duas pessoas mortas vítimas da inconsequência da própria vida; os outros comparsas, amedrontados e dominados pela polícia, foram colocados presos nas viaturas.

Lenita entrou em estado de choque. Sem nenhuma formalidade ou perda de tempo, colocaram-na no carro e a levaram até o hospital mais próximo, enquanto eram tomadas as providências legais.

Mariana, assim que foi avisada do acontecido, correu para junto da filha. Impressionada com o estado emocional de Lenita, telefonou imediatamente para Flávio, que, sem demora, atendeu ao seu chamado, chegando ao Hospital junto com Jussara, Efigênia e Laurinda, que foram orar para a querida amiga.

꒦꒷꒦ ꒦꒷꒦ ꒦꒷꒦

Os dias que se seguiram foram angustiantes para Lenita e Mariana. Igualmente para os pais de Guilherme, que, ao saberem da morte do filho e das suas atividades como traficante, entraram em depressão.

Lenita não tinha mais lágrimas para chorar. Havia deixado o hospital dois dias depois, e seu coração generoso não estava acostumado a odiar nem a agasalhar mágoas; por isso o perdão fazia parte da sua alma nobre, mas a dor da decepção a machucava como espinho cravado em seu peito.

"Por que Guilherme me odiou tanto, meu Deus?" – perguntava a si mesma. – "Por que me iludiu e me enganou?

Por que não consegui perceber a tempo de poder ajudá-lo e, quem sabe, modificar o rumo de sua vida?"

Mariana, entrando de mansinho no quarto da filha, sentou-se ao seu lado e ofereceu-lhe um suco de frutas. Em razão da recusa de Lenita, disse-lhe:

– Filha, você precisa reagir. Não pode nem deve se entregar a esse desânimo, a essa melancolia que vejo em seus olhos. Você sempre foi tão forte e consciente de que tudo acontece para o aperfeiçoamento da nossa alma! Você me ensinou isso, então, por que tanta amargura?

Tristemente, Lenita segurou as mãos de sua mãe e disse:

– Porque culpo a mim mesma, mãe. Sinto como se tivesse falhado em importante missão, talvez a mais essencial, que era salvar Guilherme.

– Não sei orientá-la quanto a isso, minha filha, mas vou procurar Laurinda e pedir-lhe que venha até aqui. Quem sabe Heitor não poderia ajudá-la esclarecendo suas dúvidas?

O rosto de Lenita alegrou-se.

– Faça isso, mamãe, por favor, esta dúvida me atormenta. Chame Laurinda.

– Claro, filha, claro que vou chamá-la, mas, por favor, alimente-se, tome pelo menos este suco de frutas.

Satisfazendo a vontade de sua mãe, Lenita bebeu lentamente o suco.

– Isso, filha, agora levante-se e tome um banho bem refrescante e demorado. Isso vai lhe fazer bem.

– Mãe, como a senhora vai até Santa Rita procurar Laurinda? A senhora não dirige e de ônibus é muito demorado.

– Não se preocupe, filha, vou pedir a Jussara para ir comigo até lá. Tenho certeza de que ela não vai se opor.

– Então vá agora, por favor, mãe! – exclamou Lenita deixando à mostra sua angústia.

Mariana saiu, não sem antes depositar um beijo no rosto de Lenita, que se emocionou com o carinho de sua mãe.

Mariana saiu e, com a amiga Jussara, dirigiu-se à favela em busca de Laurinda.

Nesse meio-tempo, Lenita levantou-se, tomou um banho morno que lhe restaurou o ânimo, arrumou-se e, pegando o telefone, ligou para Flávio.

– Flávio, sou eu, Lenita!

– Como você está, minha amiga, recuperou-se do susto?

– Bem, ou melhor, tentando me recuperar.

– Fico feliz em ouvir isso. Sabe, ia mesmo ligar para você, Lenita.

– Você poderia vir até aqui – disse Lenita se rodeios. – Gostaria muito de conversar com você.

– Claro que posso, Lenita, por acaso você duvida disso? Quando seria bom para você?

– Se puder, agora mesmo, se não for atrapalhar você.

– Sempre tenho tempo para você – respondeu Flávio prontamente. – Logo estarei aí, pode me aguardar.

– Um beijo para você, Flávio. Fico muito grata.

– Um beijo para você também, Lenita.

Desligando o telefone, Lenita acomodou-se no sofá da sala.

Pegou *O Evangelho Segundo o Espiritismo* e leu, no capítulo X, item 4:

"A misericórdia é o complemento da doçura, porque aquele que não é misericordioso não saberia ser brando e pacífico; ela consiste no esquecimento e no perdão das ofensas. O ódio e o rancor denotam uma alma sem elevação, sem grandeza; o esquecimento das ofensas é próprio da alma elevada que está acima dos insultos que se lhe pode dirigir; uma é sempre ansiosa, de uma suscetibilidade desconfiada e cheia de fel; a outra é calma, cheia de mansuetude e de caridade."

Mais uma vez, o coração generoso de Lenita se deixou tocar, e ela, elevando seu pensamento até o Pai, orou para Guilherme, solicitando do Mais Alto amparo para aquele que, mais uma vez, deixara-se cair nas teias do mal, prejudicando seu semelhante, sem perceber que destruía a si mesmo, pois plantara a semente da inconsequência e da leviandade.

"Que os bons espíritos o inspirem, Guilherme – pensou Lenita – para que possa se voltar para Jesus e, por intermédio do Divino Amigo e do arrependimento sincero, chegar até o Pai. Que Jesus o abençoe. Peço que me perdoe por não ter percebido, a tempo, que precisava de ajuda. De minha parte, nenhum sentimento de rancor ou vingança ficou em meu coração; somente a tristeza de não ter podido fazer nada por você. Que Jesus o ampare!"

Lenita experimentou uma sensação de bem-estar e finalizou sua prece, dizendo:

"Senhor, quantas vezes solicitei que me desse coragem, e o Senhor atendeu o meu pedido enviando-me situações de perigo, para que eu aprendesse a superar e a lutar por mim mesma. Obrigada, meu Pai, agora sei que durante toda a minha vida recebi tudo que eu precisava para promover minha evolução e, por isso, sou grata."

Lenita entregou-se à leitura e só percebeu que o tempo passara quando escutou a porta se abrindo e Mariana entrando acompanhada de Laurinda.

capítulo

8

ESCLARECIMENTOS DE HEITOR

ASSIM QUE SE viram, Laurinda e Lenita uniram-se em um longo abraço de verdadeira amizade. Mariana emocionava-se ao ver como a filha se sentia segura e feliz ao lado de Laurinda. A diferença social e cultural jamais interferiu nesse relacionamento de profundo respeito; eram dois espíritos que, no passado, muito erraram, mas que souberam aproveitar todas as oportunidades de elevação recebidas do Criador, e promoveram a reforma intima que propiciou a ambas colher o perfume que suaviza a alma que vive no bem e para o bem.

A voz amiga de Laurinda se fez ouvir:

– Que foi, minha amiga, ainda sofre?

– Laurinda, que bom a ter aqui comigo! Preciso de um alento, algum esclarecimento que possa me tirar essa sensação de culpa por não ter ajudado o Guilherme; por não ter percebido que ele necessitava de ajuda.

– Mas Lenita, que culpa você tem por Guilherme ter optado pelo caminho errado, enganoso e inconsequente que somente leva ao sofrimento?

– Não sei, amiga. Na verdade, não sei o que acontece comigo; qual a razão de me sentir assim.

– Em que posso ajudá-la?

Um pouco tímida, Lenita respondeu:

– Pensei que talvez Heitor pudesse me esclarecer e ajudar a compreender certas coisas que estão me atormentando, enfim, não sei se isso é possível.

– Claro que é possível, Lenita. Heitor é um espírito amigo que deseja o bem de todos, e o seu desejo é justo. Penso que não se negará a ajudá-la.

Feliz, Lenita falou:

– Que bom, Laurinda!

– Vamos fazer uma prece e solicitar que nosso Pai permita a presença do querido Heitor.

Laurinda preparava-se para iniciar sua oração, quando a campainha tocou.

– Vá atender, por favor, dona Mariana, é Flávio quem está chegando! – exclamou Laurinda.

Mãe e filha olharam-se espantadas, sem entender como Laurinda pôde adivinhar quem chegava.

– Por que o espanto? Heitor já se encontra entre nós e gostaria que Flávio participasse da nossa reunião.

Mariana, ao abrir a porta, deparou realmente com o rosto amigo de Flávio.

– Como vai, dona Mariana, incomodo?

– Nem pensar, Flávio, chegou na hora certa.

– Hora certa? – questionou Flávio.

– Sim. Laurinda está aqui e, com a graça de Deus, Heitor virá nos dar alguns esclarecimentos sobre tudo o que aconteceu.

– E eu poderei participar?

– Claro, Flávio, entre.

Flávio entrou e, assim que abraçou Lenita e Laurinda, esta iniciou a prece.

"Pai de misericórdia, que sua bênção de luz se faça presente entre nós, para que tudo aconteça com equilíbrio e harmonia. Nossos corações se entregam sem reservas, na certeza do amparo divino. Que assim seja!"

Com essas palavras simples, Laurinda se entregou com confiança ao querido amigo espiritual.

– O que deseja saber, minha irmã? O que a aflige tanto?

– Querido Heitor, por que agasalho em mim essa sensação de não haver cumprido uma missão? Essa sensação de culpa?

Com a paciência inerente às grandes almas, Heitor respondeu:

– Não abrigue em sua alma nenhum sentimento que vá trazer desequilíbrio ao seu coração. Algumas missões, minha irmã, não dependem só de nós, porque o livre-arbítrio do próximo deve ser respeitado. Você, enquanto companheira de Guilherme, cercou-o de atenção e carinho; mostrou-lhe o caminho do bem e da fraternidade por meio do seu amor ao próximo, mas, infelizmente, nosso irmão não conseguiu perceber a luz que poderia iluminar o seu caminho e preferiu optar pela estrada sombria que leva ao sofrimento. Seu espírito se esqueceu dos projetos traçados na espiritualidade e fez a opção mais dolorosa, caindo novamente nos mesmos erros do passado e contraindo novos débitos. A opção de cada um, minha irmã, é sempre individual; planta-se a semente que quiser, todavia, a colheita é sempre de acordo com o plantio.

Lenita tudo ouviu tudo com atenção e, ao final, disse:

– E eu, o que faço?

– Mais uma vez lhe digo: não se culpe por nada, perdoe e esqueça. Os laços foram cortados; as dívidas foram pagas. Siga trabalhando livremente em direção a Deus, amando seu semelhante com pureza de alma e convicção do bem, esse é o caminho, esse é o rumo da felicidade.

Mariana, pedindo licença, perguntou timidamente a Heitor:

– Irmão, suas palavras nos trazem conforto e nos dão paz e esperança, mas preocupo-me, de agora em diante, com o trabalho de Lenita na favela. Tenho receio por sua segurança.

– Nada tema, irmã. Não devemos sufocar o bem. Se assim o fizermos, daremos mais espaço para que o mal avance e se propague. O que se quer é que o brilho do amor e do bem sufoque as sombras do mal.

Flávio, aproveitando a oportunidade, perguntou ao estimado espírito:

– Certa vez, Lenita comentou comigo a respeito de a favela ser um doce lar. Desculpe-me, Heitor, mas não consigo entender esta analogia.

Com a bondade que lhe era peculiar, Heitor respondeu:

– O encarnado não entende porque seus olhos estão voltados para as coisas da matéria. Seu corpo deseja o que pertence à matéria e, para que se entenda esta analogia, é necessário que voltemos os olhos para as coisas do espírito. Veja, Flávio, a favela se torna um doce lar para as almas que passam por todas as situações conflitantes, de alto risco e conseguem sair ilesas moralmente, sem se perder na delinquência e na violência tão comuns nessas comunidades. O doce lar é a alma que retorna à pátria de origem limpa de qualquer sentimento de revolta ou vingança, sem se ter corrompido com os atos desastrosos que trazem sofrimentos para quem os pratica.

E continuou:

– Nas favelas estão em abundância todos os quesitos que precisamos vencer para limpar nossa história. Nela vivem aqueles que necessitam aprender a difícil lição de não se contaminar com o fel que jorra de todos os lados. A alma que se torna o oásis do bem em meio a tantas possibilidades de erro torna-se um doce lar por abrigar, no íntimo, o doce mel do amor de Jesus.

E finalizou:

– É nesse lar espiritual que encontraremos a verdadeira felicidade, se conseguirmos vencer a nós mesmos.

Lenita, emocionada, dirigiu-se ao espírito e lhe disse timidamente:

– Quanto temos ainda que aprender, querido Heitor! Que Jesus nos dê sabedoria para distinguir o caminho seguro da felicidade do das facilidades que nos enchem os olhos, mas que nada de útil nos trazem para a alma.

– O perdão é o caminho seguro, minha irmã – respondeu o espírito. – Aquele que perdoa compreende, não julga e, principalmente, ama o suficiente para aceitar os erros do próximo com a consciência de seus próprios erros. A sublimidade dos sentimentos é que nos faz avançar para Deus.

– Continue o seu trabalho de fraternidade, minha irmã. Foi essa missão que solicitou do Mais Alto ao retornar ao plano físico. Violência, ódio, abusos, desrespeito, sentimentos mesquinhos e menores existem tanto nas favelas como nas grandes comunidades requintadas, nas casas de luxo, onde seus moradores gozam da opulência sem se dar conta de que suas roupas, sua casa, seu carro não valem nada se em seu coração não estiver o amor fraternal. Isso porque a humanidade não aprendeu, ainda, a seguir o Evangelho de Jesus.

Enquanto o homem não se modificar interiormente, cultivando a transparência do amor e da verdade, esses sentimentos pobres, insignificantes e mesquinhos continuarão existindo não apenas nas favelas, mas também escondidos sob roupas de seda nas casas de luxo.

O Criador dá de graça para todos os seus filhos; não cobra o espetáculo de um céu estrelado e entrega a natureza para que a humanidade se beneficie dela. A Inteligência Suprema quer mostrar, com isso, que sua casa pertence a todos, portanto, todos têm direito a ela.

O Universo não foi criado para poucos, mas para todos.

O dia em que o homem compreender isso e aprender a compartilhar, a repartir o que tem em excesso com seu próximo que nada possui, a felicidade se fará no planeta Terra.

– Obrigada, Heitor – disse Lenita –, suas palavras renovaram em meu coração a esperança e a vontade de continuar lutando em prol de um mundo melhor e mais digno para todos. Que Jesus o abençoe, querido amigo!

– É hora de me retirar, meus irmãos. Que a paz do Divino Amigo reine absoluta em seus corações. Jamais esqueçam que evolução é tarefa árdua e ninguém conquista lugar feliz no reino de Deus transgredindo Suas leis.

Aprender a amar é o caminho da felicidade!

Dizendo essas palavras, Heitor se retirou, mas, deixando no coração de Lenita, Mariana e Flávio, fortalecidas, a esperança e a certeza de estarem trilhando com passos seguros o caminho da luz.

Foi oferecido à Laurinda um copo com água.

Flávio, espontaneamente, iniciou uma prece de agradecimento ao Pai, no que foi seguido por Lenita, Mariana e Laurinda, que demonstravam toda a emoção que sentiam, emoção essa que dominava aqueles corações benevolentes que se entregavam ao prazer de viver o Evangelho de Jesus.

Segurando as mãos de Lenita, Flávio lhe disse:

– Lenita, não vamos falar mais neste assunto; não vale a pena rememorar todos os acontecimentos que tanta tristeza nos trouxeram, principalmente a você. Depois de termos sido alvo de tanta bondade, o melhor é esquecer e continuar realizando nossos sonhos de fraternidade.

O saldo de tudo, as providências cabíveis, é responsabilidade da polícia. Os elementos ela já possui, agora, cabe a ela resolver.

– Você tem razão, Flávio, é melhor esquecer. Eu apenas gostaria de agradecer a Estácio por tudo o que fez por mim – disse Lenita.

– Quando você achar conveniente, iremos até a delegacia e você faz isso pessoalmente; apesar de que eu já o fiz em seu nome.

– Agradeço muito a você, Flávio, mas gostaria de fazê-lo pessoalmente.

– O dia em que você quiser iremos.

Mariana aproximou-se com uma linda bandeja contendo uma jarra de refrescante suco e quitutes feitos por ela mesma.

– Por favor, meus amigos, sirvam-se à vontade.

– Hum! – disse Lenita. – Estou morrendo de vontade de saborear esses quitutes, conheço as mãos de fada de minha mãe.

– Que bom, filha, vê-la novamente alegre... E com fome!

Lenita abraçou sua mãe com doçura e falou:

– É, mãe, criei alma nova!

– Graças a Heitor e à nossa amiga Laurinda, que, mais uma vez, nos proporcionou essa oportunidade.

Laurinda, sorrindo, respondeu:

– Não me agradeçam, não possuo nenhum mérito; bênção foi Jesus que nos proporcionou permitindo a presença do nosso amigo.

capítulo
9

O TRABALHO CONTINUA

Os DIAS E as semanas se passaram.

Lenita, completamente recuperada, retornou às suas atividades na escola e no trabalho voluntário na Favela Santa Rita.

Nem todos haviam esquecido o trágico acontecimento e, vez ou outra, Lenita ouvia alguma referência ao caso que impressionara a comunidade. Ao ser interrogada, respondia com delicadeza, mas vagamente, às perguntas, fugindo, sempre que possível, dos comentários, que ainda eram constantes.

Seu coração generoso parecia mais fortalecido na prática do bem e nada a faria desistir de seu ideal de poder, de alguma forma, auxiliar pessoas que possuíam tão pouco, mas conseguiam viver com dignidade.

O Clube de Mães, a cada dia, lhe trazia mais alegria, por conta do brilho de esperança que lubrificava os olhos daquelas mães sofridas.

Certo dia, Lenita se ocupava com o trabalho, quando Joana entrou ofegante, trazendo no rosto uma expressão de espanto.

– Lenita, posso falar-lhe um instante?

– Claro, Joana, estou aqui para ouvi-la e ajudá-la no que for possível. Diga!

– Você não vai acreditar no que vou lhe dizer, mas, se quiser, levo-a até o local.

– Joana, acalme-se... Isso! – Exclamou Lenita. – Agora me conte, devagar, o que está acontecendo; o que a deixou aflita desse jeito.

– Ouça: eu, a Matilde e a Teresa, a mulher do dono da venda da rua de cima, estávamos indo para o lado do lixão e descobrimos uma favela dentro da favela! – exclamou Joana.

Espantada, Lenita perguntou:

– Você disse uma favela dentro da favela? Explique isso melhor, Joana, pelo amor de Deus.

– Eu explico: aquele pedaço ninguém quer, nem nós que somos favelados aceitamos morar naquele lugar, entretanto, descobrimos uma favela no meio da podridão. Adultos e crianças vivendo como bichos, alimentando-se de comida podre que retiram do lixo.

– Meu Deus! E estão em muitos?

– Mais ou menos uns vinte barracos.

– Laurinda já sabe disso?

- Sim. Fomos buscá-la e a levamos até lá.

– O que ela disse, Joana?

– Ela parou no meio daquela miséria toda e, com lágrimas nos olhos, disse: "Veja, Joana, esses são os excluídos... dos excluídos". Depois pediu que eu viesse avisar você.

– Ela ainda está lá? – Perguntou Lenita, já sentindo em seu coração a dor que aquelas pessoas deviam estar sentindo.

– Está!

– Então vamos e que Deus nos ajude! – exclamou.

Joana e Lenita seguiram rapidamente rumo ao local indicado.

Lenita fez todo o trajeto em silêncio. Seu coração sensível e fraterno preparava-se para suportar, mais uma vez, o descaso dos governantes para com os desvalidos. Após caminharem por um tempo mais ou mesmo longo, chegaram ao local.

Lenita, ao se deparar com aquela cena chocante, onde seres humanos viviam como animais, não suportou tamanha humilhação para com aqueles seres que, como ela, eram filhos do mesmo Criador, e se entregou ao choro convulsivo.

Laurinda, vendo-a chegar, aproximou-se da amiga e, tocando-lhe os ombros, disse com carinho:

– Lenita, use toda sua energia em benefício desses irmãos, que, como podemos comprovar, vivem abaixo do submundo. É necessário fazer alguma coisa, se não tudo, pelo menos uma parte. O que não podemos é perder tempo, pois existem crianças doentes necessitando de cuidados médicos.

Voltando à razão, Lenita se recompôs, olhou para Laurinda e, com a voz embargada pela emoção, lhe disse:

– Tem razão, minha amiga, meu choro não pode fazer nada por eles, mas minhas mãos e minha vontade, sim. Vamos nos aproximar e verificar quais as providências poderemos tomar para ajudá-los.

– Assim é que se fala, Lenita. Se os espíritos inspiraram o caminho para Joana, fazendo-a descobrir esta pequena comunidade carente de tudo o que um ser humano necessita para uma vida digna, é porque, com certeza, vão nos ajudar a encontrar uma solução. Jesus será o farol a nos guiar.

Aproximaram-se e, com cuidado e prudência, para não humilhar ainda mais aquelas pobres criaturas, foram tomando conhecimento, mais de perto e mais detalhadamente, de todos os problemas que enfrentavam, e que não eram poucos.

Entraram em todos os barracos e puderam observar que praticamente nada existia dentro deles. O que viam eram crianças sujas, desnutridas, doentes, enfim, o que podiam observar era o retrato mais fiel da completa miséria.

De repente, ouviu-se um grito de Laurinda.

– Lenita, pelo amor de Deus, venha até aqui!

Atendendo de pronto ao chamado, em menos de um segundo Lenita estava ao lado de Laurinda.

– Olhe! Exclamou Laurinda apontando para uma caixa de papelão úmida e suja.

Lenita, aproximando-se, mal pôde disfarçar o olhar atônito ao se deparar com um bebê recém-nascido, ainda com o cordão umbilical. O corpinho sujo coberto de sangue e trêmulo fazia pensar que em breve o sopro da vida se apagaria. Ao seu lado uma adolescente chorava baixinho, encolhida como um bichinho acuado. Trazia, ainda, as evidências do parto feito sem conhecimento ou higiene.

– Meu Deus... Meu Deus! – ouviu-se a voz de Lenita que soava como um lamento. Era necessário a vinda de um médico; um hospital, com urgência.

Abaixou-se e, quase em um sussurro, perguntou à jovem:

– Como você se chama?

– Tamires!

– Quantos anos você tem, Tamires?

– Quinze!

– Há quanto tempo seu bebê nasceu?

– Não sei, perdi a noção do tempo.

Após alguns segundos, Lenita, acarinhando a cabeça de Tamires, lhe disse:

– Fique calma, Tamires, vamos ajudá-la. Tudo vai dar certo. É preciso confiar em Jesus.

Apontando para Laurinda, explicou para a jovem:

– Esta é Laurinda, uma amiga querida. Ela vai ficar aqui com você. Ela, Matilde e Teresa ficam aqui, enquanto eu e Joana vamos buscar socorro. Não se desespere. Pense em Jesus e tenha certeza de que Ele poderá acalmá-la, proteger você e seu filho, não deixando que nada de ruim aconteça até o socorro chegar.

– É isso, Tamires – disse-lhe Laurinda. – Vamos confiar no Divino Amigo.

Lenita saiu apressada, acompanhada de Joana, que não conseguia conter as lágrimas. Percorreram todo o caminho de volta, no passo mais rápido que conseguiram. Assim que avistaram o telefone público, Lenita, ofegante, ligou para Flávio.

– Flávio, sou eu, Lenita. Pelo amor de Deus, meu amigo, arrume uma ambulância com um médico e venha o mais rápido que puder até o Clube de Mães, aqui em Santa Rita.

– O que aconteceu, Lenita?

– Uma adolescente deu à luz uma criança aqui na favela em condições subumanas. Temo pela vida dos dois. Por favor, Flávio, não demore! – implorou Lenita.

– Irei agora mesmo, mas diga-me o lugar certo.

– Venha direto para o clube, Joana estará esperando por você para leva-lo até o local. Enquanto não chega, vou ver se consigo arrumar alguns cobertores para aquecê-los e buscar o senhor João, dono da farmácia que fica próxima, para ver o que se pode fazer até o médico chegar.

– Faça isso, meu amor, já estou indo! – exclamou Flávio.

Lenita desligou o telefone um pouco espantada com a naturalidade com que Flávio a chamara de "meu amor". Embora nunca tivesse pensado na possibilidade de se envolver com Flávio, sentiu uma sensação agradável. Logo, concentrou-se novamente em Tamires e rapidamente foi em busca dos cobertores e do senhor João.

Sem muita demora, Lenita e o farmacêutico chegaram ao casebre em que se encontrava Tamires. Após verificar o estado precário em que mãe e filho se encontravam, o farmacêutico disse a Lenita:

– Sinto muito, Lenita, mas pouco posso fazer. Não tenho conhecimento suficiente para tentar algum atendimento sem correr o risco de piorar a situação. Sou um profissional prático, na realidade, não tenho formação nessa área, pois nunca fiz faculdade de farmácia. Não sei se ficou resto da placenta, e o melhor, mesmo, é aguardar a ambulância com o médico. Enquanto aguardamos, vamos acomodá-la melhor e esperar. Quanto à criança, vou enrolar o cordão umbilical para evitar sangramento e aquecê-la com este cobertor.

– Mas, senhor João, vamos ficar parados diante desse quadro de sofrimento?

– Minha filha – respondeu João paternalmente –, em certas circunstâncias a melhor ajuda é justamente não fazer nada, principalmente quando não se sabe o que fazer. Tudo vai dar certo, é preciso confiar. Enquanto vocês aguardam aqui, vou ver se posso ajudar as outras crianças.

Dizendo isso, saiu, enquanto Lenita e Laurinda oravam ao Pai implorando misericórdia para Tamires e seu filhinho.

O tempo foi passando e, após duas horas de espera, ouviram a sirene da ambulância que chegava, seguida de perto pelo carro de Flávio. Sem demora, os enfermeiros removeram Tamires e o bebê para a ambulância, onde receberam do obstetra os primeiros socorros e partiram, em seguida, para o hospital.

Todos estavam ainda atônitos com o fato chocante que presenciaram. Lenita, sem se dar conta, encostou sua cabeça nos ombros de Flávio e chorou. Este, carinhosamente, acariciou seus cabelos e lhe disse:

– Não chore, Lenita, tudo vai dar certo. Eles estão sob os cuidados de profissionais competentes e, principalmente, sob a proteção e as bênçãos de Maria de Nazaré.

– Eu sei, Flávio, mas não é só isso o que me preocupa e entristece. Venha comigo e veja com seus próprios olhos o submundo onde vivem essas crianças que, como nós, também são filhos de Deus e merecem ter seu espaço neste Universo.

Puxando Flávio pelas mãos, andou com ele por entre aqueles barracos imundos, mostrando-lhe seres humanos que viviam como porcos, comendo o que retiravam do lixo.

– Por que isso acontece, Flávio, em uma cidade grande como a nossa? Onde estão os governantes que não têm tempo para perceber a miséria em que vivem essas pessoas? Diga-me, onde estão os responsáveis pelo bem-estar do povo; aqueles que se elegem dizendo que vão defender a comunidade, principalmente os mais fracos?

Flávio estava boquiaberto. Nunca imaginara ver cenas tão chocantes e de tanta miséria. Lembrou-se de sua condição de vereador e sentiu que precisava fazer alguma coisa urgentemente para minimizar tamanho sofrimento.

– Tenho de resolver isso, Lenita. De alguma maneira, tenho de resolver isso! – exclamou.

Heitor, que durante todo este tempo estivera presente, aproximou-se de Flávio e lhe disse ao ouvido, inspirando-lhe uma ideia:

"A fábrica, Flávio, a velha fábrica desativada de seu pai... Por que não? É a providência, a curto prazo, até que se resolva de maneira definitiva."

Flávio registrou o pensamento de Heitor. Andava de um lado para o outro tentando coordenar seus pensamentos. Heitor o acompanhava inspirando a lembrança do imóvel que pertencera a seu pai e que se encontrava fechado desde o seu desencarne.

De repente, virou-se para Lenita e com um grande sorriso lhe disse:

– Lenita, acho que tive uma grande ideia para resolver esta situação, de imediato.

Surpresa e esperançosa, Lenita respondeu:

– Qual, Flávio, diga-me, pelo amor de Deus.

– Lembra-se daquela fábrica de meu pai, desativada há mais de cinco anos e sem nenhuma utilidade?

– Claro que me lembro, por quê?

– Aí está a solução, Lenita, não percebe?

– Continue, Flávio – disse Lenita cada vez mais ansiosa.

– A fábrica é muito grande, possui várias salas e banheiros, sem dizer da enorme cozinha de onde saíam as refeições dos operários. Você não acha que é muito imóvel para nada, nem ninguém?

– Flávio, aonde você quer chegar? Diga logo porque não ouso nem pensar!

– Quero chegar, exatamente, a isso que você está pensando. Por que não levar essa gente para lá, até que se arrume um lugar melhor, mais adequado. Pelo menos sairão deste lixão e poderão viver com mais dignidade. O que você acha?

Lenita, seguindo seu impulso e sua espontaneidade, abraçou Flávio e lhe disse com alegria e entusiasmo:

– Como você é nobre e generoso, Flávio!

– Aprendi com você, mocinha. E olhe: você é uma ótima professora, diria mesmo excelente.

Ambos sorriram felizes. Chamaram Laurinda, Joana, Teresa e Matilde e as colocaram a par do pretendiam, no que foram amplamente apoiados. Juntos traçaram a maneira mais segura de transportar aquelas pobres criaturas para o lugar mais adequado.

Após conversar com todos, decidiram que tomariam as providências cabíveis e que, no máximo, em três ou quatro dias todos estariam morando com mais dignidade. Com satisfação, perceberam a luz da esperança nos rostos sofridos daquela pobre gente.

Lenita, sentindo seu coração mais leve e tranquilo, olhou para Flávio e, pela primeira vez, seus olhos lhe mostraram claramente a beleza física do amigo.

"Como Flávio é bonito" – pensou. Nunca tinha reparado em como seu semblante transmitia segurança e bem-estar. "O que será que está acontecendo comigo, meu Deus! Primeiro não consigo tirar dos meus ouvidos o som da voz de Flávio chamando-me de meu amor, e agora surpreendo-me admirando sua beleza..."

Flávio, percebendo que alguma coisa perturbava Lenita, aproximou-se dela e lhe disse:

– Um tostão por seus pensamentos, Lenita! – exclamou Flávio.

Surpreendida, Lenita sentiu seu rosto ruborizar.

– Nada... Nada, Flávio, ou melhor, nada que mereça qualquer tostão – brincou.

– Será?

– Flávio, preciso retornar ao clube, pegar minhas coisas e ir para casa. Minha mãe deve estar preocupada com minha demora – disse Lenita, tentando disfarçar seu embaraço.

– Deixe que eu a levo. De lá vamos juntos para sua casa, Ok?

– Obrigada, Flávio, mas leve-me somente até o Clube de Mães. Meu carro está estacionado lá.

– Não faz mal, vou acompanhando você e, se não estiver muito cansada, poderemos conversar um pouco sobre tudo o que presenciamos hoje. O que acha?

– Ótimo. Gostaria, mesmo, de trocar algumas ideias com você. Vamos então?

Os dois amigos partiram deixando no coração daquelas pessoas, tão carentes e excluídas, a luz da esperança e a fé em dias melhores.

Assim que chegaram à residência de Lenita, encontraram Mariana tensa pela demora da filha. Interrogada sobre o atraso, Lenita, com o auxílio de Flávio, contou tudo o que acontecera para sua mãe, sem omitir nada.

Mariana ficou estarrecida. Sentia dificuldade em compreender o porquê de tanta miséria e aflição.

– Pelo amor de Deus, Lenita, como entender esta pobreza extrema? Como aceitar tanta desigualdade social, tanta penúria para alguns, enquanto outros se fartam no luxo e no desperdício?

Lenita fitou sua mãe com carinho e respondeu:

– Mãe, a explicação e a resposta se encontram na pluralidade das existências, ou seja, na reencarnação. Toda ação provoca uma reação. As boas ações só podem trazer reações doces e felizes; ao contrário das más ações, que provocam sempre reações amargas e de sofrimento. A origem da dor e do sofrimento nem sempre está na vida atual, mas em algum lugar do passado, em outra existência.

– Outra existência? – perguntou Mariana, surpresa.

– Sim, mãe, esta não é nossa primeira vida. Somos espíritos eternos, vamos e voltamos quantas vezes forem necessárias para promovermos nossa evolução. Aí está o perdão de Deus, a permissão para reescrevermos nova história, dando a todos nós nova oportunidade de aprender a amar de verdade.

– Por que Deus contempla alguns com a riqueza e outros com a miséria? – voltou Mariana a perguntar.

– Vou responder, mãe, citando um trecho de *O Livro dos Espíritos*, perguntas 814 a 816.

"Para provar cada um de maneira diferente. Aliás, vós o sabeis, essas provas são escolhidas pelos próprios espíritos, que muitas vezes sucumbem ao realizá-las."

– Qual dessas duas provas é a mais perigosa para o homem, a da desgraça ou a da riqueza?

"Tanto uma quanto a outra. A miséria provoca a lamentação contra a Providência; a riqueza leva a todos os excessos."

– Se o rico sofre mais tentações, não dispõe, também, de meios para fazer o bem?

"É justamente o que nem sempre faz; torna-se egoísta, orgulhoso e insaciável; suas necessidades aumentam com a fortuna e julga não ter o bastante para si mesmo."

"A posição elevada no mundo e a autoridade sobre os semelhantes são provas tão grandes e arriscadas quanto a miséria, porque, quanto mais o homem for rico e poderoso, mais obrigações tem a cumprir; maiores são os meios de que dispõe para fazer o mal. Deus experimentou o pobre pela resignação e o rico pelo uso que faz de seus bens e do seu poder. A riqueza e o poder despertam todas as paixões que nos prendem à matéria e nos distanciam da perfeição espiritual."

Flávio olhava extasiado para Lenita. Seu coração parecia querer explodir de tanto amor. Aproveitando aquele momento de esclarecimento, perguntou:

— Lenita, quer dizer que não temos nenhuma obrigação de sanar a dor ou ajudar os miseráveis?

Lenita, sentindo-se feliz por poder esclarecer um pouco do que aprendera e tentava vivenciar, respondeu:

— Ao contrário, Flávio, temos o dever de auxiliar o sofredor a passar por esta estrada espinhosa. Ajudá-lo a suportar suas dificuldades com valentia, sem perder a fé; ensiná-lo a maneira correta e digna de reverter, o quanto possível, esta situação com seu trabalho, seu esforço, enfim, mostrar-lhe o quanto crescemos espiritualmente quando lutamos para sobreviver de maneira digna e, sobretudo, auxiliá-lo a extrair dessa posição de penúria um fortalecimento para sua alma. Não devemos carregar a cruz de ninguém, mas, sim, caminhar ao lado do semelhante que sofre e implora ajuda. Isso é praticar a caridade.

— Lenita, diga-me onde você encontra tanta força para prosseguir com seu trabalho, com sua luta em favor do necessitado, se por diversas vezes o retorno para você não foi tão agradável.

— Ora, Flávio, essa força a que você se refere nasce da minha completa confiança e aceitação da palavra de Jesus contida no *Evangelho*. Aprendi a importância do semelhante na nossa vida. É por intermédio dele que exercitamos o nosso lado fraterno.

Aprendi a não cobrar, não exigir o amor de ninguém nem julgar os outros conforme os meus critérios.

Mas tudo isso, Flávio, fui aprendendo devagar, com o passar do tempo. Quando aconteceu aquele incidente envolvendo Guilherme, por um tempo eu me senti desestruturada, como se tivesse perdido o meu caminho, mas, por meio de orações e súplicas ao Pai, pude compreender que o mundo não para só porque eu estou sofrendo. Ao contrário, tudo continua cumprindo sua rota.

O que fiz, então? Ouvi os sábios conselhos de Heitor.

Levantei minha cabeça e também fui cumprir a minha missão. Voltei ao trabalho e, por meio dele, superei minha tristeza. Quando pedimos paz, harmonia, felicidade, saúde etc. ao nosso Criador, temos de fazer a nossa parte, ir em busca dessas conquistas lutando para melhorar a nós mesmos.

Mariana, que ouvia tudo sem se manifestar, virou-se para a filha e disse:

– É, minha filha, como seria bom se todas as pessoas pensassem como você! A vida seria mais fácil e todos mais felizes.

– Não exagera, mãe. Não sou essa maravilha que a senhora imagina, tenho meus defeitos, e são muitos!

– E quem não os tem, filha? Mas posso apostar, porque a conheço muito bem, que suas qualidades são tantas que ninguém percebe seus defeitos.

A cada vez que Lenita olhava para Flávio, sentia uma inquietação agradável e parecia ouvir sua voz dizendo novamente "meu amor". Flávio, percebendo que a amiga o olhava com certa apreensão, aproveitou a saída de Mariana, segurou suas mãos e lhe disse brandamente:

– Desculpe-me, Lenita, se no telefone eu a chamei de meu amor. Não se sinta incomodada por causa disso; prometo-lhe que não acontecerá uma segunda vez. Não quero forçá-la a nada. Só peço que me desculpe e que não permita que este fato estrague nossa amizade.

Lenita ia responder quando Mariana entrou na sala trazendo duas apetitosas taças de sorvete e as oferecendo aos jovens.

Lenita e Flávio apenas se olharam e, mais uma vez, Lenita sentiu um doce arrepio percorrer seu o corpo.

capítulo
10

História de Tamires

Dez dias se passaram sem que Lenita e Flávio se encontrassem. Conforme o combinado, quatro dias após o triste acontecimento, Flávio retirara as pessoas daquele lugar infecto e as alojara na fábrica desativada.

Tamires e seu filhinho permaneciam internados. Graças à misericórdia divina e aos cuidados recebidos, os dois sobreviveram e já se encontravam fora de perigo de vida. Lenita, por duas vezes neste período, tinha ido visitá-los no hospital e se alegrava com a recuperação de Tamires e seu bebê. Comovia-se ao olhar para aquela mãezinha que mais parecia uma criança brincando de boneca.

Em uma de suas visitas, Lenita surpreendeu Tamires chorando. Indagada sobre o motivo das lágrimas, ela respondeu timidamente:

– Estou insegura e com muito medo, dona Lenita. Logo receberemos alta e não tenho para onde ir com meu filhinho. Não quero voltar para aquele lugar imundo onde a senhora nos encontrou. Tenho medo do futuro, tenho medo da vida, enfim, não sei o que fazer. O senhor Flávio conversou comigo e tentou me acalmar, mas não vejo saída para mim. Ajude-me, dona Lenita, não quero me separar do meu filho, tenho consciência do meu erro, fui precipitada e inconsequente, acreditei em palavras vãs, sonhei demais e o resultado foi esse, mas eu amo meu filhinho.

– Flávio esteve aqui, Tamires?

– Sim, esteve. Trouxe-me frutas e algumas roupinhas para o bebê. Que homem bom, dona Lenita! Não me acusou de nada, não me julgou, apenas ajudou.

Ao ouvir o nome de Flávio, o coração de Lenita disparou e ela se surpreendeu sentindo uma doce saudade do amigo.

– Diga-me, Tamires, você tem família?

A adolescente, encabulada, abaixou a cabeça e não conseguiu reter o pranto. Lenita incentivou-a a responder, a desabafar o que a estava sufocando.

– Sim, dona Lenita, eu tenho família, pai adotivo, mãe e dois irmãos, sendo que meu irmão já está com vinte anos e a irmãzinha com doze.

– Por que não está com eles, então? O que aconteceu que a fez ir ter seu filho naquele lugar imundo, em condições subumanas, dentro de um lixão? Por favor, diga-me!

– A senhora teria paciência para ouvir a minha história?

– Claro, querida, toda a paciência do mundo. Quero muito ajudá-la a superar essa fase triste, colocar esperança neste olhar sombrio. Conte-me.

Tamires ficou em silêncio por alguns instantes. Reunia forças para falar da sua vida, tão curta, mas tão cheia de sofrimento. Sentindo-se amparada por Lenita, encorajou-se e iniciou sua narrativa.

– Perdi meu pai ainda criança, com seis anos de idade. Decorridos dois anos de sua morte, minha mãe se casou novamente, e durante alguns anos fomos uma família feliz. Embora pobres, vivíamos com dignidade, e nosso padrasto não deixava que nada de essencial nos faltasse. Os anos se passaram e quando completei quatorze anos, para ajudar nas despesas da casa, arrumei meu primeiro emprego em uma casa de família. Eles moravam em um bairro de classe média alta. Tinham um casal de filhos: a menina com dez anos e o rapaz com dezenove. Tratavam-me bem, mas sempre mantendo distância. Deixavam bem claro que ali eu era apenas uma empregada e que era meu dever servi-los. Eram todos muito orgulhosos e só prestavam atenção na aparência das pessoas. Eu dormia no emprego, mas todo fim de semana ia para minha casa visitar minha família. Decorrido algum tempo, Felipe, o filho de dona Mirtes, começou a me cativar com pequenos gestos, palavras doces e olhares sedutores. Não preciso falar que cai feito um patinho. Não demorou e ele estava frequentando meu quarto e eu completamente apaixonada por ele, acreditando que ele sentia o mesmo por mim. Não precisou muito tempo para eu perceber a minha gravidez. Feliz e ingênua, fui logo contando para ele, na certeza de que ele também ficaria feliz, mas a reação de Felipe foi diferente da que eu esperava.

Tentando demonstrar contentamento, pediu que eu guardasse segredo, pois pretendia esperar o momento certo para contar a boa notícia a seus pais. Como sempre, acreditando nele, me calei, confiando que ele sabia o que estava fazendo e que, certamente, seria melhor para nós e para o bebê.

Passados, mais ou menos, uns dez dias, estava em meu quarto quando Felipe entrou acompanhado de um amigo. Apresentou-o e, após alguns instantes, disse que ia buscar um refrigerante, pois estava com sede. Retornou com três copos na mão e ofereceu a mim primeiro, depois ao seu amigo. Aceitei e, sem desconfiar de nada, ingeri todo o conteúdo do copo. Não tardou muito e senti um peso nos olhos, um sono incontrolável. Antes de apagar totalmente, ainda pude observar um sorriso nos lábios de Felipe e de seu amigo. Quando acordei, ainda meio tonta, percebi algumas pessoas no quarto, entre elas dona Mirtes e seu marido, que gritava quase histérico chamando-me de todos os nomes impróprios que conhecia. Eu não entendia nada até que percebi estar completamente nua e o amigo de Felipe deitado ao meu lado só de cueca.

Fiquei estarrecida! Não podia compreender o que acontecia à minha volta. Tentava explicar, mas ninguém estava interessado em me ouvir, apenas me acusavam. Cobri-me com o lençol e deixei que as lágrimas do desespero rolassem soltas em meu rosto.

O pai de Felipe aproximou-se de mim e, sem piedade, me disse:

– Escute o que vou lhe dizer, Tamires, não adianta continuar com o golpe de gravidez, dizendo ser Felipe o pai da criança que provavelmente está esperando, porque já sabemos quem você é. Não passa de uma moça sem escrúpulos, sem dignidade, que não se intimidou em colocar

Felipe nessa sujeira toda. Sabemos que você não passa de uma moça de programa. Felipe nos contou tudo, até as vezes que ele a procurou para satisfazer seus desejos de juventude. Quanto a isso, não me importo, pois é comum uma empregada servir o filho do patrão, mas daí a trazer seus amantes para dentro de minha casa é atrevimento demais, e isso eu não posso tolerar.

Completamente atordoada e sem nada entender, exclamei:

– Meus amantes!

– Sim. Felipe nos contou que não é a primeira vez que isso acontece. Você não tem o menor pudor, abusou de nossa confiança e, por isso, vista-se e deixe esta casa imediatamente.

Apenas nesse momento consegui ver que as outras pessoas que estavam no meu quarto eram minha mãe e meu padrasto. Olhei para eles suplicando ajuda, mas, ao vê-los virar o rosto, levantei-me e, correndo até eles, gritei minha inocência, implorando que acreditassem em mim e me amparassem. Minha mãe olhou-me com o rosto transfigurado pela dor e disse:

– Tamires, não criei uma filha com tanto carinho e amor para vê-la se transformar em uma prostituta, desrespeitando a casa e a família que lhe amparou dando-lhe um emprego decente.

– Mãe! Mãe! Pelo amor de Deus, sou inocente, escute-me, deixe-me explicar. Nunca vi esse rapaz antes, nunca trouxe ninguém aqui e jamais me prostituí. Acredite em mim, pelo amor de Deus!

– Não adianta, Tamires, sua mãe e seu padrasto estão cientes de tudo; não escondemos nada deles. Felipe revelou-nos tudo o que já sabia havia algum tempo; agora, por favor, saia desta casa.

O desespero tomou conta de mim. Agarrei Felipe pelo braço e implorei para que dissesse a verdade, mas Felipe covardemente respondeu:

– Não adianta, Tamires, eles já sabem de tudo. Infelizmente, você quis dar o golpe do baú para cima de mim e se deu mal. Agora só lhe resta arcar com as consequências da sua astúcia.

O pai de Felipe falou autoritário:

– Chega, Tamires, o que está feito, está feito; e o que está dito, está dito, portanto, faça o favor de sair agora! Você terá a vida toda para se arrepender.

Virou-se para o amigo de Felipe e lhe disse:

– Meu rapaz, conheço seus pais e lamento que você tenha se envolvido com essa daí, mas o desculpo porque creio que ela deve tê-lo seduzido, quem sabe para ver com qual dos dois seu golpe daria certo.

Felipe e o amigo se entreolharam e, abaixando a cabeça, saíram do aposento.

– De repente, dona Lenita, me vi só, absolutamente só. Sem família, sem casa, sem dignidade, sem nada. Arrumei as poucas roupas que tinha e saí daquela casa com o coração partido, sangrando pela enorme injustiça da qual fora vítima. Sem ter para onde ir, passei a morar na rua e, quando se aproximou a hora do parto, encontrei aquele barraco vazio, no meio do lixão e lá fiquei até a hora de o meu filho nascer. O resto da história a senhora já sabe.

Lenita estava lívida. Olhava para Tamires e seu coração doía ante o sofrimento daquela adolescente. Obedecendo ao seu impulso de amor, abraçou-a com carinho e, como uma mãe carinhosa, lhe disse:

– Tamires, não sofra mais. Olhe, em minha casa tem um quarto vago e tenho a certeza de que minha mãe não se importará se você ficar lá por algum tempo, até que se fortaleça e possa trabalhar e cuidar do seu filhinho.

Tamires, emocionada e permanecendo abraçada a Lenita, respondeu:

– Dona Lenita, somente Deus poderá pagar-lhe tanta bondade, tanta generosidade! Que Maria de Nazaré lhe abrace como filha dileta.

Sem disfarçar a emoção e completamente entregue ao carinho de Lenita, continuou:

– Gostaria de saber a razão de tanto sofrimento, se o meu erro foi unicamente me apaixonar por quem não devia e entregar-me à pessoa errada? Diga-me, dona Lenita, por quê? Eu não merecia passar por isso!

Lenita elevou o pensamento até o Senhor e logo sentiu, junto de si, a presença amiga de Heitor. Confiante em sua ajuda, respondeu:

– Tamires, não somos inocentes. Trazemos em nosso currículo espiritual muitos erros, muita imprudência cometida no pretérito. Julgamos não merecer nenhum sofrimento, todavia, não sabemos o que fizemos para atrair para nós a dor que nos visita durante nossa passagem pelo planeta. Em algum lugar há de estar a ação desastrosa que motivou a reação da dor. O importante é aprender a sofrer com Jesus no coração, consertar o que se pode consertar e aceitar as coisas que não podemos mudar. Devemos sempre agir, em qualquer situação, com dignidade para que nossa encarnação atual dê certo, e assim possamos reformular o nosso íntimo, nos aproximando mais de Jesus.

– Mas, agora, o que faço da minha vida, se tiraram quase tudo de mim?

– Não se preocupe tanto com o que tiraram de você, mas sim com o que restou dentro de você. Você é muito nova, Tamires, tem muito que aprender e viver. Não permita que o desânimo, a desilusão e o pessimismo tomem conta de sua alma. Faça desse episódio um aprendizado, lute pela sua vida e a vida de seu filhinho. Unam-se no amor e construam a felicidade que vão merecer por conta do seu esforço e da sua conduta moral.

– A vida é cheia de sofrimento, não é, dona Lenita?

– A vida é cheia de respostas, Tamires. O sofrimento chega porque os homens, cheios de imperfeições, relutam em se melhorar, em promover sua reforma interior, nada fazem pelo bem do próximo e de si mesmos. Veja, Tamires, a vida é uma grande colcha de retalhos na qual costuramos, um ao lado do outro, todo o bem que agasalhamos em nosso coração, toda a compreensão e todo o amor por nosso Criador quando somos retalhados pela dor. Se assim não agimos, os retalhos não se encaixam e formamos vazios nesta colcha que vão, por nossa culpa, trazer mais e mais sofrimentos e aflições. Desse modo, minha menina, cada um deve construir a grande colcha com seus retalhos de vida, e é esse manto que vai nos cobrir e abrigar, protegendo-nos das intenções maliciosas, porque estaremos aquecidos pelo amor divino. Com facilidade perceberemos isso.

– Dona Lenita, como a senhora fala bonito! – exclamou Tamires.

– Obrigada, Tamires, mas não falo bonito, não. Apenas procuro falar com o coração, tento passar para as pessoas, como estou tentando lhe dizer, que somente o amor transforma o homem.

– Veja o seu caso: se deixar o ódio e a vingança se instalarem em seu coração, estará fadada a novos sofrimentos. Mas se permitir que o perdão seja o sentimento predominante, certamente encontrará paz e felicidade.

– Mas, e Felipe? Ele não sofrerá pela maldade que fez comigo, pela calúnia que lançou separando-me de minha família e jogando-me nas ruas, no lixo? Isto é certo?

– Preste atenção, Tamires, sofre mais aquele que humilha do que aquele que é humilhado. Felipe sofrerá, sim, as consequências de seu ato desastroso, leviano; quanto a isso não tenha a menor dúvida. Só o fato de você ter junto de si o seu filho já a coloca na posição mais feliz. Talvez ele nunca conheça o filho ou, se o conhecer, pode ser que não receba o seu amor. Só nosso Pai que está no céu poderá decidir o que ele deverá passar para limpar seu coração, tirando dele a inconsequência desastrosa que motivou tanto sofrimento para você e que envolveu outras pessoas. A vida vai mostrar-lhe que ninguém constrói felicidade em cima da infelicidade alheia.

– Mas e seus pais, que nem me deixaram falar para me defender, não me deram nenhuma chance!? – inquiriu Tamires.

– Foram movidos pelo orgulho excessivo, e esse sentimento os impediu de questionar. Na verdade, é como se não quisessem correr o risco de deparar com uma verdade que teriam dificuldade em aceitar. Julgaram sem piedade, não ouviram a outra parte da história, e isso lhes custará muito caro. O arrependimento virá, cedo ou tarde. Ninguém, Tamires, foge da lei de ação e reação.

– E meus pais, então? Criaram-me e deveriam me conhecer melhor, saber que eu não seria capaz de um procedimento desses, entretanto, também não me deram crédito, não se importaram em saber a minha versão do fato. Isso dói muito, dona Lenita.

– Acredito, Tamires, mas não os queira mal. Tente compreender que foram surpreendidos e manipulados pelo pai de Felipe. Sem dúvida, também estão sem ter notícias suas, e isso, acredito, deve fazê-los sofrer. Foram fracos e imprudentes, é verdade. Como pais, deveriam ouvi-la. Mas existem situações que doem tanto na alma que nos impedem de agir com prudência e sensatez. Creio ter sido isso o que aconteceu com eles. São pessoas simples e crédulas e se deixaram envolver pela prepotência da família de Felipe.

– Desculpe-me por estar tomando tanto tempo da senhora. Sinto-me feliz com as explicações que estou recebendo. É como se estivesse retirando uma coisa, um sentimento muito ruim de dentro de mim e voltando a ter vontade de viver e lutar por mim e pelo meu filho.

– Não me peça desculpas, Tamires, sou eu que fico feliz em poder, de alguma forma, aliviar seu coração.

– Posso fazer outra pergunta?

– Claro! Faça a pergunta que quiser! – exclamou Lenita.

– O amigo de Felipe, como ele pôde se prestar a uma indignidade dessas! Ele também tem culpa?

– Claro! Ele também tem o seu quinhão de culpa e responderá por sua leviandade. Acredite, Tamires, ninguém fica impune pelas maldades que comete. Ele colaborou com um ato tão infame como este. Como eu já lhe disse, ninguém foge da lei de causa e efeito. Toda ação gera uma reação, e os envolvidos nessa história, uns mais, outros menos, terão de quitar esta dívida com a lei.

Lenita silenciou por alguns instantes e logo questionou:

– Tamires, você quis saber de todos os envolvidos, mas se esqueceu de outro personagem.

– Quem?

– Você!

Espantada, Tamires replicou:

– Eu!?

– Sim, Tamires, você!

– Mas eu sou a vítima!

– Tamires, escute-me: você também foi imprudente ao receber Felipe em seu quarto; não mediu as consequências dessa atitude leviana. Desculpe-me, querida, mas você também tem sua parcela de culpa, afinal, Felipe não a obrigou a recebê-lo. Todas as nossas ações devem ser pensadas, Tamires, principalmente as que envolvem outras pessoas. É insensato agir impulsivamente, pois, a impulsividade pode nos levar a erros irreparáveis.

Percebendo as lágrimas nos olhos de Tamires, Lenita disse-lhe com carinho:

– Não se entristeça, tudo vai se acomodar da melhor maneira possível. O importante é não cair no mesmo erro outra vez.

– A senhora tem razão, dona Lenita, eu fui imprudente, sonhei alto demais. Mas acredite: quero consertar minha vida e ser feliz. Deus vai me ajudar!

– Claro, Ele a ajudará. Mas você não pode se esquecer de fazer a sua parte. É necessário agir sempre com prudência e responsabilidade para construir uma vida equilibrada e feliz.

– Agora me diga: já escolheu o nome do seu filhinho? É preciso registrá-lo.

– Já escolhi, sim. Vou chamá-lo de Flávio. Quem sabe ele não se torna tão bom quanto o doutor Flávio? Será que ele se importa?

Lenita, ao ouvir o nome de seu amigo, sentiu uma alegria invadir seu coração e, ao mesmo tempo, um desejo enorme de vê-lo.

– Claro que não, Tamires, ele vai se sentir muito feliz, tenho certeza. É uma linda homenagem.

Pensou um pouco e perguntou:

– Tamires, ocorreu-me uma ideia: você gostaria de rever sua família?

Tamires começou novamente a chorar.

– Claro, dona Lenita, é o que mais desejo neste mundo. Há muito tempo não os vejo, mas não me iludo, porque sei que nunca me aceitarão de volta, pois acreditam que realmente eu menti.

– E se eu fosse até eles e contasse toda a verdade?

– Gostaria, gostaria muito, muito mesmo.

– Então me dê o endereço. Ainda é cedo e irei agora mesmo procurá-los. Quem sabe se quando receber alta não vai para sua casa?

– Seria a maior bênção de Deus – respondeu Tamires.

Tamires escreveu o endereço e explicou como chegar lá. Timidamente, segurou as mãos de Lenita e lhe disse:

– Por favor, consiga que eles me recebam, nem que seja apenas para eu explicar o que, na verdade, aconteceu. Depois eles decidem se me perdoam ou não.

– Vamos ver o que consigo, Tamires. Jesus há de dar a você a oportunidade de esclarecer toda essa história. Vamos manter a esperança.

Lenita abraçou Tamires e carinhosamente deu um beijo em seu rosto, despediu-se e seguiu para a casa de seus pais. O local era distante, mas, seguindo as orientações de Tamires, Lenita não encontrou dificuldade em localizar a casa. A residência era bem modesta, mas exibia os cuidados com que era tratada por seus moradores, com latinhas de plantas que enfeitavam o pequeno alpendre, e a cerca de bambus pintados de branco que limitava a moradia. Tudo demonstrava receber constantes tratos. Aproximando-se do portão, bateu palmas e aguardou. Sem demora, apareceu uma senhora um pouco corpulenta, cabelos curtos e rosto simpático. Pelo avental molhado que trazia preso na cintura, Lenita presumiu que ela estava lavando roupa.

– O que deseja? – perguntou com educação.

– Boa tarde! – respondeu Lenita. – Gostaria de conversar com a senhora Eulália, mãe de Tamires. É a senhora?

Lenita percebeu o espanto de Eulália, mas, permanecendo tranquila, repetiu a pergunta:

– A senhora é a mãe de Tamires?

– Sim, sou eu. O que deseja de mim? Tamires não mora mais aqui. Se ela fez alguma coisa que aborreceu a senhora, não tenho nada com isso e nem quero saber o que foi.

– Calma, dona Eulália. Tamires não fez nada de errado, apenas gostaria de conversar um pouco com a senhora e o seu Oswaldo, pode ser?

Desconfiada, Eulália pensou e, após alguns instantes, respondeu:

– Está bem. Entre.

Lenita entrou. Ao se acomodar na poltrona indicada por Eulália, não pôde deixar de observar a limpeza e a ordem reinante no local. A casa, apesar de bem modesta, exalava um aroma agradável, vindo, talvez, das flores que enfeitavam a pequena mesa de centro. Assim que Eulália sentou ao seu lado, Lenita, tomando cuidado com as palavras, lhe disse:

– Dona Eulália, eu me chamo Lenita e sou uma amiga de sua filha Tamires.

– Mas o que traz você aqui na minha casa, há meses não vejo minha filha.

– Sei disso, e o que me traz aqui é o desejo de explicar para a senhora e seu Oswaldo o que realmente aconteceu com Tamires, há algum tempo, e que ocasionou a separação de vocês. Acredito poder diminuir o sofrimento de sua filha e, por que não, de vocês também, reaproximando-os.

Lenita percebeu o nervosismo de Eulália, que, levantando-se, chamou Oswaldo. Em instantes, o chefe da casa cumprimentava Lenita:

– Por favor, dona Lenita, não reacenda a chama dessa ferida que consome nossa alma – disse Oswaldo. – Tamires traiu a confiança de todos procedendo de uma maneira indigna e leviana. Somos pobres, é bem verdade, mas temos princípios.

– Escute-me, seu Oswaldo, não vim aqui para machucá-los mais, e sim para esclarecer o que, de fato, aconteceu. Depois vocês decidem se devem ou não receber Tamires de volta.

Eulália e Oswaldo, mesmo emocionados por sentirem novamente a dor de meses atrás, concordaram em ouvir Lenita.

– Fale, dona Lenita, estamos dispostos a ouvi-la – falou Oswaldo.

Lenita, confiando na proteção de Heitor e sabendo que "Ele" a ajudaria a dizer as palavras certas, iniciou sua narrativa, dizendo tudo exatamente como ouvira de Tamires e sem omitir nenhum detalhe. Ao terminar, deixou-se envolver pelas lágrimas copiosas de Eulália. Chorou junto com aquela mãe que tomava conhecimento da grande injustiça cometida com a própria filha. Seu Oswaldo, com a voz embargada pela emoção, lhe disse:

– Meu Deus! O que fizemos com a nossa menina! Como apagar todo esse sofrimento de sua alma juvenil?

– Ter um filho no lixão! – exclamava continuamente Eulália, sem conseguir esconder o horror de si mesma. – O que fiz com minha filha! Que mãe sou eu que acredito nas outras pessoas sem sequer ouvir minha própria filha!

E continuou.

– Por favor, dona Lenita, leve-nos até Tamires, necessitamos reparar nosso erro. Queremos que ela e seu filho fiquem conosco, eles são parte da nossa família. Somos pobres, mas, juntos, venceremos as dificuldades que, porventura, surgirem e ajudaremos a criar nosso neto.

– O senhor a tem como a uma filha, não é, seu Oswaldo?

– É verdade, tenho o sentimento de pai por Tamires e sofri muito com tudo o que aconteceu. Reconheço que fomos fracos e covardes, deixando-nos levar pelas palavras daquele rapaz inconsequente; mas, agora, com a ajuda e a proteção de Deus, voltaremos a nos reunir formando de novo uma família feliz e completa.

Apreensiva, Eulália perguntou:

– Será que Tamires nos perdoará?

– Tenho certeza que sim – respondeu Lenita. – Ela ama vocês e sofre muito com a solidão em que vive. Deus os abençoe para que consigam retomar a felicidade perdida. Se quiserem, podemos ir agora mesmo ao encontro de Tamires. Ela ainda se encontra hospitalizada.

– Tudo o que queremos é resgatar nossa filha, portanto, por que perder mais tempo?

– Vamos, então! – exclamou Lenita.

Saíram os três em direção ao hospital onde Tamires se encontrava. Iam em silêncio. Heitor os acompanhava beneficiando-os com energia salutar e fortalecendo-os no amor e na compreensão.

Assim que chegaram, encontraram-se com Flávio no saguão do hospital. Feitas as apresentações, Lenita colocou Flávio a par dos acontecimentos e convidou-o para, juntos, subirem até a enfermaria onde Tamires se encontrava.

Lenita abriu a porta devagar e, ao ver Tamires sentada próxima à janela, com o olhar perdido, disse-lhe sorridente:

– Tamires, você tem visitas!

– Visitas, eu! Quem viria me visitar, dona Lenita, não tenho mais ninguém neste mundo.

Antes que Lenita respondesse, Eulália e Oswaldo exclamaram quase ao mesmo tempo:

– Nós somos as visitas, Tamires! – exclamou abrindo os braços e se aproximando de Tamires com amplo sorriso no rosto.

Tamires, diante da surpresa, não conseguiu articular uma só palavra. Olhava-os sem acreditar no que via, e só conseguiu dizer alguma coisa ao sentir os braços protetores de sua mãe envolvendo-a com carinho. Sentiu as mãos de Oswaldo em seus cabelos, afagando-os com delicadeza, e, com voz entrecortada pela emoção, lhes disse:

– Vocês! Devo estar sonhando!

Oswaldo, antecipando Eulália, respondeu:

– Não, Tamires, você não está sonhando. Nós viemos lhe pedir perdão e lhe dizer que agora temos a consciência do quanto fomos fracos, imprudentes e insensatos. Nem ao menos quisemos ouvi-la. Hoje, depois de tomar conhecimento de toda a verdade, nos envergonhamos da nossa atitude precipitada.

Emocionada, continuou:

– Se você nos perdoar, Tamires, gostaríamos de levá-la para casa, que também é sua, para que possamos proteger você e seu filhinho, que é nosso neto e, como tal, queremos amá-lo.

Eulália continuou.

– Volte conosco, filha. Vamos novamente ser felizes, seus irmãos também sofrem a sua ausência. O que estamos dizendo para você está saindo do nosso coração.

Tamires não acreditava em tudo o que estava acontecendo. Olhou para Lenita e, com o olhar, agradeceu o que tinha feito por ela. Levantou-se com os olhos marejados de lágrimas, abraçou os pais e disse-lhes com ternura:

– Nada tenho a perdoar-lhes. As evidências estavam contra mim. É natural que confundissem. Além do mais, hoje eu sei que também tive a minha parcela de culpa, por isso vamos esquecer o que já passou. Quero muito ir com vocês para casa, voltar a viver no lugar onde passei minha infância junto dos meus irmãos, infância que, graças a você, pai, foi muito feliz. Eu só tenho a agradecer por me aceitarem de volta, tenho consciência de que os magoei muito, hoje quero viver com os valores que me ensinaram e criar meu filho com dignidade, porque, tenham certeza, aprendi a lição. Obrigada, pai e mãe, eu os amo muito!

Surpreso, Oswaldo falou emocionado:

– Você me chamou de pai?

– O senhor sempre foi para mim e meus irmãos um pai de verdade, e acabou de confirmar isso.

Abraçaram-se novamente e só muito tempo depois se lembraram da presença de Lenita e Flávio, que, também comovidos, a tudo assistiam.

Tamires aproximou-se e disse:

– Obrigada por tudo, dona Lenita, obrigada por trazer de volta minha casa, meus pais, enfim, por querer me ajudar, por tudo o que fez por mim e meu filho. Jamais a esquecerei.

– Não precisa me agradecer, Tamires. Eu e Flávio estamos felizes por você. Mas agora que tal levar seus pais até o berçário para que conheçam o Flavinho!

– Flavinho! – exclamou Flávio.

– Sim – respondeu Tamires –, vou registrá-lo com o nome de Flávio em sua homenagem, em agradecimento à gentileza com que sempre me tratou, retirando-me daquele lugar horrível, trazendo-me frutas e carinho. O que o senhor e dona Lenita fizeram por mim jamais esquecerei.

– Nós também não – completou Eulália –, porque graças à senhora, dona Lenita, reencontramos nossa filha viva e com saúde. Você nos ajudou a resgatar nossa história de vida. Que Jesus a abençoe sempre!

Diante de tanta emoção, Flávio não conseguiu dizer uma só palavra.

Lenita aproximou-se dele e segurou sua mão, em um gesto de carinho. Flávio a olhou e percebeu um brilho diferente nos olhos daquela mulher que ele amava com toda a sinceridade de seu coração generoso. Por alguns instantes, ficaram se olhando sem nada dizer, tão enlevados estavam que não perceberam a saída de Tamires e seus pais.

– Nossa! Ficamos sozinhos – disse Lenita. – Nem percebemos que todos já foram para o berçário.

– Nem eu! Bem, já que Tamires reencontrou sua família e, acredito eu, eles têm muito o que conversar, que tal sairmos para tomar um café?

– Ótima ideia, Flávio, gostaria muito.

– Então vamos. Não sei explicar, mas sinto que hoje será um grande dia para mim, talvez o mais feliz.

– Engraçado, tenho essa mesma sensação – respondeu Lenita.

Sorriram e, como dois adolescentes, deixaram o hospital.

capítulo
11

LENITA ENCONTRA O AMOR

Em um café próximo do hospital, Flávio e Lenita escolheram uma mesa um pouco mais afastada para que pudessem conversar mais à vontade. Os dois amigos sabiam que era chegada a hora de abrir o coração, pois sentiam que, a partir daquele encontro, poderiam ser mais do que amigos. Para Flávio nada era surpresa, pois há muito tempo amava Lenita e sempre sonhara com o dia em que ela pudesse corresponder. Já para Lenita o sentimento que nascera em seu coração com relação a Flávio era, na verdade, algo muito novo e inesquecível, pois desde o seu frustrado relacionamento com Guilherme nunca mais quisera entregar seu coração a ninguém.

– Quer que eu peça uma porção de pão de queijo para acompanhar o café? – perguntou Flávio, gentilmente, com o único intuito de agradar a quem amava.

– Aceito sim, Flávio.

Sem demora, Flávio chamou o garçom. Após fazer o pedido, olhou para Lenita e, delicadamente, colocou suas mãos sobre as dela. Feliz, percebeu que ela não retirara as suas, como sempre fazia nas vezes em que ele procurava uma aproximação. Animado e confiante, apertou um pouco mais suas mãos e lhe disse:

– Lenita, perdoe-me se, mais uma vez, for inoportuno, insistente, enfim, meu coração mal pode sufocar este sentimento que há tanto agasalho dentro de mim. Eu amo você como nunca pensei amar alguém um dia, e não posso e não quero esconder por mais tempo esse amor que, a cada dia, cresce e se fortifica, inundando minha alma de sonhos e desejo de tê-la em meus braços e construir uma família.

Ao dizer isso, Flávio se calou e, fixando seus olhos nos de Lenita, aguardou uma resposta, sofrendo a ansiedade própria dos apaixonados.

Lenita, continuando em silêncio, retirou suas mãos das dele e, com doçura, passou-as no rosto de Flávio, afagando-o e dizendo ao mesmo tempo:

– Flávio, muito me alegra ouvir de você palavras tão doces e sinceras, isso me faz sentir segura para lhe dizer que também amo você.

O coração de Flávio bateu mais forte e ansioso. Esperou que Lenita continuasse, o que aconteceu de imediato.

– Este sentimento verdadeiro nasceu da grande admiração que sinto por você, pelo homem bom e generoso que você é. Esse amor nasceu sem que eu mesma percebesse, mas explodiu com tanta força que, para falar a verdade, eu mesma me surpreendi. Como você sabe, desde o episódio com Guilherme, a amarga decepção que vivi, fechei meu coração para qualquer relacionamento amoroso. Entretanto, você conseguiu penetrar na minha alma de uma maneira tão doce que hoje posso dizer, com naturalidade, que eu amo você e estou feliz porque sei que também me ama.

Flávio mal conseguiu disfarçar a enorme alegria que invadia todo o seu ser:

– Lenita, há muito tempo eu a amo e você tinha conhecimento disso. O meu silêncio era em respeito aos seus sentimentos; não queria forçá-la a nada. O amor deve nascer naturalmente, de maneira espontânea, e não por pressão, por insistência. Não devemos exigir o amor de ninguém, porque as pessoas têm o direito de ser livres em seus sentimentos. Mas, para ser franco, todo esse tempo sonhei com este dia, esperando com ansiedade o momento de ouvir de você estas palavras que me levam ao céu.

Lenita sorriu e perguntou:

– Por que hoje criou coragem de se declarar?

Flávio, com o olhar de amor, respondeu:

– Porque quando estávamos no quarto de Tamires percebi amor em seus olhos e senti que o dia era hoje. Para a minha felicidade, não me enganei.

– Não, Flávio, não se enganou!

Flávio aproximou mais de Lenita e, num ímpeto, deu-lhe suavemente um beijo nos lábios.

Ao se afastar, disse-lhe sorrindo:

– Lenita, nos conhecemos há tanto tempo, que não acho precoce fazer-lhe uma pergunta.

– Faça-a, Flávio – encorajou Lenita.

– Você teria coragem de se casar comigo?

A sensação de entrega e felicidade tomou conta de Lenita, fez seus olhos turvar-se e, entre lágrimas, respondeu:

– Coragem? É necessário ter coragem para se unir ao homem mais digno e generoso que conheço? Eu não preciso de coragem para me unir a você, Flávio, preciso apenas desse amor imenso e sincero que você tem e que agora, felizmente, eu também sinto por você; dessa admiração pelo homem que você é e dessa felicidade que penetra minha alma toda vez que sinto seus olhos nos meus.

– Então?

– Então é claro que aceito me casar com você. Digo isso naturalmente, considerando-me a mulher mais feliz deste mundo!

A ternura de um beijo selou o compromisso dos dois enamorados.

Animado e feliz, Flávio falou:

– Lenita, vamos dar a boa notícia para sua mãe. Afinal, dona Mariana sempre torceu por mim e quero que seja a primeira a saber.

– Vamos, sim, Flávio. Garanto que vai ficar superfeliz. Durante todo esse tempo, ela sempre dava indiretas quanto a você, ressaltando suas qualidades, dizendo que eu deveria refazer minha vida afetiva, enfim, só faltou me pedir para que namorasse você.

– Eu sei, e por isso quero que seja a primeira a saber. Ela sempre desejou e sonhou com nossa felicidade – repetiu Flávio.

De mãos dadas, saíram demonstrando a alegria que sentiam, alegria essa sempre estampada no sorriso de quem ama.

᪥ ᪥ ᪥

Na espiritualidade...

– Heitor, era esperado que Lenita e Flávio se unissem? – perguntou Onofre.

– Após o desencarne de Guilherme, Onofre, o coração de Lenita se fechou e só com o passar do tempo voltou-se para aquele que, no pretérito, tinha sido seu namorado e que ela desprezara para unir-se a Antenor, o homem que a fez sofrer em outras encarnações, levando-a a se perder nos desatinos da imprudência. E, encarnado como Guilherme, Antenor cobrou de Lenita o que ele achava que ela lhe devia. Como já lhe disse anteriormente, Lenita está quitando, uma a uma, suas dívidas do passado; cumpriu sua missão com Guilherme e sua dívida com ele zerou. A persistência no erro foi uma opção dele, no uso do seu livre-arbítrio. A união de Lenita e Flávio vem apenas confirmar seu desligamento cármico com Guilherme. Hoje, Lenita está livre para prosseguir sua evolução na Terra ao lado de Flávio, semeando o bem, acolhendo os sofredores, enfim, Lenita está trabalhando para que sua encarnação atual dê certo e possa voltar vitoriosa, com o dever cumprido.

– Não foi fácil para ela!

– Onofre, não é fácil promover a reforma interior, porque ninguém vem à Terra para aprender a ser amado. Todos vêm com a tarefa de aprender a amar porque somente o amor gera a fraternidade, a generosidade e o respeito ao próximo. Todos pensam que o semelhante não exerce nenhuma importância em suas vidas, mas isso é um engano, porque, se não fosse o semelhante, como é que poderíamos aprender a exercitar a fraternidade, a doação, o amor que compartilha? Aquele que vive sozinho, sem enxergar ninguém ao seu lado, vive como um egoísta, e nenhum egoísta conseguirá lugar feliz no reino de Deus, porque nosso Criador espera e deseja que todos os seus filhos se entreguem ao amor universal, e não exclusivamente ao amor a si mesmo.

– É verdade! Promover a reforma íntima é uma tarefa muito difícil, diria mesmo árdua, porque o homem ainda não aprendeu a se desligar de si mesmo e olhar para o próximo. A vaidade impede de admitir que estamos errando, nos enganando e que necessitamos mudar nossa maneira de agir diante da vida.

E continuou...

– Se fosse fácil para o homem, a Terra não seria um planeta de expiação e provas. Por esta razão, necessário se faz abolir do nosso coração qualquer vestígio de egoísmo e orgulho. Precisamos entender a bondade suprema de Deus, quando permite o retorno, quantas vezes forem necessárias, e jamais desperdiçar a bênção da reencarnação, porque somente com a volta sucessiva poderemos quitar nossos débitos com a lei divina, e a cada retorno nos esforçar para tornar nosso espírito livre de qualquer vestígio do mal. É essa luta que devemos travar para nos tornar pessoas boas, do bem e, consequentemente, promover a reforma interior.

– E quando nos sentimos fraquejar... o que fazer?

– Usar do remédio mais eficaz e poderoso que está ao nosso alcance: a prece. E por meio da prece sincera falar com Jesus.

– Como?

– Venha, Onofre, vamos até o quarto de Tamires. Ela está se preparando para orar. Vamos nos aproximar.

Em segundos, Heitor e Onofre se achavam ao lado de Tamires, que, agradecida ao Pai pelo benefício recebido de novamente estar junto de sua família, iniciava seu diálogo com Jesus.

"Jesus, preciso da sua paz!

Necessito sentir seu olhar penetrando-me a alma...

E levando-me ao êxtase do amor divino.

Preciso muito, meu doce Amigo,

Sentir em mim a força da sua complacência diante da minha imperfeição.

A esperança me ilumina porque sei que faço parte da criação divina

E posso ser beneficiada com sua misericórdia.

Abro-me sem reservas... E me entrego sem medo ao seu doce embalo.

Encho-me de força e certeza e, em meio à harmonia suprema que se faz presente,

Consigo perceber o quanto poderei ser forte para superar minhas dificuldades

E meus medos, se compreender e ver no seu olhar o farol a iluminar as trevas

Que minha imprudência criou.

Levanto-me na certeza do seu amparo e, confiante no amanhã,

Vou em busca do meu equilíbrio e da minha paz.

Assim Seja!"

Levantou-se e, com os olhos marejados de lágrimas, olhou as roupinhas de seu filhinho que estavam em cima de sua cama, pegou-as suavemente e, acariciando-as, disse:

– Seremos felizes, Flavinho, Jesus me perdoou, devolvendo-me minha família e dando-me nova chance para recomeçar. E esta oportunidade não vou perder, por você e por mim.

– Veja, Onofre, uma alma simples que errou, sofreu, mas em nenhum momento deixou-se dominar pelo desespero e pela revolta. Falar com Jesus é abrir o coração com sinceridade e humildade, pedindo-lhe misericórdia e força para vencer os obstáculos do caminho. As lamentações constantes nos impedem de perceber que a esperança, a fé e a perseverança no bem e no trabalho são nossas aliadas para que possamos solucionar muitos dos nossos problemas, entendendo todos os porquês e acreditando que tudo poderá melhorar, se contribuirmos para que isso aconteça. Falar com Jesus é abrir nosso coração para recebermos os esclarecimentos da verdade, e quem se esclarece adquire maiores possibilidades de ser feliz.

– Que Jesus abençoe esta irmãzinha e seu filhinho! – exclamou Onofre.

– Que Jesus a abençoe! – repetiu Heitor.

Afastaram-se retornando para o aprendizado na espiritualidade.

Dona Mariana, assim que viu Flávio e Lenita entrar na sala, percebeu que algo de muito bom havia acontecido, por conta do brilho que ambos traziam nos olhos.

– Meus filhos, que bom vê-los chegando tão alegres. Apesar de não o esperar, Flávio, fico contente em recebê-lo aqui em casa.

– Desculpe-me, dona Mariana, não tê-la avisado, mas para mim também foi tudo uma agradável surpresa.

– Ora, Flávio, não vamos fazer cerimônia um com o outro. Você é sempre bem-vindo, sabe que o estimo como a um filho.

– Alegra-me ouvi-la falar assim, porque, a partir de hoje, gostaria que ele fosse realmente um filho para a senhora – exclamou Lenita.

– Como assim? – perguntou Mariana, já tendo uma intuição do que seria.

– Nós nos amamos e resolvemos nos casar! – exclamou Lenita feliz.

A revelação foi além do que Mariana esperava.

– Casar?! Lenita, pelo amor de Deus, explique-se melhor.

– É simples, mãe, Flávio sempre me amou e eu descobri, recentemente, que também o amo e quero muito ficar com ele para sempre. Construir um lar, ter muitos filhos, enfim, construir uma família. Quero viver o resto dos meus dias ao seu lado. Sendo assim, resolvemos nos casar. Então, dona Mariana, aprova nossa decisão?

– Se aprovo? Pelo amor de Deus, Lenita, não poderiam me dar notícia melhor! Sonho com sua felicidade, filha, e saber que seu coração se abriu novamente para o amor, para o ideal de uma família, com um rapaz tão bom como Flávio, é sentir a bênção de Deus em nossas vidas.

– Mãe, quanto eu a amo e como sou agradecida por ter me acompanhado sempre, em todos os momentos da minha vida; sorrindo ou chorando comigo, mas sempre ao meu lado.

Abraçou Mariana e a beijou afetuosamente. Afastando--se de sua mãe, segurou as mãos de Flávio e, olhando ternamente nos seus olhos, lhe disse:

– Hoje é um dia que jamais esquecerei, pois vivi a felicidade duplamente. Tamires reencontrou sua família e eu encontrei o meu amor.

Também emocionado, Flávio respondeu:

– Querida, nossos dias serão sempre felizes, pois viveremos para nos amar e edificar nosso lar nas palavras de Jesus. Você continuará seu trabalho na Santa Rita e eu estarei ao seu lado, apoiando e auxiliando para que sua tarefa seja cumprida até o fim. Não quero que desista do seu sonho em relação ao semelhante necessitado de cuidados, desse trabalho que realiza com tanto carinho e que faz tão bem a você e a quantos a procuram.

Lenita olhou para sua mãe, que logo entendeu o que sua filha pensava: "Quanta diferença de Guilherme, meu Deus, quanta diferença!"

– Por que meu coração demorou tanto a receber você? O que ele fazia que não se apaixonou logo? – disse, brincando, a Flávio.

Flávio, abraçando-a, respondeu:

– Sabe o que ele fazia?

– Não! O quê?

– Ele esperava que seus olhos me enxergassem!

– Sempre desconfiei que precisava usar óculos!!!

Todos sorriram.

Mariana, em silêncio, agradeceu a Deus o feliz encontro dessas almas que se amavam. Lembrou-se de seu marido e pensou:

"Agora não tenho medo de ir encontrá-lo, Onofre. Lenita está bem acompanhada e tenho certeza de que será feliz."

capítulo
12

O RETORNO DE MARIANA

O TEMPO PASSOU.

Lenita e Flávio estavam casados havia seis meses. Viviam felizes ao lado de Mariana, na mesma casa em que Lenita crescera junto de seus pais. A alegria de Lenita e Flávio contagiava Mariana, que agradecia ao Senhor a bênção de viver tamanha felicidade.

A união de Lenita e Flávio fora festejada por todos aos amigos da favela Santa Rita, especialmente Laurinda, que orava ao Pai para que sua amiga encontrasse a felicidade ao lado de Flávio, que também tanto estimava.

Continuava sendo a intermediária segura entre Lenita e Heitor.

No coração dessa alma simples e nobre, os dois mundos, espiritual e físico, se fundiam através do amor exercitado diariamente. Sempre que perguntada por que nada exigia das pessoas a quem passava seu conhecimento espiritual, conhecimento esse recebido dos amigos invisíveis que habitavam o outro lado da vida, Laurinda respondia:

– Quem verdadeiramente ama deve fazer de tudo para que se torne desnecessário àquele que ama.

Surpresos com a resposta, perguntavam:

– Como assim? Não devemos estar sempre juntos, ensinando o caminho, mostrando como tudo deve ser feito?

Laurinda respondia de maneira simples, compatível com sua falta de escolaridade:

– Quando nos tornamos desnecessários é sinal de que cumprimos nossa missão junto àquele que nos propomos ensinar, é dar ao aprendiz todas as ferramentas e recursos que vão ajudá-lo a prosseguir, com dignidade, sua caminhada, e deixá-lo livre para ser e viver. Prender alguém a nós é impedir esse alguém de descobrir sua própria capacidade e a potencialidade com que Deus presenteou a todos nós.

E continuou:

– Uma vez ensinada a tarefa, é necessário permitir que o aprendiz a execute à sua maneira, para que não perca a oportunidade de evoluir.

Quem a ouvia falar surpreendia-se com sua facilidade de expressão e a lógica de suas explicações. Poucos sabiam da participação de Heitor nos seus pensamentos, da sua influência na formação de suas ideias. Isso acontecia para que não se perdesse a oportunidade de esclarecer aqueles que a procuravam.

O trabalho voluntário de Lenita prosseguia espalhando benefícios a todos da comunidade. Apoiada por Flávio, intensificara suas tarefas sem, contudo, prejudicar suas obrigações de esposa e filha. Lenita sentia-se feliz, útil e, sobretudo, amada.

– Flávio, estou preocupada com mamãe, desde ontem percebo que está distante, sem ânimo.

– O melhor a fazer é levá-la ao médico, o que devemos fazer de imediato.

– Já disse isso a ela, mas se nega a ir, dizendo que não adianta.

– Como assim?

– Disse que o que sente não se cura com médico.

– Ela disse isso? – exclamou Flávio surpreso.

– Incrível, mas disse e é isso que está me deixando preocupada. O que será que pretendeu me dizer?

– Não sei, meu bem. Vamos até seu quarto conversar um pouco com ela.

– Vamos!

Lenita e Flávio encontraram Mariana sentada em sua cama lendo *O Evangelho Segundo o Espiritismo*, tão absorta estava que não se deu conta da entrada dos dois. Lenita aproximou-se, fez-lhe um afago nos cabelos e carinhosamente perguntou:

– Mãezinha, o que a senhora está sentindo? Diga-nos para que possamos ajudá-la.

– Lenita tem razão, dona Mariana – completou Flávio –, estamos preocupados e gostaríamos de levá-la ao médico.

Mariana sorriu e respondeu:

– Meus filhos, não há necessidade de ir ao médico e muito menos ficarem preocupados, nada tenho que seja necessário ir ao médico.

– Então nos explique a razão dessa tristeza que venho observando em seus olhos. Por que anda tão quieta, mãe? Fizemos alguma coisa que a magoasse?

– Não, Lenita, vocês nunca me magoaram, nunca me fizeram sofrer, ao contrário, só me proporcionaram alegria.

– Então, dona Mariana, por que essa tristeza? – perguntou Flávio.

– Nem eu mesma sei explicar. Tenho sonhado muito com seu pai, Lenita, e acordo com uma sensação estranha. Não é sofrimento, mas uma sensação de perda, como se alguma coisa fosse acabar, mudar, partir, sei lá, não sei explicar muito bem.

Decidida, Lenita disse à sua mãe:

– Mãe, vamos ao médico, está decidido.

– Está bem, se você quer que eu vá ao médico, tudo bem, mas vou dizer o que a ele? Que não tenho dor, nada me incomoda, a não ser essa sensação estranha que nem explicar eu sei! Não posso ir a um profissional e dizer a ele que não tenho nada, Lenita. Afinal, ninguém foge de si mesmo. Vamos aguardar. Logo estarei boa e animada de novo para estar com você, filha, no nosso trabalho da Santa Rita.

Lenita abraçou sua mãe e lhe disse emocionada, sentindo que algo inevitável estava prestes a acontecer. Seus olhos umedeceram, seu coração bateu mais acelerado e uma sensação de vazio invadiu todo o seu ser.

– Como eu a amo, minha mãe, como lhe quero bem! Sou grata por todos os ensinamentos, orientações e carinho que me deu. Fui, sou e serei sempre grata à senhora pela felicidade que sempre me proporcionou.

– Eu também a amo muito, minha filha, nunca se esqueça disso. Mesmo quando minha voz se calar, falarei do meu amor por você dentro do seu coração e você se sentirá amada e feliz, na certeza de que nada pode anular o amor quando verdadeiro.

– Não fale assim, dona Mariana, até parece despedida! – exclamou Flávio também emocionado com a cena que presenciava.

– Venha aqui, Flávio, e me dê um abraço. Eu lhe quero bem como a um filho e sou grata a você pela felicidade que proporciona a Lenita.

– Eu amo sua filha, dona Mariana, e a senhora sabe, há muito tempo. Quem é grato sou eu pela pessoa nobre que a senhora colocou no mundo e na minha vida.

– Ai... Ai... Ai... pelo amor de Deus, chega! Estão me deixando nervosa – disse Lenita. – Acabamos ficando tristes, e o momento é de alegria por estarmos juntos e nos amarmos tanto.

Tentando quebrar o clima de tensão que se instalara, Lenita disse, sorrindo:

– Sabe o que vou fazer: um delicioso café. Aceitam?

Diante da aprovação de Mariana e Flávio, Lenita continuou:

– Venha, Flávio, venha me ajudar na cozinha. Enquanto preparamos nosso café, a mamãe descansa um pouco.

– Sim, vamos!

Saíram. Mariana, assim que se viu só, recostou a cabeça no travesseiro, fechou os olhos procurando alívio para seu cansaço. Passados alguns minutos, Lenita e Flávio retornaram com uma bandeja cuidadosamente arrumada com café e torradas. Ao entrar, perceberam que Mariana adormecera.

– É melhor deixá-la descansar – falou Lenita. – Mais tarde volto para ajudá-la a se trocar.

Saíram.

⁂

– Heitor, chegou o momento, não é?

– Sim, Onofre. É o momento, veja!

Onofre avistou a equipe responsável pelo desligamento de Mariana entrar no aposento. Heitor, percebendo a inquietação do amigo, lhe disse:

- Onofre, controle sua inquietação e ansiedade para o bem da nossa irmã. Vamos orar enquanto os responsáveis efetuam o desligamento de nossa irmã Mariana.

– Ela vai sofrer, Heitor?

– Mariana terá um infarto durante o sono físico. Nada sofrerá, Onofre, a não ser a perturbação natural. Nossa irmã possui merecimento para isso. Será levada, ainda adormecida, para o posto de refazimento aqui na Terra. Após o sepultamento de seu corpo carnal, Mariana espírito será encaminhada para o hospital do espaço, onde receberá os cuidados necessários. Podemos auxiliá-la com nossas preces, Onofre. Veja, meu amigo, a importância da prática do bem; aquele que consegue enxergar o seu semelhante e trabalhar para minimizar seu sofrimento e suas necessidades terá sempre um despertar tranquilo no reino de Deus; um despertar do homem de bem.

Vendo que a equipe de desencarne já trabalhava para desligar Mariana de seu corpo, Heitor continuou, evitando, assim, a ansiedade de Onofre.

– Não devemos vacilar no bem, Onofre, para não dar oportunidade aos maus de entrar em ação. Os encarnados necessitam aprender que o agora, o hoje é sempre o momento de construir e de amar.

– É verdade, Heitor. Veja, os técnicos iniciaram o desligamento do espírito Mariana de seu corpo físico. Diga-me, eles desligam antes de acontecer a desencarnação?

– Onofre, seja mais atento. Mariana espírito flutua sobre seu corpo inerte. Foi expulso pela desencarnação, que já se consumou. Não é o espírito que sai do corpo e este morre, é o corpo que morre e expulsa o espírito.

– Eu nem percebi!

– Isso aconteceu enquanto conversávamos. Sua inquietação poderia prejudicá-la de alguma forma, e, por esta razão, desviei sua atenção desse momento importante para o espírito.

– E agora, o que acontecerá com seu espírito?

– Os técnicos vão terminar seu desligamento total e, posteriormente, será levada para um posto de auxílio aqui na Terra.

– Onde ficam estes postos?

– Geralmente, nos centros espíritas que trabalham de acordo com o Evangelho de Jesus ou Colônias bem próximas da crosta. Ela ficará protegida dos choros, das lamentações dos familiares até que seu sepultamento seja consumado. Posteriormente, será levada para o hospital de refazimento.

– Ela poderá me ver?

– Por enquanto, não. Ela ficará adormecida até que termine o sepultamento de sua veste carnal. Dessa maneira, como já disse, não sofrerá com o desespero dos encarnados nem sentirá seu corpo descendo à sepultura, o que geralmente acontece com aqueles que viveram unicamente para satisfazer seus desejos materiais. Eles se negam a deixar o corpo e sofrem o terror da decomposição.

– Como é importante o conhecimento espiritual, não Heitor?

– Sim, Onofre, mas o mais importante é o conhecimento das leis divinas, o amor a Deus e a prática do bem, essas são as sementes que vão dar bons frutos no retorno à Pátria Espiritual. O retorno do homem de bem, aquele que viveu acima de si mesmo, é sempre um despertar tranquilo.

Heitor silenciou por alguns instantes e convidou Onofre a orar.

– Vamos orar ao nosso Pai com sentimento elevado e amor verdadeiro para esta querida irmã que retorna; que ela possa receber a energia salutar que vai equilibrar o seu espírito. E solicitamos do Mais Alto conforto para seus entes queridos que permaneceram na Terra, para que possam sofrer com Jesus no coração.

Heitor e Onofre entregaram-se à prece edificante, confiantes na resposta divina que viria, com certeza, em auxílio a essa irmã que trazia em sua bagagem o grande amor fraternal que dedicara aos seus semelhantes.

O despertar na espiritualidade acontecerá de maneira tranquila para todo aquele que aprende a esquecer de si mesmo e procura auxiliar, quantas vezes forem necessárias, o seu semelhante, tendo consciência de que pela fé subiremos ao Senhor, por meio das nossas súplicas, mas pelo amor ao próximo, pela prática da caridade, o Senhor descerá ao nosso encontro e a felicidade duradoura, aquela que nos acompanhará pela eternidade, nascerá desse encontro.

O querido espírito Meimei, no livro *Ideal Espírita*, psicografia de Chico Xavier, na pág. 26, nos diz:

"Lembre-te do Cristo, o Amigo silencioso. Busquemos n'Ele o nosso exemplo na luta diária e, tolerando e ajudando hoje, na estreita existência humana, recolheremos amanhã as bênçãos da luz silenciosa que nos descerrará os caminhos da vida eterna."

As lágrimas de Lenita e Flávio, ao constatarem o desencarne de Mariana, foram amparadas pelos amigos espirituais que energizavam aquelas almas nobres para que suportassem, com fé e resignação, a dor que os visitava naquele instante, separando-os daquela que fora mãe e amiga e que colocara a felicidade de Lenita acima da sua própria. Lenita, segurando as mãos frias de Mariana, entregava seu coração a Jesus suplicando entendimento e força para suportar tamanha dor. Despedia-se do corpo de sua mãe, mas sabia que seu rosto carinhoso, sua dedicação e seu amor estariam, para sempre, dentro de seu coração e de sua lembrança.

O sofrimento alicerçado no amor de Jesus é sofrimento equilibrado; as lágrimas derramadas com total aceitação e confiança no Criador transformam-se em gotas de orvalho a umedecer e sensibilizar a nossa alma.

"Vós, que compreendeis a vida espiritual, escutai as pulsações de vosso coração chamando esses entes bem-amados, e se pedirdes a Deus para os abençoar, sentireis em vós essas poderosas consolações que secam as lágrimas, essas aspirações maravilhosas que vos mostrarão o futuro prometido pelo Soberano Senhor."

"Habituai-vos a não censurar o que não podeis compreender, e crede que Deus é justo em todas as coisas e, frequentemente, o que vos parece um mal é um bem; mas vossas faculdades são tão limitadas que o conjunto do grande todo escapa aos vossos sentidos obtusos. Esforçai-vos por sair, pelo pensamento, da vossa esfera estreita e, à medida que vos elevardes, a importância da vida material diminuirá aos vossos olhos, porque ela não se vos apresentará senão como um incidente na duração infinita da vossa existência espiritual, a única existência verdadeira."
(*O Evangelho Segundo o Espiritismo* – cap. V)

capítulo
13

SOFRIMENTO E DOR

As CHUVAS CAÍAM sem piedade por toda a cidade. Os alagamentos se sucediam; poucos eram os lugares onde não se viam os estragos das enchentes. As árvores tombavam não suportando a fúria do vento; carros se amontoavam uns sobre os outros engarrafando o trânsito por toda a metrópole; telefones chamando pelos bombeiros não paravam de tocar, e os profissionais da área não conseguiam atender a todas as solicitações.

Era o caos!

Na favela Santa Rita o desespero era geral. Barracos caíam sob o peso do desmoronamento dos barrancos; pelas vielas estreitas viam-se utensílios domésticos sendo levados pela enxurrada, que a quase tudo destruía. Pela expressão de dor no rosto daquelas pessoas que viam, estarrecidas, seus objetos se perder nas águas lamacentas. Podia-se perceber que mais do que seus pertences, eram seus sonhos, seus esforços e suas esperanças que desapareciam nas águas que desciam rua abaixo.

Todos tentavam, de uma maneira ou de outra, se ajudar. Laurinda, apesar da sua idade, era incansável no atendimento às pessoas da sua comunidade. Usava de todos os seus esforços para socorrer seus irmãos de infortúnio. Durante toda a noite lutaram para sobreviver ao temporal, que os arrastava sem dó, socorria incansavelmente as crianças, os idosos e os enfermos.

Os próprios moradores, com a ajuda de alguns poucos voluntários, tentavam, desesperadamente, salvar a vida de quantos ali moravam e que, por um motivo ou outro, necessitavam da ajuda de terceiros para escapar do perigo.

Mas como a noite, por mais desastrosa que fosse, nunca impediu o dia de nascer, os primeiros raios de sol apareceram com o amanhecer. O dia ficou claro, o sol brilhante e majestoso contrastava com a paisagem de desolação existente em quase toda a cidade e, principalmente, na favela Santa Rita, que fora erguida às margens de um riacho que não suportava o acúmulo de água e entulhos que, imprudentemente, os moradores jogavam em seu leito, e transbordava. Cadeiras, sofá, mesas, camas, roupas, enfim, tudo amontoado, formando um grande lixão.

Aquelas pessoas sofridas mal podiam acreditar no que viam; casas desabadas, barracos cheios de lama, comidas compradas com sacrifício estragadas, roupas como trapos em meio à lama, enfim, do pouco que tinham passaram a não ter nada.

Laurinda e Joana correram até o salão onde funcionava o Clube de Mães, e o que viram deixou-as amarguradas e desesperançadas. Todas as peças carinhosamente feitas pelas mães não passavam de trapos lamacentos; as caixinhas, tão cuidadosamente trabalhadas pelas crianças, desapareceram no monte de lixo.

Tudo era desolação e amargura. Laurinda e Joana sentaram-se no chão sem se importar com as condições precárias existentes e choraram copiosamente.

– Mas, o que é isso! Chorando feito duas crianças!

Diante da voz conhecida, levantaram o rosto e se alegraram ao avistar Flávio e Lenita.

– Doutor Flávio, Lenita – falaram as duas ao mesmo tempo.

Lenita, adiantando-se, respondeu:

– Laurinda, por que o espanto? Pensaram que deixaríamos de vir auxiliar nossos irmãos que amargam a destruição de suas casas! Vocês nos conhecem muito bem, devem saber que jamais deixaríamos de vir prestar solidariedade em um momento como esse.

Segurou as mãos de Laurinda e voltou a dizer:

– Não chorem; vamos nos unir e encontrar forças para recomeçar tudo. Acreditem, hoje é a hora de amar, compreender, construir e, principalmente, acreditar no auxílio divino.

– Mas nada sobrou do nosso bazar, Lenita, tudo está perdido! Será que as mães não vão desanimar?

– Tenho certeza que não. Se nos desanimar, provavelmente elas também vão desanimar. Mas, se mostrarmos força e confiança em que tudo poderá se resolver a seu tempo, elas lutarão conosco. O desânimo é um sentimento que não deve fazer parte da nossa vida, Laurinda, porque sempre que necessitamos refazer algo que perdemos temos a chance de recomeçar com mais inteligência. Flávio vai nos ajudar a recomeçar.

– Como assim, o que tem em mente?

– Escute: gostaria de conversar com as pessoas desta comunidade. Somos Flávio e eu, solidários com o sofrimento de todos e nos colocando à disposição para ajudar na limpeza e reconstrução desses barracos, trazendo novamente a esperança ao coração de todos. Mas, antes, gostaríamos de dialogar com os moradores desabrigados, enfim, com todos os que vivem nesta comunidade. Vocês poderiam providenciar isso?

– Com certeza, Lenita, estamos prontas para ajudar. Para quando devo agendar o encontro?

– Para agora, Laurinda – respondeu Flávio. – O que Lenita tem a dizer é de suma importância para todos e será conveniente que participem.

– Mas, doutor Flávio, as pessoas estão muito desesperadas. Sem saber o que fazer, não sei se virão.

– Joana, desespero e revolta não trarão solução para ninguém. Diga-lhes que devem se conscientizar de que a união e o trabalho poderão modificar essa situação de calamidade.

– Está bem, doutor Flávio. Vamos imediatamente convocar as pessoas. Onde será a reunião?

– Faça isso, Joana. Traga-os para aqui mesmo. O salão é grande e comporta muitas pessoas. Podemos, também, usar a área externa, através das janelas e portas abertas todos nos escutarão.

Laurinda e Joana saíram entusiasmadas a fim de cumprir o desejo de Lenita.

– Será que virão, Flávio? Receio que o desespero e a revolta possa impedi-los de comparecer por conta do descrédito. Eles já sofreram muito, e nós sabemos que nem sempre o que prometem é cumprido.

– Meu bem, sempre atenderam a um pedido seu, confiam em você por tudo o que já fez nesta comunidade. Não vai ser agora que vão desacreditar de sua palavra. Verá que logo chegarão.

Nem quinze minutos se passaram e começaram a chegar aquelas pessoas cujo coração estava dilacerado de tanta dor. Em menos de uma hora, o recinto estava lotado. Os olhos assustados daquelas fisionomias marcadas pela dor procuravam, no rosto de Lenita e de Flávio, uma esperança, um alento, uma certeza para continuarem vivendo. Após se acomodar como puderam, Lenita subiu em uma cadeira, para que fosse vista por todos, e iniciou:

– Meus amigos, antes de qualquer palavra, vamos acalmar nosso coração e orar a Jesus pedindo entendimento e equilíbrio para que possamos encontrar uma solução para este momento de angústia e medo.

Com emoção e confiança no Mais Alto, Lenita orou, no que foi seguida por todos. Ao terminar, pediu aos presentes que prestassem atenção em suas palavras, para que tudo fosse bem compreendido, no que foi atendida.

– Meus amigos, hoje vivemos momentos de muita angústia. Digo vivemos porque, mesmo sem perder a minha casa ou meus pertences, sofro por vocês e quero ajudá-los a reerguer a autoestima e a dignidade, tão importantes para o ser humano. Para todos os acontecimentos existem motivos que podemos conhecer ou desconhecer. Nesse, específico, uma das razões é fácil de identificar. Se prestarmos atenção em nossas atitudes, veremos que nem sempre nos damos conta da nossa imprudência. Sempre soubemos que na época das chuvas esta comunidade sofre com as enchentes. O córrego que atravessa esta comunidade transborda e o estrago está feito. Se esse córrego estivesse limpo, sem tantos objetos velhos e detritos que foram jogados em seu leito, com certeza suportaria melhor os efeitos da chuva. E quem são essas pessoas que cometem esta agressão com a natureza? São as mesmas que, mais tarde, sofrerão com as enchentes.

Antônio levantou-se e disse de maneira rude:

– Desculpe-me, dona Lenita, mas é dever da prefeitura limpar o córrego. Não nos culpe por isso.

Com paciência e calma, Lenita respondeu:

– Sim, Antônio, o senhor tem razão, é dever dos governantes mandar limpar os córregos, os rios, os bueiros, enfim, zelar pelo bem-estar da população, evitando o sofrimento das enchentes, que causam tantos estragos, sem dizer das vidas que se perdem. Mas veja, Antônio, as moedas possuem dois lados. Se a população se conscientizar de que não se deve jogar lixo, entulhos, móveis, bichos, enfim, todo tipo de sujeira nos córregos e nas calçadas, com certeza eles não ficarão superlotados e, consequentemente, darão maior vazão às aguas. O trabalho e a conscientização devem ser de ambas as partes: governantes e população, para que todos possam receber o benefício. Quando sujamos nossa rua, nosso bairro, estamos sujando nossa casa.

Continuou:

– Todos nós temos direitos e deveres. É importante zelar por nossa saúde, e isso só conseguiremos quando aprendermos que onde há sujeira haverá sempre ratos, baratas, moscas, enfim, bichos que transmitem doenças, vermes, deixando nossas crianças à mercê de vírus e bactérias. O lugar onde moramos precisa ser limpo, não importa se for uma casa modesta, um palacete ou um barraco. Só assim teremos condições de viver dignamente, com saúde e alegria. As águas paradas e de enxurrada trazem muitas doenças, porque nelas está contida urina de ratos e tantos outros malefícios para nosso corpo.

Lenita silenciou e logo começaram as perguntas.

– Dona Lenita, eu perdi tudo. O que faço agora? O que vai ser de mim e de meus filhos?

– Calma, Auxiliadora, tudo vai se ajeitar com a graça de Deus e a boa vontade de todos. Tudo o que estiver ao nosso alcance vamos fazer para minimizar esta situação. Flávio vai, agora, expor a vocês a atitude que pretendemos tomar para ajudá-los, mas é importante a participação de todos.

Lenita calou-se, dando lugar a Flávio, que, entusiasmado, iniciou:

– Todos nós sabemos que em uma situação como esta é necessário priorizar aqueles que perderam seus barracos e não têm para onde ir. Nossa proposta é organizar um mutirão para limpar este salão, retirando toda a sujeira. Amanhã, passar uma demão de tinta para deixá-lo livre de impurezas e, posteriormente, dentro de três ou quatro dias, alojar os desabrigados aqui até levantarmos seus barracos. Consegui com os empresários da região todo o material necessário para nosso trabalho. Vocês concordam?

– Eu não concordo porque não acho justo ter de trabalhar de graça para os outros.

Flávio ia responder, quando Lenita tomou-lhe a frente, dizendo:

– Sebastião, considera justo receber dos órgãos competentes auxílio para você e sua família?

– Claro que acho justo, dona Lenita, é obrigação do governo!

– Muito bem, concordo com você. É obrigação do governo zelar pelo bem-estar da população que contribui com os impostos, embora nem todos trabalhem para este objetivo. Todavia, existem homens de bem que colocam sua autoridade de governante em favor da comunidade e contribuem para que pessoas carentes vivam com mais dignidade. Será, Sebastião, que somente o governo possui essa obrigação ou nós, como filhos de Deus, como cristãos, não temos também obrigação a cumprir em nome da fraternidade tão bem exemplificada por Jesus?

Da mesma maneira que nos julgamos merecedores da atenção e do respeito alheio, nosso semelhante possui igualmente esse direito. Amar o próximo é amar a Deus; socorrê-lo no momento de necessidade é, na verdade, socorrer nosso coração, porque estaremos impedindo o egoísmo de entrar em nossa alma. Deus nos presenteou com inúmeras belezas e bênçãos sem nada nos cobrar e deixando-nos livres para fazer a nossa opção.

Faça, então, Sebastião, a opção do amor e da fraternidade, auxilie aqueles que hoje necessitam de sua colaboração. Hoje você está na posição de dar, amanhã poderá ser o contrário, a situação poderá ser invertida e você poderá estar sozinho sem nenhum amigo que lhe estenda a mão.

Não devemos exigir o que nos negamos a dar. Não devemos julgar as coisas que relutamos em aprender. Pense bem, Sebastião, não só você, mas todos os que aqui estão.

Vamos fazer a opção pelo bem, que é a melhor opção para quem quer ser feliz. Vamos corrigir a nós mesmos antes que a vida nos corrija; nos esforçar a cada dia para nos tornar melhores; sentir felicidade em promover a felicidade do nosso próximo.

Agora, por favor, aqueles que quiserem colaborar no mutirão, trabalhar não pelo dinheiro, mas pela solidariedade com próximo, levantem as mãos.

Ao mesmo tempo, todos levantaram suas mãos. Sebastião, timidamente, também levantou a sua. Ao sentir o olhar de aprovação e gratidão de Lenita, levantou-se e, em voz alta, disse:

– Desculpe, dona Lenita, fui um tolo. Pode contar comigo. Farei qualquer serviço para ajudar meus irmãos desta favela a sentir um pouco mais de alegria.

Silenciou por uns instantes e voltou a falar, desta vez com emoção na voz:

– Meu barraco é pequeno, mas posso abrigar quem precisar por dois ou três dias até terminarmos a limpeza deste salão.

Todos bateram palmas motivados com as palavras de Lenita em ajudar o próximo. Flávio se aproximou de Lenita e lhe disse ao ouvido:

– É por isso que a cada dia sinto mais respeito e amor por você!

Feliz, Lenita respondeu:

– Eu também por você!

Tudo combinado, os grupos divididos para cada atividade iniciaram, de imediato, seu trabalho. Lenita e Flávio coordenavam incansavelmente para que tudo desse certo e fosse terminado no prazo previsto. As crianças, levadas para o salão da pequena igreja existente no local, recebiam vacinas e medicamentos da equipe sanitarista que Flávio, como vereador, havia conseguido com as pessoas competentes. Laurinda, auxiliada por Joana, fazia a sopa, que era distribuída para aqueles que amargavam a dor de perder o pouco que tinham.

Nesse trabalho de solidariedade, os credos e as diferenças sociais se misturaram e se uniram com o mesmo propósito de realizar o bem; e o bem era realizado indistintamente.

Quando se espalha o bem, quando o interesse é unicamente o bem do próximo, a tarefa se torna abençoada e atinge os corações daqueles que não conseguiram ainda ver a claridade divina através da caridade e, com essa atitude de atenção e solidariedade, muitos perceberão com facilidade o caminho.

❧ ❧ ❧

O Livro dos Espíritos
Resposta da pergunta 886.

– O amor e a caridade são o complemento da lei de justiça, porque amar o próximo é fazer-lhe todo o bem possível que desejaríamos nos fosse feito. Tal é o sentido das palavras de Jesus: "Amai-vos uns aos outros como irmãos".

A caridade, segundo Jesus, não se restringe à esmola, mas abrange todas as relações com os nossos semelhantes, quer se trate de nossos inferiores, iguais ou superiores. Ela nos manda ser indulgentes porque temos necessidade de indulgência, e nos proíbe humilhar o infortúnio, ao contrário do que comumente se pratica. Se um rico nos procura, atendemo-lo com excesso de consideração e atenção; mas se é um pobre, parece que não nos devemos incomodar com ele. Quanto mais sua posição é lastimável, mais devemos temer aumentar-lhe a desgraça pela humilhação. O homem verdadeiramente bom procura elevar o inferior aos seus próprios olhos, diminuindo a distância entre ambos.

capítulo
14

EM OUTRO PLANO

MARIANA JÁ HAVIA feito grandes progressos.

Conseguira permissão para frequentar as palestras que, diariamente, eram realizadas pelo irmão Samuel. Sentava-se sempre ao lado de Íris, uma jovem que aparentava vinte e cinco anos e que desencarnara de uma doença renal. Ambas sofriam pela saudade de seus entes queridos que permaneciam encarnados.

– Como você está se sentindo, Íris? – perguntou-lhe Mariana.

Sem muito ânimo, Íris respondeu:

– Sinto-me melhor, dona Mariana, devagar vou compreendendo mais claramente minha situação e vou me conformando com meu novo estado, minha nova vida. Aceito, mais tranquilamente, meu novo corpo. E a senhora, como está?

– Estou bem, apesar da saudade, que é enorme, sei que é necessário aceitar a separação, Íris, pois sabemos que esta é a vida verdadeira, voltamos para nossa pátria real. Tenho aprendido muito com as explicações do querido irmão Samuel, que não se cansa de elucidar quanto às dúvidas que ainda abrigamos em nosso âmago. Ele nos ajuda a perceber, com mais nitidez, as maravilhas do reino de Deus.

– Quando encarnada, a senhora acreditava que existia vida após a morte?

– Sim, querida, tive a felicidade de conhecer a Doutrina Espírita. Por intermédio de seus esclarecimentos, fui compreendendo o porquê das coisas; entendendo com clareza as leis divinas e a importância do bem para nossa evolução. Aprendi que somente pelo conhecimento e vivência do Evangelho de Jesus poderia ficar em paz com a lei divina, e tentei levar a minha vida dentro do conceito cristão.

– Então, para a senhora, não foi surpresa quando fechou os olhos para o mundo e os abriu para a espiritualidade? Não estranhou ao sentir-se viva?

– Não, Íris, não me surpreendi. Logo entendi minha situação e aceitei a vontade de Deus no momento em que Ele achou por bem retirar-me do convívio de minha família, trazendo-me de volta para o seu reino. E você, se surpreendeu?

Íris esboçou um leve sorriso de tristeza e respondeu:

– E como me surpreendi, dona Mariana!

– Não acreditava que o espírito sobrevive ao corpo?

– Não! Minha família é de uma religião que acredita que quando morremos ficamos dormindo até o Dia do Juízo Final, e somente nesse dia voltaremos a viver. Ao abrir os olhos na espiritualidade, percebi que ainda "vivia" e, ao contrário do que sempre aprendi, a morte realmente não existia. Eu pensava e sentia tudo o que a senhora já sabe. Entrei em perturbação tão forte que levei muito tempo para entender e aceitar o que, na verdade, havia acontecido. Hoje, graças à misericórdia de Jesus, estou bem. Consigo compreender a grande mágica da transformação e não questiono mais, só não posso entender a razão de certas crenças estarem tão fora da realidade espiritual.

Mariana, com o pouco que sabia, respondeu:

– Íris, talvez porque muitas não consigam interpretar com clareza a palavra de Jesus. Fundamentados nesse engano, vão criando dogmas e rituais que fogem da simplicidade com que o Mestre ensinou aos homens como se aproximar do Pai.

– É verdade, dona Mariana. Quantas coisas inúteis são feitas em nome de Jesus! Quanto dinheiro é arrancado do pobre com a promessa de conseguir um bom lugar no reino de Deus!

– Ouça, Íris, Jesus deixou bem claro que o único caminho que nos leva ao Pai, nosso Criador, é o caminho do amor, da solidariedade, do amor ao próximo. É o caminho do coração limpo e verdadeiro em seus sentimentos. A luta que se trava para se tornar melhor; a compreensão e a prática das virtudes nos tornarão dignos de ocupar um lugar feliz nas muitas moradas da casa de Deus. Jesus não criou amuletos para nos proteger das intempéries morais, mas ensinou aos homens a arma mais poderosa para se fortalecer no bem e não ser atingido pelo mal: a oração que se faz com o coração sincero, fervoroso e a disposição para auxiliar seu semelhante, fazendo todo o bem que estiver ao seu alcance.

– Dona Mariana, eu me arrependo de tanta coisa que fiz em nome da religião! – exclamou Íris visivelmente emocionada.

– É, Íris, quantas pessoas chegam aqui e se surpreendem, quando na Terra se deixaram envolver por enganos e imprudências, crenças que prometem a felicidade no reino de Deus sem que se faça nada para merecê-la, cumprindo apenas com o pagamento do dízimo. Ao se depararem com a realidade, com a verdade espiritual, se perturbam e não conseguem perceber com clareza a situação em que se encontram. Não devemos acreditar em tudo o que se diz ou se prega em nome de Jesus, Íris. Não devemos aceitar uma só mentira, porque a partir dessa, muitas outras aparecem e nos levam a um emaranhado de contradições e inverdades.

– Mas como se proteger, dona Mariana?

– O querido irmão Samuel nos ensina que somente pelo aprendizado do Evangelho conseguiremos alicerçar nossa alma nos ensinamentos de Jesus. Quem conhece o Evangelho de Jesus, suas palavras, dificilmente cairá em armadilhas religiosas.

– Mas é difícil, às vezes, entender corretamente o que Jesus quis dizer!

– Difícil porque não se pode levar tudo ao pé da letra. Jesus falava por parábolas e para o povo daquela época, respeitando as limitações daquele povo. Mas, quando se presta atenção e não se quer enganar a si mesmo nem ao próximo, o entendimento chega e nos esclarece que a religião de

Jesus é a religião do amor e do trabalho; do serviço desinteressado em favor do semelhante. Somente pela prática da fraternidade, da caridade, do conhecimento e do trabalho edificante poderemos acertar o caminho que nos leva ao Pai. Somente se chega ao Pai seguindo Jesus.

"Jesus não levantou nenhum santuário de pedra, não fomentou discussões, não instituiu pagamento por serviços religiosos, não criou amuletos ou talismãs, não consagrou paramentos nem traçou rituais.

Ao revés, ajustou-se à comunidade, em penhor de soerguimento e sustentação do homem integral, amparando-lhe corpo e alma. Sem nenhum laivo de culto à personalidade, viveu no seio da multidão.

Encontrando, pois, no espiritismo a boa nova renascente, convençamo-nos de que as nossa casas doutrinárias devem ser lares de assistência gratuita ao povo que, em todos os tempos, é a verdadeira família de Cristo.

Meditando nestas informações incontestes, evitemos converter os templos espíritas em museus do Evangelho ou dourados mausoléus do Senhor, reconhecendo que é preciso constituir neles escolas de fé raciocinada, a se povoarem de almas ardentes no serviço desinteressado em favor do próximo, a fim de quem possam sustar as explosões do desespero subversivo e as epidemias de descrença que, ainda hoje, lavram na terra com a sanha do incêndio destruidor". (*Ideal Espírita* – de Ewerton Quadros, psicografia de Chico Xavier, págs.117 e 118)"

– Dona Mariana, há quanto tempo a senhora frequenta as palestras do irmão Samuel?

– Assim que me achei em condições, Íris, solicitei dos responsáveis permissão para acompanhar os esclarecimentos de nosso irmão Samuel e obtive autorização para frequentar suas palestras. Faz-me um grande bem ouvi-lo, sinto-me fortalecida para realizar meu trabalho aqui na espiritualidade.

Silenciou e voltou a dizer:

– Veja, Íris, a palestra vai começar. Venha, vamos nos acomodar para ouvir os ensinamentos de hoje.

Mariana e Íris se acomodaram.

Após singela prece, Samuel iniciou:

– Meus irmãos, notamos, entristecidos, que nossos irmãozinhos da Terra solicitam continuamente que Jesus os envolva com a paz que acalma e nutre nosso espírito de serenidade, fortalecendo-o; mas, como querem ser beneficiados com a paz do Cristo, se permitem que seus corações sejam constantemente invadidos pela pequenez dos sentimentos mesquinhos? Como, se se perdem nos preconceitos ferindo seus alvos como lâmina afiada? Procuram a paz, entretanto, se esquecem de reavaliar suas posturas diante da vida e diante de Deus. Falar de paz e desejar a paz é, antes de mais nada, aprender a amar, pois não poderá existir paz no coração se este não estiver sustentado pelo amor incondicional. Desejam a paz e iniciam guerras; desejam a paz e fecham os olhos para a miséria que atinge tantos irmãos; pedem que Jesus lhes dê a paz e se negam a permitir que seu semelhante viva em paz, que tenha acesso ao conhecimento, à saúde e ao trabalho. Jamais a humanidade terá paz se cada um dos encarnados continuar permitindo que sua vida gire em torno das satisfação de seus próprios desejos, da satisfação de si mesmo.

– Jesus, durante sua estada na Terra, falou de paz, mostrou a paz ao estender as mãos para consolar os aflitos, mas poucos conseguem iluminar sua vida e suas horas de busca com as palavras do Evangelho, pois o Evangelho está repleto de humildade e de compreensão com o próximo; do trabalho acima do dever, enfim, o Evangelho brilha através da verdade incontestável, do amor incondicional; da caridade sem ostentação e da benevolência para com os erros alheios. Os homens gostam do brilho da opulência terrena, brilho esse que se apaga assim que seus olhos se fecharem para a matéria e se abrirem para a espiritualidade.

– O que necessitamos fazer, irmãos meus, é inspirar os encarnados, guiando-os para o bem, pois, somente quando o bem e o amor se instalarem ne Terra como os sentimentos maiores da alma humana, os encarnados poderão usufruir da paz que tanto pedem. Antes disso acontecer, terão de amargar a dor de sua própria imprudência por abrigar em seus corações o orgulho e o egoísmo como seus senhores absolutos.

– Que nosso querido Mestre Jesus ampare a todos nós para que consigamos prosseguir na nossa evolução rumo ao Pai. Assim Seja!

Todos se sentiram emocionados com as palavras de Samuel.

Levantaram-se e deixaram o recinto fortalecidos pela fé e certeza do amparo divino, pois Deus nunca se esqueceu de uma só das suas criaturas.

Mariana e Íris, como os outros, se sentiam felizes e agradecidas ao Pai por terem sido agraciadas com a bênção de participar de palestra tão edificante.

As luzes do recinto se apagaram, mas a Claridade Divina se fez mais intensa nos espíritos que se entregaram ao amor de Deus.

capítulo
15

NOVA SUGESTÃO DE HEITOR

O TEMPO PASSOU.

O trabalho de Lenita na comunidade Santa Rita prosperava, sempre com a ajuda de Laurinda e Joana. Flávio, como homem de bem e membro da Câmara de Vereadores, auxiliava Lenita em tudo o que fosse possível realizar. Orgulhava-se da esposa e de sua determinação em praticar o bem. Ele a via como uma verdadeira tarefeira, sempre presente e pronta para auxiliar aqueles que amargavam a dor da miséria.

O Clube de Mães havia conseguido seu objetivo; muitas irmãs que haviam frequentado essa oficina de real fraternidade já conseguiam minimizar suas necessidades vendendo o produto do seu trabalho, senão muito, pelo menos seus filhos tinham diariamente o leite e o pão para saciar a fome. A miséria, quando alvo da amizade e da solidariedade do próximo, torna-se um fardo mais fácil e mais leve de se carregar.

Não podemos carregar as dificuldades dos nossos irmãos, mas podemos, sim, caminhar a seu lado dando-lhes esperança, oferecendo o ombro amigo, mostrando-lhes o caminho e aliviando naquilo que pudermos, mostrando que somos mais fortes que os nossos problemas e que com o nosso trabalho e nossa fé conseguiremos resolver, um a um, os que são passiveis de solução, porque tudo passa, somente Deus não passa, e Ele é o suficiente para nossa vida.

Lenita, naquela manhã, dedicava-se à arrumação de sua casa, quando ouviu a campainha e se apressou em atender.

– Laurinda, que bom vê-la! – exclamou com alegria. – O que a traz aqui tão cedo?

– Desculpe-me vir incomodá-la, Lenita, mas, se você puder dispor de algum tempo, gostaria de lhe falar.

– Ora, Laurinda, sempre tenho tempo para ouvi-la. Entre, por favor. Vamos conversar. Espero que não tenha acontecido nada de grave em Santa Rita.

– Não... Não, Lenita, ao contrário, trago-lhe uma sugestão de Heitor – disse Laurinda entrando e se acomodando na poltrona indicada pela amiga.

Surpresa, Lenita respondeu:

– Heitor! – exclamou. – Oh, meu Deus, deve ser algo que necessitamos fazer, Laurinda!

– É verdade, Lenita, é algo por fazer. Isso se você concordar.

– Concordar?! Laurinda, sinto-me abençoada por ser merecedora da confiança dos bons espíritos que trabalham dentro do Evangelho de Jesus, alertando-nos para o bem que podemos praticar em favor do nosso semelhante.

Calou-se por uns instantes por conta da emoção que sentia, e continuou:

– Nesses anos todos, Heitor mostrou-se nosso amigo, iluminou minha alma despertando-me para a importância de se praticar a fraternidade, que nos torna melhores. Pode ter certeza, minha amiga, jamais discordaria ou colocaria em dúvida uma sugestão de Heitor. Não depois de conhecê-lo tão bem e saber que suas orientações sempre são de amor e caridade. Além do mais, Laurinda, foi com Heitor que aprendi que podemos aliviar nosso sofrimento ao prestar atenção no sofrimento alheio. Mas fale, o que o nosso amigo deseja?

– Lenita, você se recorda da época em que achamos Tamires? No trajeto que fizemos até o lixão em que ela se encontrava havia um terreno onde a criançada brincava soltando pipa, correndo o risco de se machucar em meio a tanto mato e sabe-se lá o que mais. Lembra-se?

– Sim, claro que me lembro. Inclusive, na época, Flávio me disse ser esse terreno da prefeitura. Mas, o que tem este terreno?

– Heitor sugeriu que solicitássemos da Prefeitura uma autorização para transformar esse terreno, vazio e improdutivo, em uma horta comunitária para beneficiar os moradores da favela, incentivando-os no trabalho do plantio para colher o fruto do próprio esforço. É ensiná-los a pescar, e não simplesmente dar o peixe. Compreendeu, Lenita?

– Claro, Laurinda, é exatamente isso que eles precisam, incentivo para lutar por si mesmos, e não apenas receber esmolas.

Silenciou por alguns instantes e disse entusiasmada:

– Horta comunitária, Laurinda! Por que não pensamos nisso antes?

– Mas...

– O que foi, Lenita?

– Estou pensando... Este terreno não fica muito próximo do lixão?

– Não, Lenita, não se preocupe, fica bem distante, o suficiente para não correr o risco de alguma contaminação. Joana e eu estivemos lá com um técnico nesta área. Antes de vir falar com você, ele verificou que não há o menor risco de isso ocorrer por causa da distância. Só existe um problema.

– Qual?

– O único problema, Lenita, seria a água, mas poderíamos conseguir com algum empresário a abertura de um poço artesiano. Pensamos em pedir ajuda ao Flávio, o que você acha?

– Laurinda, a ideia é muito boa, além do mais não vamos decepcionar Heitor que, se não confiasse em nós, jamais iria sugerir essa tarefa. Vou falar com Flávio e pedir sua ajuda. Creio que tudo dará certo.

Laurinda abraçou a amiga e lhe disse:

– Heitor tem razão quando diz que quando o trabalhador está pronto o trabalho aparece. Seu coração sensível há muito tempo está pronto para expandir a sua generosidade, pois sua vida nesses anos todos tem sido um exemplo de amor e fé.

Lenita se emocionou, abraçou Laurinda e, com lágrimas nos olhos, lhe disse:

– Não tenho motivo para me queixar, Laurinda. Deus foi muito generoso comigo dando-me a oportunidade de melhorar como criatura de Deus por intermédio do meu contato com o próximo carente. Só não compreendo por que nosso Pai não permitiu, ainda, a realização do sonho maior de ter um filho. Flávio e eu queremos tanto!

Laurinda percebeu as lágrimas nos olhos da querida amiga, segurou suas mãos com carinho e lhe disse:

– Não se entristeça, Lenita, a razão pela qual você não teve ainda o seu filho deve estar na história de sua vida, não desta, mas de outra. Outra vida que nossa memória atual não registra, mas que está rica de nossas ações boas ou más, justas ou injustas. Não nos lembramos, mas as reações se tornam presentes em nossa existência atual. O importante, como nos ensina Heitor, é fazer nesta encarnação o melhor, tornando-nos pessoas de bem, e ir saldando, com atitudes de amor, as dívidas do passado.

– Você falando assim, Laurinda, tudo parece tão fácil, tão simples!

– E é simples, Lenita. A partir do momento em que nos conscientizamos de que é necessário aprender a ser bom, aprender a amar, a reconhecer que todos somos criaturas do mesmo Criador, passamos a compreender que é necessário aceitarmos os desígnios do Pai, pois Deus sempre quer o bem de suas criaturas, quer a nossa evolução e, com essa consciência, entenderemos que muitas respostas só teremos no retorno à casa do Pai.

– Oh, minha amiga, que bem você me faz! – exclamou Lenita comovida.

Abraçaram-se e se despediram felizes por saber que ambas lutariam, mais uma vez, em prol do irmão necessitado e, como sempre, amparadas pela espiritualidade.

Assim que Laurinda se foi, Lenita elevou seu pensamento até Jesus e orou solicitando amparo. Lembrou-se de sua mãe e seu coração se apertou cheio de saudades. Mariana, recebendo a vibração de amor de sua filha querida, atendeu a esse chamado silencioso e, aproximando-se de Lenita, lhe disse:

"Filha querida, que Jesus a abençoe sempre para que seu coração generoso possa, cada vez mais, levar conforto e esclarecimento ao irmãozinho que sofre. Mais uma vez, uma tarefa lhe foi confiada. E se Jesus permitiu é porque você está pronta para mais esse desafio. Não desanime, querida filha, lute até o último dos seus dias na Terra em favor do seu semelhante, tudo tem uma razão de ser. Assim que retornar à Pátria Espiritual conhecerá todas as respostas e ficará feliz por ter saldado suas dívidas passadas, se não todas, ao menos as mais importantes. Tem ao seu lado um homem de bem que vai auxiliá-la em todos os seus projetos. Confie sempre em nosso Criador, ame o seu semelhante, principalmente as crianças, como se fossem seus próprios filhos. Os amigos espirituais estarão presente, inspirando-a e fortalecendo-a no trabalho do bem. Que nosso amigo Jesus a ampare. Amo-a muito, minha filha do coração, e espero o dia do nosso reencontro. Até outra oportunidade."

Mariana, beijando levemente o rosto de sua filha, retirou-se.

Lenita nada ouviu do que sua mãe lhe disse, mas registrou a doce presença de Mariana, sentindo enorme bem-estar, uma sensação de paz invadindo sua alma e confiança no futuro. Levantando-se, retornou às suas atividades domésticas, aguardando com alegria a volta de Flávio para contar-lhe sobre o projeto trazido por Laurinda.

A ansiedade tomou conta do seu coração. Conseguia imaginar a alegria daquelas pessoas tão sofridas colocando as mãos na terra e plantando o que, mais tarde, aliviaria a fome de seus filhos. Ao ouvir o barulho da porta se abrindo, correu ao encontro de Flávio. Abraçou-o e lhe disse:

– Querido, esperava-o com ansiedade.

– Que alegria é essa, meu amor? Por que com ansiedade?

– Porque estou feliz, Flávio, aliás, estou não, eu sou feliz! – exclamou.

– E eu faço parte dessa felicidade, tenho alguma participação nisso?

– É claro que tem, meu amor, completa participação. Você me faz sentir em paz, segura e feliz.

Beijaram-se docemente. Lenita, pegando a mão do marido, levou-o até a sala. Fazendo-o se sentar, disse-lhe:

– Querido, Laurinda esteve aqui em casa hoje.

– Sim? E qual é a novidade?

– Veio trazer-me uma orientação de Heitor.

– De Heitor?! Então deve ser algo bom e importante. Diga-me!

Lenita contou-lhe toda a conversa que tivera com Laurinda; o projeto da horta comunitária, enfim, foi fiel aos mínimos detalhes. Flávio ouvia o relato da esposa com atenção. Assim que ela terminou, disse-lhe sorrindo:

– Já sei, quer que eu consiga da prefeitura autorização para usar o terreno! Acertei?

– Isso mesmo, meu bem. Você acha que poderia conseguir para nós? Depois de tudo bem organizado, aquela gente tão sofrida teria como tirar alimento para seus filhos. Em vez de mendigar, trabalhariam para ganhar o próprio sustento. Seria, vamos dizer, dar a eles a vara para pescar o próprio peixe. O que você acha?

– Uma ótima ideia, querida!

– Você... conseguiria isso para nós?

– Se vou conseguir não sei, mas vou me esforçar para isso, pode ter certeza.

– Obrigada, querido. Eu sabia que, mais uma vez, poderia contar com seu apoio. Como você é bom e generoso! Se todos da política fossem como você, honesto e solidário, a população e, principalmente, os mais necessitados viveriam mais felizes e com mais dignidade.

Silenciou. Flávio, estranhando, perguntou:

– Estava indo tão bem, querida. Por que se calou de repente?

– Sabe o que é, Flávio, às vezes, fico pensando: se as oportunidades fossem iguais para todos, se todos tivessem direito à saúde, ao trabalho e ao estudo; se todos pudessem sentar à mesa e saciar sua fome e a de seus filhos, acredito eu, a violência diminuiria na proporção da diminuição da revolta. Mas, ao contrário do que deveria ser, o que se vê é a ganância daqueles que detêm o poder, preocupados apenas com seu bem-estar, sua fortuna, seus interesses, e isso é tão notório que, com certeza, traz a revolta para muitos.

– Quando poucos têm muito e muitos têm pouco, o desequilíbrio é um fato marcante. É isso que quer dizer, não?

– Exatamente, Flávio, a sobra de alguns é o essencial para muitos, e é isso, meu bem, que aqueles que governam não conseguiram ainda resolver.

– Sabe por quê? Porque as palavras ditas na procura do voto se perdem quase sempre na obscuridade das promessas não cumpridas.

Flávio respirou e falou:

– Puxa! Você deveria se candidatar a algum cargo político – disse Flávio sorrindo –, mas... é por isso que a cada dia eu te amo mais!

– Meu bem, não quero e não preciso de um cargo para amar e amparar meu semelhante. O poder, em muitos casos, deteriora a alma. O homem pensa, ainda, que esta vida é a mais importante; esquece que a alma é eterna e terá de prestar contas ao Criador do que fez com sua vida e, além do mais, tenho ao meu lado um vereador digno e nobre. O que quero mais?

Flávio, levantando-se, abraçou Lenita e lhe disse:

– Querida, eu te amo muito e sou muito feliz ao seu lado!

O beijo que trocaram foi o testemunho do grande amor que sentiam um pelo outro.

Flávio se empenhava, ao máximo, para cumprir o que prometera a Lenita: conseguir o terreno da Prefeitura. Apesar de tentar o apoio de amigos, ainda não conseguira convencer a maioria da importância do projeto. O que mais ouvia era que nada adiantava fazer em um lugar onde todos eram bandidos, onde existia apenas a violência, o tráfico, enfim, para que começar algo que jamais iria para a frente?

– Estranha-me ver você envolvido com este lugar onde nada de bom acontece – diziam. – O melhor é investir nos lugares onde teremos retorno, ajudar aqueles que querem trabalhar para progredir, aqueles que sabem agradecer e retribuir o que recebem. Isso não vai dar em nada, meu amigo.

Confiando no que acreditava, no bem que aprendera ser necessário exercitar sem esperar recompensa, desinteressado, com o único intuito de auxiliar e abrir portas para quem as encontra sempre fechadas por conta da cor de sua pele, do lugar onde mora e das roupas que veste, Flávio respondia:

– Carlos, se em um saco de cinquenta laranjas quinze delas estão podres, você joga todas as outras no lixo ou separa e salva as que estão boas? Não vou dizer que nas favelas não existem os moralmente "doentes", os que desrespeitam as leis divinas desrespeitando o próximo, cometendo atrocidades, mas, nem todos estão "doentes", existem os que querem progredir por esforço próprio e que aguardam uma oportunidade para levar o pão de cada dia para sua família; existem os de alma limpa, e são esses o alvo do nosso projeto. Não se pode generalizar julgando um pela atitude de outro, assim, correremos o risco de cometer injustiças que, não raro, não poderão ser apagadas, prejudicando inocentes.

– Você, para falar assim – disse Carlos –, tem vivência nessas comunidades?

Flávio sorriu.

– Sim, meu amigo, mais do que você pode imaginar. Conheço pessoas íntegras convivendo com a violência, sem nenhuma esperança de dias melhores, mas nem por isso perderam sua dignidade.

– Explique isso melhor – pediu Carlos.

Flávio colocou-o a par do trabalho de anos que sua esposa exercia na favela Santa Rita. Falou dos casos tristes, das perdas, das humilhações, nada omitiu.

– Mas ela nunca sofreu ameaças? Dizem que os traficantes não permitem que ninguém implante nenhum benefício nessas comunidades.

– É verdade, sofreu, sim, e muito grave. No desfecho, descobriu que o chefe do tráfico era a pessoa com a qual ela iria se casar, seu próprio noivo.

Impressionado, Carlos pediu-lhe que explicasse como foi, o que Flávio fez. No término, disse:

– Como vê, Carlos, não é só nas favelas que existem os bandidos. Infelizmente, eles estão infiltrados em todos os lugares, na sociedade, de um modo geral, desde o mais rico até o mais pobre. Esta é a razão pela qual devemos lutar para auxiliar aqueles que ainda podem ser salvos.

Os ricos têm como defesa o seu dinheiro, suas aquisições que, muitas vezes, são tiradas dos que, na verdade, necessitam. Eles enriquecem de maneira ilícita. Do mesmo jeito, os pobres que matam, violam a integridade física do próximo, aliciam moças indefesas, tanto um quanto outro, infelizmente, não sabe que tudo o que lhes dá prazer deixando rastros de sofrimento e violência material ou moral se tornará, mais tarde, o seu algoz.

– Puxa, Flávio – disse Carlos –, não podia imaginar que tivesse estes conceitos tão nobres. Nunca o vi falando sobre sua atuação nesta corrente de solidariedade com o próximo!

– Aprendi, Carlos, vendo minha esposa trabalhar e se dedicar a ajudar os necessitados durante tanto tempo. Não precisamos gritar enaltecendo a nós mesmos porque o bem aparece por si só.

Carlos, após instantes em silêncio, disse ao amigo:

– Conte comigo, Flávio, vou ajudá-lo a conseguir este terreno. Vamos falar com o prefeito. A causa é nobre e não acredito que ele fechará os ouvidos diante de tudo o que você me contou.

– Obrigado, amigo, pela força!

Separaram-se, e Flávio foi correndo contar para Lenita o acontecido.

❧❧ ❧❧ ❧❧

Um mês se passou e Lenita não tinha conseguido, ainda, nenhum empresário que patrocinasse o poço artesiano. Diante de mais uma negativa, para aliviar a tensão e a

A riqueza do amor 221

preocupação que invadia sua alma, resolveu andar pela cidade, sem destino. Quase sem perceber, chegou ao parque que coloria a cidade com suas árvores verdes e frondosas e flores multicoloridas. Sentou-se em um banco qualquer e distraiu-se olhando uma revoada de pombos que se deliciavam com migalhas de pão que uma garotinha de, aproximadamente, três anos jogava displicentemente. Tão absorta estava que não saberia dizer como tudo aconteceu. Apenas escutou os gritos da menina e um casal saindo apressado, carregando-a nos braços. Sem perder tempo, Lenita correu no encalço dos sequestradores gritando por socorro, no que foi atendida por pessoas que desfrutavam do parque para caminhar e pelos seguranças que faziam a ronda. A confusão estava formada. Lenita, com presteza tirou a menina dos braços da mulher e, enquanto os guardas tomavam as atitudes corretas, voltou para o lugar onde estavam imaginando que alguém já deveria ter dado pela falta da garotinha. Como previa, encontrou uma babá aos prantos, procurando pela criança.

Assim que a babá a viu, correu para abraçar a criança.

– Por que deixou sozinha uma criança tão pequena? – perguntou Lenita.

– Nós moramos naquele prédio – respondeu a babá, apontando para um edifício de luxo, bem em frente ao parque.

– Foi muita imprudência sua largar esta criança sozinha onde transitam tantas pessoas. Não pensou nisso?

– Ela estava com sede e me pediu água. Como brincava tranquilamente, fui correndo até em casa buscar água para ela – ao dizer isto, mostrou a garrafa que trazia nas mãos. – Nunca imaginei que pudesse acontecer isso! Ainda bem que a senhora viu e a trouxe de volta. Meu Deus, não sei o que seria de mim se ela tivesse desaparecido. Muito obrigada, dona, muito obrigada mesmo.

– Meu nome é Lenita. Venha, vou acompanhá-la até o seu prédio, você está muito nervosa. Também não é para menos, até eu ainda estou intranquila.

– É bom mesmo – disse a babá chorando. – Estou descontrolada, muito nervosa.

As duas atravessaram a rua. Lenita levava no colo a criança, que, assustada, encostara sua cabecinha no colo de Lenita. No momento em que chegavam à portaria do prédio, um carro estacionou e os pais da garotinha desceram apressados, pois já haviam reconhecido sua filha nos braços de uma estranha.

– Lucila, o que aconteceu? – perguntou nervosa a mãe, correndo para pegar a filha. – Por que Lisa está no colo de uma desconhecida?

Antes que Lucila respondesse, Lenita se adiantou:

– Desculpe-me, senhora, meu nome é Lenita e estou com sua filha no colo porque Lucila estava muito nervosa, chorando muito, e achei que não era prudente deixá-la atravessar a rua com a criança. O movimento é intenso e temi por sua segurança.

– Por Deus, o que aconteceu para você estar assim? – perguntou o pai.

– É verdade, Lucila, por que está chorando desse modo, o que aconteceu?

Lisa, que até não falara nada, assustada ainda com o incidente, olhou para os pais e, aconchegando-se nos braços de sua mãe, lhe disse:

— Mamãe, uma mulher e um homem "tavam" levando eu!

— Levando você? — exclamaram ao mesmo tempo seus pais.

Com voz nervosa, disse:

— Conte-me o que houve, Lucila, por favor.

Lucila relatou o incidente, deixando bem claro que, se não fosse Lenita, a menina tinha desaparecido.

Mal acreditando no que acabara de ouvir, Jaime disse a Lucila:

— Com você, Lucila, conversaremos depois. Espero que tenha noção da falta de responsabilidade que é deixar Lisa sozinha em um parque. Mas falaremos sobre isso mais tarde.

— A senhora, dona Lenita, por favor, suba conosco até nosso apartamento. Gostaria de recompensá-la de alguma forma.

— Não fiz nada para receber recompensa — respondeu Lenita. — O que importa é que tudo deu certo e sua filha está bem.

— Sabemos disso, mas não nos prive de conhecê-la melhor e oferecer nossa gratidão junto com nossa amizade.

— Sendo assim, está bem.

Subiram todos e, enquanto Lucila levava Lisa para seu quarto, seus pais e Lenita dirigiram-se à sala de estar. Lenita não pôde deixar de observar o luxo e o bom gosto da decoração, o cuidado com que tudo era distribuído na sala enorme.

Sentaram-se. Após muita insistência de Jaime em recompensá-la, Lenita lembrou-se do poço artesiano tão necessário para a horta comunitária e lhe disse:

– Está bem, senhor Jaime, se o senhor faz tanta questão de me recompensar, eu vou aceitar. Não para mim, mas para uma comunidade inteira que muito necessita.

– Como assim, explique-se melhor!

Lenita o colocou ciente do projeto na favela Santa Rita. Falou do trabalho que há muitos anos vem realizando naquela comunidade, dos problemas que enfrenta junto àquelas pessoas semialfabetizadas, muitas violentadas, revoltadas, mas também muitas de coração pacífico, ansiosas para melhorar de vida, dando a seus filhos o mínimo para sobreviver com dignidade; sofridas pela humilhação constante e pela falta de oportunidade, enfim, descreveu para Jaime a realidade de uma vida na favela.

E concluiu:

– Se o senhor deseja, realmente, recompensar-me, gostaria, se possível, que patrocinasse o poço artesiano tão necessário para aquele povo que enfrenta tantas necessidades.

Jaime e sua esposa estavam encantados com a generosidade de Lenita.

– Realmente é uma ótima tentativa de proporcionar uma vida com menos fome para aquelas pessoas. Conte comigo. Terei a maior satisfação em ajudar essa comunidade, mas preocupa-me como conseguirão o terreno.

– Meu marido é vereador e está lutando para conseguir a autorização da Prefeitura para usarmos o terreno em regime de comodato. Todos nós, do projeto, temos esperança de que ele conseguirá. Ele sempre ajudou a comunidade e, se Deus quiser, conseguirá mais uma vez.

– Tenho certeza que sim. A partir de hoje, serão duas vozes lutando pelo mesmo objetivo.

– O que o senhor quer dizer?

– Tenho ótimas relações com o prefeito e com alguns vereadores. Terei o maior empenho em interceder em favor dessa causa, que considero justa e procedente. Mas você não me disse o nome de seu marido; quem sabe não nos conhecemos?

– É verdade. Ele se chama Flávio.

Surpreso, Jaime falou:

– Flávio!? Não me diga que é o Flávio Miranda!

– Sim! – exclamou Lenita. – Esse mesmo. O senhor o conhece?

– Claro... Claro, somos amigos e posso lhe dizer que tenho a maior admiração por ele, pelo homem de bem que é. Meu Deus, quem diria que a esposa de Flávio iria salvar minha filha de um sequestro!

– Que Jesus a abençoe, Lenita! – disse emocionada a mãe de Lisa. – Você é um grande ser humano, uma pessoa nobre, que bom seria se tivéssemos mais pessoas que pensassem e agissem como você!

– Obrigada, mas não dê mais importância a mim do que mereço.

– Pode ficar tranquila, Lenita. Se já conseguiram o poço artesiano, bem, lutarei junto com Flávio para conseguir o terreno e Deus nos protegerá nessa tarefa.

– Muito lhe agradeço, senhor Jaime. O senhor foi uma bênção em meu caminho.

Sorrindo, Jaime respondeu:

– Ao contrário, minha filha, nosso anjo protetor foi você, que salvou nossa filha, livrou-nos desta dor terrível e, não importa o tempo que passar, jamais esqueceremos este gesto de plena solidariedade. Que Jesus a abençoe!

Após saborear delicioso refresco, Lenita despediu-se de seus novos amigos e ganhou a rua. Seu coração batia mais forte e agradecia a Deus pelo que fora permitido fazer em prol da felicidade de uma família.

Acelerou seus passos em direção ao estacionamento onde deixara seu carro. Ansiava por encontrar Laurinda e contar-lhe o acontecido.

"Tudo na vida tem uma razão de ser – dizia para si mesma. – O amparo divino chega de diversas maneiras, e esta foi uma delas."

"Como lhe sou grata, Senhor, por permitir que façamos justiça com aqueles que nada possuem, dando-lhes a vara para que possam pescar seu próprio peixe. Sabemos que a justiça é a arma viva para a reforma de si mesmo. Que saibamos, todos nós, nos corrigir antes que a vida nos corrija."

Feliz, Lenita seguiu rumo à favela Santa Rita para abraçar suas amigas que sonhavam os mesmos sonhos que ela, amar o próximo além de si mesmas.

capítulo
16

A VIAGEM DE LENITA

LENITA, OLHANDO OS canteiros verdes e produtivos, lembrou feliz do dia em que Flávio chegara em casa, eufórico, dando-lhe a notícia que ela tanto esperava: conseguira, com a ajuda de Jaime e de outros vereadores amigos, o terreno para a tão sonhada horta comunitária. A Prefeitura havia cedido em regime de comodato, por vinte anos. E Jaime, conforme prometera, construíra o poço artesiano que abastecia aquela terra outrora improdutiva, cheia de entulhos, sujeira e animais peçonhentos e abastecia, também, com água limpa, várias famílias que moravam nos arredores.

Daquele dia até o momento presente, em que as verduras e legumes surgiam tenros e saudáveis, houve muitos dias de trabalho árduo, mãos grossas, rostos molhados pelo suor, mas também nutridos da esperança que empresta aos olhos sofridos um brilho diferente; brilho de fé e de certeza de dias melhores e mais felizes. As mãos calejadas eram, para aquela gente simples, a constatação do trabalho digno, trabalho que vai em busca do sonho para transformá-lo em realidade.

Flávio aprendera com Lenita que não basta destruir o que sobra, necessário se faz construir o que falta, porque se a luz do bom exemplo estiver dentro de nós, os outros perceberão com facilidade o caminho a seguir e, alicerçado neste aprendizado, doava todo o seu tempo livre ao lado da esposa ao trabalho humanitário.

Tudo passava para Lenita como se fosse um filme diante dos seus olhos. Quantas dificuldades foram vencidas; como fora difícil cadastrar e organizar as famílias que demonstram desejo de participar do projeto; distribuir a tarefa de cada um, planejar os canteiros, a distância ideal entre eles, as espécies a ser cultivadas; estabelecer as regras necessárias para que, realmente, houvesse benefícios para todos os que participavam com determinação e euforia do projeto.

Quantas palestras e explicações foram realizadas para que cada um compreendesse a função, a importância e o benefício de uma horta comunitária. Hoje, todos podiam ver o fruto de tanto trabalho, tanto sacrifício; a horta saía do projeto e se tornava uma realidade.

Lenita e Laurinda esbarraram em vários empecilhos motivados por aqueles que não tinham interesse em ver os melhoramentos que chegavam à favela Santa Rita, pois, muitos deles não queriam perder o poder sobre os mais fracos e viam na alegria de cada rosto que perdiam seu domínio sobre os mais humildes.

Heitor não os abandonava; inspirava Laurinda e Lenita; dava-lhes força para prosseguir com coragem, sem temer as adversidades que surgiam.

Lenita passeava por entre os canteiros e não podia deixar de recordar os sorrisos que via nos lábios daquela gente simples que havia conseguido trazer para o presente o sonho que acalentou durante tanto tempo. Sentiam-se úteis, e essa sensação levantava-lhe a autoestima. Eram pessoas que, saindo do nada, encontravam uma razão de viver.

"Todos nós deveríamos ter para com nossos irmãos este sentimento tão doce, fraternal, mas do qual bem poucos fazem uso. A pessoa indulgente não vê os defeitos dos outros, ou, se vê, evita falar deles, divulgá-los, a fim de que não sejam conhecidos senão dela. É triste ferir alguém, mas é tão doce compreender e perdoar!" (*O Evangelho Segundo o Espiritismo*)

Agradecida, elevou seu pensamento e orou ao Pai:

"Senhor – orou Lenita –, sinto-me agradecida por ter sido agraciada por sua bênção para trabalhar e lutar por meus irmãos necessitados. Não sei, meu Pai, se consegui fazer tudo o que esperava de mim, portanto, peço-lhe que perdoe minhas fraquezas e veja quão forte é a minha vontade de ser melhor.

Realmente, não sei se consegui realizar toda a tarefa para a qual vim a este mundo, mas tentei fazer o melhor que pude em todos esses anos. Tentei construir o que faltava, mas, Senhor, falta tanto ainda para que todos possam viver em paz e com dignidade! A humanidade não compreendeu, ainda, que felicidade só é possível quando se extirpa do coração a semente do orgulho e do egoísmo.

O mundo só poderá usufruir da paz, com que tanto sonha e pede, quando os homens souberem que a paz está dentro de cada um. Como o coração pode gerar a paz se, constantemente, é agredido pelos sentimentos que corroem a alma, deteriorando o que de melhor o ser humano possui: sua capacidade de amar?

Fiz pouco, Senhor, bem o sei, e, como sou fraca e imperfeita, peço perdão. Obrigada, meu Pai."

Lenita não podia perceber as gotinhas azuladas que caíam sobre sua cabeça como flocos macios e brilhantes, energizando todo o seu corpo físico e espiritual. Sentia, apenas, uma sensação agradável seguida de enorme bem-estar.

Caminhou por alguns instantes e, ao sentir uma ligeira tontura, deu-se conta do Sol forte que brilhava no céu. Colocou as mãos sobre a cabeça, como se temesse um desmaio.

Joaquim, que a observava havia algum tempo, aproximou-se.

– Está sentindo alguma coisa, senhora? Quer um copo com água?

Lenita sentia-se estonteada. Com esforço, conseguiu dizer:

– Por favor, Joaquim, acompanhe-me até a casa de Laurinda. Não me sinto bem.

Rapidamente, Joaquim tomou uma atitude.

– Apoie-se em mim. Vou leva-la até lá. Deve ser o sol que está muito forte. Estive observando a senhora andando, por muito tempo, por entre os canteiros.

– Tem razão, Joaquim, deve mesmo ser o sol forte.

Com delicadeza, Joaquim amparou Lenita e, andando a passos lentos, chegaram à casa de Laurinda.

Assustada, Laurinda os recebeu e acomodou Lenita em sua modesta cama. Percebendo o estado debilitado em que se encontrava a amiga, pediu a Joaquim que telefonasse para Flávio, contasse o acontecido e pedisse que trouxesse um médico para examiná-la, pois não estava gostando de seu estado. Enquanto aguardava, pediu ajuda a Heitor e orou por sua recuperação.

Não tardou e Flávio chegava com o médico que, após examiná-la com cuidado, encaminhou-a para o hospital onde seriam feitos alguns exames necessários para o diagnóstico seguro, pois suspeitava de problema cardíaco.

Flávio e Laurinda, que o acompanhara até o hospital, esperavam com ansiedade o resultado dos exames. Assim que médico se aproximou, Flávio perguntou, nervoso:

– Então, doutor, algum problema sério?

– Flávio, sinto muito, mas o que eu suspeitava se confirmou. Lenita está com um problema sério no coração.

Flávio empalideceu. Laurinda aproximou-se e, segurando sua mão, tentou encorajá-lo.

– Confie, meu amigo, vamos ver com o doutor o que se pode fazer.

Controlando sua emoção, Flávio disse com voz trêmula:

– Doutor, faça tudo o que puder para curá-la. Não se preocupe com os gastos, pois nenhum será alto demais para salvar minha esposa. Faça tudo o que puder, por favor – reforçou Flávio.

– Flávio, ela terá de ser operada, mas, antes, temos de prepará-la para a cirurgia; sua pressão está muito alta. Vou passar-lhe alguns medicamentos e repouso absoluto. Evite emoções fortes, preocupações, enfim, vida tranquila.

Daqui a 30 dias vamos repetir os exames e avaliar se suas condições físicas estão favoráveis para a cirurgia. Até lá, irei vê-la em sua casa.

– Está bem, doutor!

Lenita, que aguardava em outra sala, ao lado de Laurinda, assim que Flávio chegou perguntou-lhe:

– O disse o doutor, meu bem?

Flávio passou-lhe as recomendações do médico, omitindo a possibilidade da cirurgia.

– Quando poderei voltar para Santa Rita?

– Não se preocupe com isso agora, Lenita, a hora é de cuidar de você. Laurinda vai ficar com você fazendo-lhe companhia, não é ótimo?

– Claro que sim! – respondeu Lenita, olhando para a amiga – Vou adorar tê-la em minha casa.

Laurinda, sorrindo, abraçou a amiga. Flávio a abraçou e lhe disse com carinho:

– Tudo dará certo, querida.

Lenita sorriu e respondeu:

– Tenho certeza que sim, de alguma maneira tudo dará certo.

Ao ouvir Lenita dizer isso, Flávio e Laurinda se olharam e, sem compreender, ambos sentiram uma onda de tristeza invadir-lhes a alma.

Laurinda mudou-se para casa de Lenita. As duas amigas passavam grande parte do tempo conversando, e o assunto principal era o trabalho que realizavam na comunidade; o entusiasmo com o qual aquelas pessoas simples, muitos na linha da pobreza, se dedicavam ao plantio da horta. Ter a certeza do progresso do projeto, para muitos ambicioso, alimentava de esperança e felicidade o coração bondoso de Lenita e Laurinda.

Laurinda fazia o possível para distrair Lenita, impedindo--a de perceber a gravidade de seu estado de saúde. Embora sem perder a fé, Laurinda percebia que, a cada dia, Lenita sentia-se mais fraca e cansada.

Após a repetição dos exames, o médico constatou que Lenita não suportaria uma intervenção cirúrgica em razão do seu estado de abatimento por conta da doença, que se agravara. O coração dava sinais de cansaço e fraqueza.

Certa tarde, assim que Flávio chegou, Laurinda chamou-o em particular e disse:

– Doutor Flávio, a cada dia que passa Lenita se torna mais fraca; não se alimenta, fala pouco, enfim, o senhor não percebeu?

– Sim, Laurinda, venho notando isso também. Já fui conversar com o doutor Reinaldo, mas, infelizmente, não obtive boas notícias. Estou muito preocupado, tenho medo de perdê-la.

– Doutor Flávio, nós não perdemos aqueles que amamos e que também nos amam, porque o amor, quando sincero, une as almas, mesmo que os corpos estejam separados. Esta é a grande felicidade que Deus concede àqueles que aprenderam amar de verdade e que intensificaram esse sentimento abraçando seu semelhante como a um irmão.

Flávio se surpreendeu com as palavras de Laurinda. Não entendia como uma pessoa sem escolaridade podia se expressar com tanta facilidade, dizendo coisas profundas.

– Laurinda, você fala com tanta propriedade, de uma maneira tão simples e sábia que, desculpe, nem parece ser uma catadora de papel. Você é, mesmo, uma pessoa especial.

Com a humildade que lhe era peculiar, Laurinda respondeu:

– Foi catando papel que eu sobrevivi até hoje. Meu corpo se satisfez com pouco, mas minha alma queria mais, doutor Flávio, queria o alimento de Deus, e esse alimento eu encontrei aprendendo a amar todas as pessoas sem me importar com a aparência, cor, suas roupas ou sua pobreza. Aprendi que tudo na vida tem um motivo. Conheci os ensinamentos de Jesus por meio das palavras de Heitor. Leio e escrevo muito mal, nunca tive oportunidade de estudar e nunca dei importância às conquistas materiais, mas lutei com afinco para conquistar os bens espirituais que Jesus ensinou.

E, emocionada, continuou:

– Não sou sábia, doutor Flávio, sou apenas alguém que confia no Pai que está no céu e acredita que Ele quer o nosso bem e a nossa felicidade. Não questiono os meios que Ele usa para nos levar a alcançar a felicidade. É só isso.

– Só isso, Laurinda! Você é uma alma nobre.

Incomodada e não acostumada a receber elogios, Laurinda falou:

– Bem, doutor, vamos parar de falar de mim e ir ver Lenita, é ela quem está precisando da nossa companhia.

– Tem razão. Vamos até ela.

Dirigiram-se ao quarto onde Lenita repousava. Flávio aproximou-se da esposa e beijou-a delicadamente no rosto, constatando que ela dormia. Voltou-se para Laurinda e disse:

– Está dormindo, é melhor deixá-la descansar.

– É melhor – concordou Laurinda.

Virando-se para sair do quarto de Lenita, Laurinda avistou, de relance, a figura de Heitor, que chegava acompanhado de Mariana e mais quatro espíritos desconhecidos de Laurinda. Sentiu certo receio e o medo invadiu sua alma.

"Senhor – pensou Laurinda – tenha compaixão de minha amiga e do doutor Flávio, que é um grande benfeitor para os pobres. Não sei qual é a vossa vontade, mas que seja feita e aceita por todos nós, pois sabemos que é sempre justa. Que nossa angústia seja amenizada pelo Vosso amor para que a esperança nunca morra em nossa alma. Assim seja!"

Heitor e Mariana comoveram-se com as palavras simples, mas sinceras, de Laurinda.

– Que grande espírito se esconde nesse corpo franzino e maltratado pelas provas da vida! – exclamou Mariana.

– Sim – aquiesceu Heitor –, conheço-a bem e sei o quanto é generosa e nobre.

– Ela percebeu que chegou a hora do retorno de nossa querida Lenita, não é Heitor?

– Certamente, Mariana. Laurinda possui grande sensibilidade e méritos para perceber este procedimento. Aceita a desencarnação como natural. E, embora sofra, não deixa que a dor anule sua fé e sua crença na vida futura. E isso é próprio das grandes almas, aquelas que vivem na sabedoria da consciência de que estamos no mundo físico, mas não pertencemos a ele.

Heitor continuou:

– Jesus ensina, Mariana, que se deve enterrar os entes queridos, mas não a esperança e a fé; que não se deve parar para chorar, mas trabalhar chorando e lutando para dar exemplos de fé e de certeza que as pessoas que partem e que amamos continuam vivendo, e aqueles que ficam precisam continuar a viver e levar sua tarefa até o fim. Jesus ama a todas as criaturas e, se no sofrimento permitirem, com certeza Ele as levará no colo e a paz vai se infiltrando no coração, porque a dor com Jesus é uma dor equilibrada.

– Os encarnados têm, ainda, muito a aprender quanto à separação de seus entes queridos, não é mesmo, Heitor?

– Mariana – voltou Heitor a dizer –, quando alguém que amamos é chamado por Deus para o seu retorno à Pátria Espiritual, dizemos que "perdemos" essa pessoa. Na realidade, quando somos separados de alguém que amamos muito, nós não o perdemos; houve apenas o afastamento temporário do corpo físico, porque este ser amado continua existindo em outro plano, amando-nos também e sentindo saudade, assim como aqueles que ficaram. O amor, quando verdadeiro, transcende a este mundo físico em que vivemos enquanto encarnados e se projeta no infinito, em direção à pessoa amada, e este mesmo amor faz com que continuemos vivendo à espera do reencontro.

Morte não é destruição... É transformação, e aquele que sofre essa separação dolorosa com Jesus no coração encontra paz, harmonia e equilíbrio dentro de si. É hora de aprender a confiar em Jesus e em suas palavras, aceitando sua vontade com humildade e resignação; agradecendo a Ele todo o tempo em que estivemos juntos desse ser que partiu.

A esperança no futuro e a fé no Criador levarão aquele que sofre a reencontrar a felicidade.

Mariana estava encantada com as explicações de Heitor, e ia fazer nova consideração quando Heitor a interrompeu, dizendo:

– Vamos orar ao Senhor, Mariana, a equipe do desencarne iniciou o desligamento. Lenita nada sentirá, deixará o corpo físico dormindo e só perceberá o que aconteceu ao se encontrar conosco.

– O desencarne é assim para todos, Heitor?

– Certamente que não, minha irmã. Essa transformação, para ela, será como para todos os homens de bem: calma, como se despertasse de um sono tranquilo. Lenita se dedicou à pratica do bem; possui sua consciência tranquila por conta do amor que espalhou durante sua existência; não alimentou orgulho nem egoísmo; evitou atitudes de discriminação e de preconceito. É justo que receba, agora, os frutos que semeou.

– É verdade, Heitor, ninguém foge da lei de causa e efeito. Todas as nossas ações provocam reações que vão nos atingir, mais cedo ou mais tarde.

– Feliz o homem que compreende o porquê da vida. Bem-aventurado aquele que serve acima do dever, este encontrará a felicidade duradoura.

– Geralmente, os encarnados se desesperam diante da desencarnação de um ente querido; não suportam a separação e, muitas vezes, culpam o Criador pelo sofrimento que lhes machuca o coração.

– Os encarnados caem em desespero porque se esquecem de se entregar ao amor de Deus. A fé é o melhor remédio para o sofrimento, porque descortina para aquele que experimenta a dor da separação o horizonte do infinito; a certeza de que seu ente querido não se acabou como uma gota de água em terra seca, ao contrário, sabe que aquele ente amado vai ressurgir do outro lado da vida com os mesmos sentimentos que agasalhava quando encarnado, com o mesmo amor que sentia por aqueles que ficaram. Desesperar é duvidar da bondade de Deus; é não acreditar que somos mais que um corpo físico e que, cedo ou tarde, retornaremos para junto Daquele que nos criou, dando-nos a vida e a sagrada oportunidade de renovação.

"Regozijai-vos, ao invés de vos lamentar, quando apraz a Deus retirar um de seus filhos desse vale de misérias. Não há egoísmo em desejar que ali permanecesse para sofrer convosco? Ah! Essa dor se concebe naquele que não tem fé, e que vê na morte uma separação eterna; mas vós, espíritas, sabeis que a alma vive melhor desembaraçada de seu envoltório corporal; mães, sabeis que vossos filhos bem-amados estão perto de vós, sim, bem perto, seus corpos fluídicos vos cercam, seus pensamentos vos protegem, vossa lembrança os embriaga de alegria, mas também vossas dores desarrazoadas os afligem porque elas denotam uma falta de fé e são uma revolta contra a vontade de Deus.

Vós que compreendeis a vida espiritual escutai as pulsações de vossos corações chamando esses entes bem-amados, e se pedirdes a Deus para os abençoar, sentireis em vós essas poderosas consolações que secam as lágrimas, essas aspirações maravilhosas que vos mostrarão o futuro prometido pelo soberano Senhor." (*O Evangelho Segundo o Espiritismo – Cap. 21*)

⚶ ⚶ ⚶

– Laurinda, não acha conveniente despertarmos Lenita para que possa se alimentar, talvez uma sopa...

– É, o senhor tem razão, ela está há muito tempo sem se alimentar. Vamos até o quarto.

Enquanto se dirigiam aos aposentos de Lenita, Heitor se aproximou de Laurinda e lhe inspirou, dizendo:

"Laurinda, não se esqueça de aceitar o que sempre diz acreditar, o momento é agora. Lembre-se que a vontade de Deus prevalecerá sempre. Nossa irmãzinha está bem amparada. Console nosso irmão Flávio para que não se entregue ao desespero e à melancolia. Ensine-o a sofrer com Jesus."

Laurinda, conseguindo captar a inspiração de Heitor, sentiu a emoção tomar conta de seu coração e se exteriorizar em forma de pequenas lágrimas que tentava esconder de Flávio.

Aproximaram do leito e perceberam a expressão tranquila do rosto de Lenita.

Angustiado, Flávio perguntou:

– Laurinda, ela... dorme, não?

Sem poder mais esconder suas lágrimas e a dor profunda sufocando seu coração, Laurinda respondeu:

– Sim, doutor Flávio, dorme o sono dos justos e dos abençoados; dorme o sono que nos leva a empreender a grande viagem de volta à casa de nosso Pai.

Lenita desencarnara!

O sofrimento de Flávio e Laurinda se exteriorizava nas lágrimas sinceras que desciam pelo rosto sofrido de ambos. Uniram- se em um só sentimento ao elevarem o pensamento ao Mestre pedindo força e coragem para enfrentar o desafio da saudade que iria preencher seus corações a partir daquele momento.

capítulo
17

NOVA VIDA DE LENITA

O ESPÍRITO CONSERVA sua individualidade após a desencarnação, e jamais a perderá. Conservará suas lembranças, que serão ternas e felizes se empregou sua vida na
prática do bem, e cheias de amargura e arrependimento se
apenas se identificou com as conquistas materiais, deixando na obscuridade e no esquecimento o bem que se pode
fazer para o semelhante, a atitude digna de compartilhar e
de sensibilizar-se com as necessidades e a dor alheias.

Aprendemos com nosso Divino Amigo que a seme-
adura não é obrigatória, mas a colheita, sim, e ninguém
foge da lei de causa e efeito. A justiça divina não possui
dois pesos e duas medidas. O sofrimento e a dor estão
subordinados ao que fazemos da sagrada oportunidade de
estarmos no mundo físico com o propósito de construir a
nossa evolução espiritual. A nossa leviandade e irresponsabilidade em usufruir desta encarnação com o único propósito de satisfazer nossos próprios desejos, nossa ambição

em acumular fortunas, sem pensar nas consequências dos nossos desatinos, vão nos levar ao sofrimento por ocasião de nosso retorno à verdadeira Pátria.

Para Lenita, o retorno se deu em meio à alegria daqueles que a receberam e à serenidade conquistada por todo o amor demonstrado na vida física. Colocara sua generosidade e seu amor ao próximo acima ou no mesmo patamar de sua própria felicidade. Nenhum contratempo, nem mesmo a desilusão de um amor equivocado, apagara a esperança e a determinação com as quais sempre norteara seus passos. Fizera a colheita de todo o bem que praticara durante sua existência. Transformara a favela Santa Rita, realmente, em um doce lar para ela, pois conseguira, por sua dedicação, trabalho e compreensão com as fraquezas alheias, vivenciar por inteiro a Lei do Amor.

"O amor resume inteiramente a doutrina de Jesus porque é o sentimento por excelência, e os sentimentos são os instintos elevados à altura do progresso realizado. No seu início, o homem não tem senão instintos; mais avançado e corrompido só tem sensações; mais instruído e purificado tem sentimentos; o ponto delicado do sentimento é o amor, não o amor no sentido vulgar do termo, mas esse sol interior que reúne e condensa em seu foco ardente todas as inspirações e todas as revelações sobre-humanas. A lei do amor substitui a personalidade pela fusão dos seres e aniquila as misérias sociais. Feliz aquele que, ultrapassando a sua humanidade, ama com amplo amor o seu irmão em dores! Feliz aquele que ama, porque não conhece nem a angústia da alma, nem a miséria do corpo;

seus pés são leves, e vive como transportado para fora de si mesmo. Quando Jesus pronunciou esta palavra divina – amor – ela fez estremecer os povos, e os mártires, ébrios de esperança, desceram ao circo." (*O Evangelho Segundo o Espiritismo, cap. XI, nº 8*)

– Lenita, nosso irmão Isaías a aguarda – exclamou a amiga Teresa.

– Que bom, esperava ansiosa por este momento. Quero muito ser recebida por ele, irei imediatamente.

Teresa, estranhando a reação de Lenita, perguntou-lhe:

– Desculpe-me perguntar, Lenita, mas o que a aflige tanto a ponto de ficar tão ansiosa diante da possibilidade de conversar com o irmão Isaías?

Sorrindo, Lenita respondeu:

– Não se acanhe em me perguntar, Teresa, não me incomoda dizer-lhe o que tanto quero saber. Enquanto encarnada, sempre vinha ao meu pensamento esta questão. O meu amor por crianças sempre foi forte e verdadeiro, mas nunca consegui entender o porquê de não ter tido filhos no meu casamento com Flávio. Nós dois queríamos muito, sonhávamos com nossa casa cheia de sorrisos de crianças. Eu dediquei minha vida a amparar as famílias carentes da favela. Seus filhos, franzinos e maltratados, despertavam em mim, cada vez mais, o sentimento materno: a vontade de abraçar meus próprios filhos. Mas nunca consegui realizar meu sonho, apesar de os exames não detectarem o motivo e nenhum médico dar uma explicação lógica para o fato.

– E Flávio, não poderia ser ele?

– Todos os exames de Flávio foram normais, nada foi constatado que o impedisse de ser pai.

– Entendi – disse Teresa. – Agora você quer saber do irmão Isaías o porquê!

– Sim. Logo que cheguei e me vi em condições satisfatórias, fui falar com ele, mas o estimado irmão me orientou que ainda era muito cedo para eu tomar conhecimento das encarnações passadas. Hoje, todavia, se ele está me aguardando, é possível que eu receba a bênção de poder tirar essa dúvida.

– Há quanto tempo desencarnou, Lenita? – perguntou Teresa.

– Há cinco anos.

– Qual foi o motivo do desencarne?

– Coração. Desencarnei enquanto dormia. Quando acordei, já me encontrava no hospital de refazimento, sendo amparada com a bênção e a permissão de Jesus.

Teresa silenciou e voltou a perguntar:

– Nesse tempo já visitou seus familiares encarnados, seus amigos? Voltou ao seu antigo lar, à favela que tanto auxiliou?

– Sim. Fui algumas vezes acompanhada de Heitor e de minha mãe, Mariana.

– E o que sentiu ao vê-los?

Lenita emocionou-se ao responder:

– Alegria, saudade e um desejo enorme de tocá-los. E, graças ao Pai, tive a felicidade maior de ver Flávio e Laurinda. Ela, apesar da idade um pouco avançada, continua juntamente com Flávio o trabalho na comunidade, e eles são auxiliados por Joana.

Silenciou e voltou a dizer:

– Meu querido Flávio, que grande alma! Rogo ao Mestre Jesus que o abençoe e que ele possa encontrar a felicidade ao lado de alguém que o ame tanto quanto eu.

– Como você é nobre, Lenita! – Exclamou Teresa.

– O amor verdadeiro, Teresa, não pode ter limites. É tão forte que a felicidade do ser amado passa a ter prioridade. O sentimento que conservo por Flávio me faz desejar o seu bem-estar, a sua felicidade. Teresa, se eu não posso mais propiciar a ele a felicidade que ele merece e que sua condição o faz desejar, rogo a Jesus que ele encontre essa felicidade em alguém tão nobre quanto ele.

– Você não sente ciúme?

Sorrindo, Lenita respondeu:

– Não! Já ultrapassei este sentimento. O ciúme é um sentimento mau, de quem não confia no ser amado e em si mesmo. Não o cultivei nem quando encarnada; além do mais, sei que continuo existindo no coração de Flávio como uma doce e querida lembrança. O que importa, na verdade, é encontrarmos o equilíbrio, estarmos centrados no presente em que vivemos. O meu presente, assim como o seu e de outros tantos milhões de espíritos, é aqui. E necessário se faz irmos em busca da evolução.

Continuou.

– Sei que um dia iremos nos reencontrar porque temos afinidade espiritual. Enquanto isso, cada um deve prosseguir rumo à própria evolução. A minha tarefa na Terra terminou, a de Flávio ainda não.

– Gostei de conversar com você, Lenita, mas agora é melhor você ir ao encontro do irmão Isaías, porque ele a aguarda.

– Tem razão, Teresa, e obrigada por me ouvir.

Despedindo-se e seguiu para o encontro que tanto aguardava. Sentia que havia chegado a hora de saber mais sobre si mesma. Orou a Jesus, pedindo calma:

"Senhor, sou grata por todos os benefícios que recebi desde que aqui cheguei. Se for da vossa vontade e se eu tiver merecimento, que eu tenha acesso à minha história, seja de vitórias ou de enganos, mas Vos peço que eu tenha humildade para aceitar meus erros do passado; força para reescrever nova história com coragem e fé, promovendo, assim, minha evolução quando chegar a oportunidade de nova encarnação. Assim seja!"

Acalmando sua ansiedade, foi ter com Isaías.

– Entre, Lenita, estava aguardando por você.

– Que Jesus o abençoe, irmão, por ter se interessado e intercedido por mim. Poderei, hoje, desvendar o que tanto me preocupa?

– Sim, Lenita – Isaías respondeu de maneira tranquila. – Foi concedida autorização para que você conheça sua encarnação passada, ou melhor, a que deu origem à sua frustação de não poder realizar o sonho de ser mãe. É preciso estar preparada para não se desequilibrar. Está?

Apesar de se sentir forte emoção, Lenita respondeu:

– Sim, irmão, estou pronta.

– Sendo assim venha comigo.

Isaías levou Lenita até uma sala onde havia uma grande tela. Obedecendo à orientação do espírito amigo, Lenita se acomodou em uma poltrona e, após orar novamente ao Mestre, aguardou o início da projeção.

– Podemos começar, Lenita?

– Sim, irmão, podemos!

A tela à sua frente se iluminou e Lenita começou a assistir à sua própria história.

⁂

"Século XIX

Os enormes salões iluminados e soberbamente decorados, enfeitados com flores perfumadas e frutos cheirosos, eram palco de mais uma suntuosa festa na mansão dos Albuquerque.

A anfitriã, dona de fulgurante beleza, rodopiava graciosamente amparada pelos braços fortes de seu esposo. Os cachos de seus longos cabelos balançavam suavemente acompanhando o vai e vem de seus passos.

– Querida, como você está linda! – exclamou enamorado seu companheiro.

– Obrigada, meu amor, tento ficar cada dia mais linda para você. Sei que gosta de me ver enfeitada.

– É verdade, você encanta meus olhos e enternece meu coração. Sinto-me cada dia mais apaixonado!

Os dois se apertaram ainda mais, entregues ao grande amor que os unia."

Lenita se sentia angustiada, pois começara a receber na consciência a lembrança de si mesma quando encarnada em outro corpo físico. O incômodo tomara conta de seu espírito. Isaías, percebendo o estado de Lenita, perguntou--lhe:

– Gostaria de parar, irmã?

– Não, Isaías, quero ir até o fim. Preciso responder a mim mesma o que quer que eu tenha feito. Se recebi de nosso Pai uma nova chance, é importante que eu saiba se consegui vencer os sentimentos que me levaram a cometer enganos.

Com determinação, pediu a Isaías:

– Por favor, continue!

A projeção continuou.

"– Querida, você não acha que já é tempo de termos um herdeiro? – perguntou Alberto com delicadeza.

Laura, empalidecendo, respondeu com voz firme:

– Esse assunto de novo, não! – resmungou irritada. – Não quero ter filhos, já lhe disse isso várias vezes. Não vou estragar meu corpo, minha vida e meus prazeres para cuidar de crianças. Dão muito trabalho. É como se eu perdesse minha vida, minha privacidade, enfim, minha resposta sempre será não.

– Mas Laura, temos tantos criados para ajudá-la! Não entendo por que reluta e foge dessa missão abençoada.

– Pare! Por favor, não vou discutir mais este assunto, não quero e pronto; para mim você basta e não vou dividi-lo com ninguém, nem mesmo com filhos e... Acho estranho, pelo amor que diz sentir por mim, eu também deveria ser a única para você.

Alberto olhou sério para a esposa e, tentando disfarçar a tristeza que lhe ia na alma, considerou:

– Querida, existem várias formas de amar, e uma não anula a outra. Filhos, por exemplo, vêm complementar o amor que une os pais, e jamais separá-los. Eles são a continuação de nós mesmos. Para cada alvo existe uma forma diferente de se expressar, e nenhuma delas deixa de ser intensa e verdadeira.

– Não adianta, Alberto, não vai me convencer. Peço-lhe, por favor, que não toque mais neste assunto, porque não quero filhos, não tenho disposição para ouvir choro e gritos de criança. Gosto de cuidar de mim e de você. Está decidido."

Lenita não precisou ver mais nada.

Sua vida passada tomou forma, fazendo-a se lembrar de todos os detalhes. Sentiu-se envergonhada ao se ver humilhando os empregados de sua mansão, principalmente as crianças, que não suportava.

Percebeu que, naquela época, não agasalhava em seu coração nenhum instinto materno, e era justo que passasse pela situação inversa para que desabrochasse em seu coração esse sentimento, aprendendo a valorizar a bênção divina da maternidade.

– Por Deus, Isaías, o que foi que eu fiz com minha existência daquela época! Não preciso ver mais nada porque tudo ficou muito claro e muito justo para mim. Recordo-me das súplicas de Alberto para que eu lhe desse um filho, e o meu egoísmo me impediu de realizar seu sonho, deixando a frustração invadir sua alma. Dei mais importância a mim, aos meus caprichos. Troquei a carícia de um filho acalentado com amor por vaidade. Esqueci que a beleza se esvai com o tempo, enquanto o amor é o sentimento maior. Nada mais justo que eu aprendesse o valor de uma família, de um lar de verdade, sentindo a mesma frustração que causei a Alberto. Percebo, agora, que era necessário despertar o sentimento materno antes de receber em meus braços um filho.

Após breve silêncio, Lenita continuou:

– Isso consegui junto àquelas crianças pobres e malnutridas da favela, muitas delas crianças que eu mesma desprezei. Não é isso, irmão Isaías?

Isaías, como um pai amoroso, aproximou-se de Lenita e lhe disse sensatamente:

– Filha, não se magoe nem se maltrate. O que importa é que nessa última encarnação você chegou vitoriosa; aprendeu a amar, compreendeu as diversas formas desse sentimento; dedicou sua vida ao atendimento do semelhante carente, passou pela mesma situação que impôs a Alberto, e seu coração se abriu para todas as modalidades que envolvem o maior e mais nobre dos sentimentos. Alegre-se, seu espírito se fortaleceu no doce lar que se torna a favela para quem não se corrompe em meio a tantos perigos, para quem crê na vida futura e aprende a amar de verdade; para todos aqueles que colocam a fraternidade e o amor acima dos preconceitos, enfim, minha querida irmã, conseguiu fazer sua mais recente encarnação dar certo; seguiu as leis divinas e acreditou nas palavras do Mestre, por conta disso retornou vitoriosa. Seu engano do passado foi devidamente ressarcido; seu débito com a lei foi quitado, portanto, não traga para o seu presente um passado que não tem futuro.

Lenita, sentindo-se mais confortada, disse:

– Obrigado, querido Isaías, que bem me faz suas palavras. Mas... Posso fazer uma última pergunta?

– Faça!

– Por que Flávio passou, também, pela frustração de não ser pai? Ele teria sido Alberto?

– Não, Lenita, Flávio não foi Alberto.

– Então, onde está Alberto?

– Alberto a perdoou e prossegue sua evolução sem nenhuma mágoa ou rancor por você. É uma alma nobre.

– Ele está desencarnado?

– Não. Está encarnado e é o feliz pai de cinco filhos. Vive com Telma, um espírito guerreiro que, com ele, cria seus filhos dentro da moral cristã. São felizes!

Lenita ficou pensativa. Isaías, notando que algo a incomodava, perguntou-lhe:

– Qual é, ainda, sua dúvida?

– Penso em Flávio. Por que ele sofreu comigo se nada tinha a saldar nessa questão?

– Flávio é um espírito que a ama, há muitos e muitos anos, sem conseguir conquistar o seu amor. Pediu para ajudá-la, não se importando de não ter filhos seus. Ajudou-a em seus momentos mais difíceis e alcançou seu objetivo, ou seja, ganhou o seu amor. Mas terá sua recompensa. Logo estará contraindo matrimônio com uma moça dócil e nobre que lhe dará quatro filhos e muito amor. Viverão felizes por algum tempo, até o retorno de

Flávio, que virá ao seu encontro dando continuidade ao amor que sente por você que, correspondido, se perpetuará pela eternidade.

– Que Jesus abençoe esse grande espírito que é o meu querido Flávio. Hoje sei que o amo e sei, também, que no momento certo do nosso reencontro viveremos a felicidade de estarmos juntos e, como você disse, irmão, pela eternidade.

– Mais alguma dúvida? – perguntou Isaías.

– Sim. Por que fui ameaçada de morte, por que vivi momentos de terror ao lado de Guilherme?

– No pretérito vocês tiveram uma relação não muito saudável, diria, mesmo, leviana e perigosa. Você conseguiu reestruturar sua existência na Terra, procurou o bem, mas Guilherme não; continuou na prática inconsequente. O que aconteceu foi um acerto de contas pendente de vida passada. Você se salvou pelo bem praticado, ao contrário de Guilherme, que aumentou seus débitos, caindo, mais uma vez, na escuridão de si mesmo.

– Todos os acontecimentos importantes da nossa vida nascem de causas que desconhecemos, mas que se tornam presentes cobrando reajustes, é assim?

– Minha querida irmã, nada sai do nada. Quero dizer que não sofremos sem merecer porque não somos vítimas, e sim autores da nossa própria história. Todavia, a bondade do Criador nos presenteia com novas oportunidades sempre, para que possamos reescrever de uma maneira equilibrada, justa e amorosa uma nova história onde o amor, o respeito e a fé sejam participantes ativos.

Isaías continuou:

– Quando aprendemos a verdade e nos propomos a vivenciá-la com pureza de sentimentos, vamos quitando, uma a uma, as nossas dívidas com a lei divina. E é essa quitação que nos devolve a paz e a felicidade, promovendo nossa evolução. Você, minha irmã, em algumas encarnações sucessivas se perdeu em enganos, cometeu erros, mas, nesta última, conseguiu se redimir e exercitou o amor fraternal com intensidade. Seus débitos foram quitados. Agora, irmã, espalhe amor o mais que puder.

– Irmão Isaías, que Jesus derrame sobre seu espírito as bênçãos divinas. Sou muito grata por trazer o esclarecimento a mim; desvendou a névoa; clareou meu espírito. Rogo a Jesus amparo para não me desvirtuar do amor universal.

– Você conquistou esse direito, Lenita! Agora vá, não deixe suas tarefas esperando.

– Até mais ver, querido amigo!

– Até mais ver, minha irmã!

Lenita seguiu em direção ao lago azul.

Sentou-se em meio aos canteiros floridos. Sentindo o doce perfume inebriar seu ser, elevou o pensamento ao Pai e orou:

"Pai que me criou, dando-me a vida eterna, entrego meu espírito ao seu amor e agradeço a sagrada oportunidade da reencarnação.

Quanto errei quando me enfraqueci alimentando sentimentos menores, que destroem a atrasam a possibilidade de evolução, mas, pelo seu amor e sua justiça divina, voltei ao cenário onde me perdi na imprudência e no desamor e pude me reerguer no bem e na fraternidade. Consegui consertar alguns erros e saldar algumas dívidas.

Muito necessito, ainda, aprender e confio que no momento oportuno, quando eu estiver fortalecida e apta para novamente retornar à experiência terrena, serei agraciada, mais uma vez, com a bênção da reencarnação.

Que meu sentimento de gratidão e confiança possa chegar até o Senhor e que suas bênçãos recaiam sobre mim, apaziguando-me."

Lenita se sentiu mais tranquila.

capítulo
18

O tempo passou

O TEMPO PASSOU, trazendo novas esperanças para Lenita. Com carinho e amor dedicava-se à sua tarefa junto às crianças que regressavam à espiritualidade por meio da desencarnação prematura.

※ ※ ※

– O espírito de uma criança morta em tenra idade é tão adiantado quanto o de um adulto?

Às vezes bem mais, porque pode ter vivido muito mais e possuir maiores experiências, sobretudo se progrediu.

– O espírito de uma criança pode, então, ser mais adiantado que o de seu pai?

Isso é bastante frequente; não o vedes tantas vezes na Terra?

– O espírito da criança que morre em tenra idade, não tendo podido fazer o mal, pertence aos graus superiores?

Se não fez o mal, também não fez o bem, e Deus não o afasta das provas que deve sofrer. Se é puro, não é pelo fato de ter sido criança, mas porque já se havia adiantado.

– Por que a vida se interrompe, com frequência, na infância?

A duração da vida da criança pode ser, para o seu espírito, o complemento de uma vida interrompida antes do tempo devido, e sua morte é, frequentemente, uma prova ou uma expiação para os pais.

– Em que se transforma o espírito de uma criança morta em tenra idade?

Recomeça uma nova existência.

– Se o homem tivesse uma única existência, e após essa a sua sorte fosse fixada para a eternidade, qual seria o merecimento da metade da espécie humana que morre em tenra idade para gozar sem esforço da felicidade eterna? E com que direito seria libertada das condições, quase sempre duras, impostas à outra metade? Uma tal ordem de coisas não poderia estar de acordo com a justiça de Deus. Pela reencarnação faz-se a igualdade para todos: o futuro pertence a todos, sem exceção e sem favoritismo, e os que chegarem por último só poderão se queixar de si mesmos. O homem deve ter o mérito das suas ações, como tem a sua responsabilidade. (*O Livro dos Espíritos – Cap. IV – Pluralidade das Existências. Item V*)

Sempre que eu obtinha autorização, acompanhava Heitor até a crosta para visitar seus entes queridos. Em uma dessas visitas ao lar de Laurinda encontrou Flávio conversando com a grande amiga de tantos anos e soube de sua intenção de se casar com Lucia, uma jovem que conhecera havia algum tempo e que sentia por ela um sentimento puro de carinho e amor.

Olhou para Heitor e este, de imediato, compreendeu o desejo de Lenita.

– Sim, irmã, podemos ficar e presenciar o diálogo entre os dois. Sei que aspira à felicidade de Flávio.

– Isso é verdade, Heitor, aprendi que amar de verdade é libertar o ser amado para que encontre a felicidade com outro alguém, quando não pode mais ser conosco. Hoje, o que posso e quero fazer é emitir energia de paz, amor e equilíbrio para que ele encontre a felicidade que merece.

– Que Jesus a abençoe, minha irmã! – exclamou Heitor, feliz com o que acabara de ouvir da querida irmã.

❧ ❧ ❧

– Então, Laurinda, como acabei de lhe dizer, sinto em mim um misto de felicidade e receio ao mesmo tempo.

– Meu amigo, não sou a melhor pessoa para orientá-lo a esse respeito, mas ouso lhe dizer que não vejo motivos para essa dúvida. Encontrou uma moça simples, sincera e bondosa, creio que formarão uma linda família. Por que a dúvida?

Com simplicidade, Flávio respondeu:

– Laurinda, Lenita jamais saiu do meu coração. Será que é justo com Lucia? Não estou traindo o sentimento que ela tem por mim?

Laurinda sentiu a presença de Heitor. Mentalmente, pediu ajuda ao bom amigo que, aproximando-se de Laurinda, inspirou-a a dizer:

– Você a ama, Flávio?

– Sim, Laurinda, mas devo confessar que é um amor diferente do que sentia por Lenita. Na verdade, é um carinho muito grande que sinto por Lucia, vontade e prazer em estar com ela, desejo de fazê-la feliz, enfim, sinto que poderemos construir uma família sólida e equilibrada.

Laurinda sorriu e respondeu:

– Meu amigo, você mesmo já deu a resposta. Não há traição neste sentimento que, pelo que posso perceber é sincero. Lenita vive em outro plano e está feliz construindo sua evolução no reino de Deus. Creio, mesmo, que sua felicidade será uma alegria para ela.

Lenita pediu a Heitor:

– Por favor, meu amigo, diga à Laurinda que estou aqui, feliz em saber que Flávio vai construir uma família, a família que não pude lhe dar, com uma irmã digna, que alimenta sentimentos nobres. Dentro do que eu puder e que for permitido por Deus, estarei acompanhando-os com o sincero desejo de que sejam felizes.

Satisfeito com a colocação altruísta de Lenita, Heitor inspirou Laurinda que, de imediato, disse a Flávio:

– Flávio, sinto a presença de Lenita ao lado de Heitor, e posso lhe garantir que ela está aprovando com muita alegria essa sua decisão de se unir à Lucia. Sua felicidade vai refletir na felicidade dela. São momentos diferentes que cada um de vocês está vivendo, mas esta diferença não impede que cada um siga seu caminho rumo à própria evolução. Este é o ciclo da vida, meu amigo, onde há amor sincero existe a felicidade e não traição.

Flávio alegrou-se com o que acabara de ouvir da amiga. Sabia que a saudade e o amor que dedicara a Lenita não sufocaria o sentimento sincero, respeitoso e verdadeiro que nutria por Lucia. Em seu íntimo, sentia que no tempo previsto por Deus, em algum lugar do futuro, se encontraria com Lenita e prosseguiriam juntos rumo à evolução que aspiravam, espalhando fraternidade entre os seus semelhantes.

Dirigiu-se a Laurinda e disse, emocionado:

– Obrigado, amiga querida, agradeço por suas palavras e esclarecimentos. Tirou minhas dúvidas e abriu as portas de um novo recomeço, uma nova oportunidade de ser feliz sem machucar aquela que ao meu lado ensinou-me a ser, de verdade, uma criatura de Deus.

Laurinda, emocionada com a simplicidade daquele homem, que, apesar de ocupar uma posição de destaque na sociedade terrena, não perdera a conduta digna do verdadeiro homem de bem. Abraçou-o com carinho e lhe disse:

– Flávio, a saudade é o amor que fica. A distância que separa você de Lenita existe somente para os olhos, e não para o coração. O sentimento que os une não vai se extinguir, ele voltará, mas somente no momento em que Deus assim o permitir. Por enquanto, vocês viverão como duas linhas paralelas que não podem se tocar, mas caminham na mesma direção do nosso Criador. Seu momento, agora, é de estar ao lado de Lucia, construir sua família, continuar seu trabalho de amor ao próximo ao lado de sua esposa, aconchegar seus filhos que, certamente, virão. Enfim, sua vida é aqui na Terra, a de Lenita é no reino de Deus; os dois estão promovendo a própria evolução cumprindo, cada um, a tarefa que lhes foi confiada.

Os olhos de Flávio marejaram de lágrimas. Novamente abraçou Laurinda e lhe disse:

– Obrigado mais uma vez, Laurinda. Que os bons espíritos a protejam com a permissão de Jesus.

Com sua simplicidade natural, Laurinda apenas respondeu:

– Vai, meu filho, vai se encontrar com Lucia e não se esqueça de lhe dizer que a ama!

Sentindo-se leve e esperançoso, Flávio realmente foi ao encontro de Lucia.

Heitor observava a reação de Lenita e, captando seu pensamento, disse-lhe com carinho:

– Ninguém escapa da lei de causa e efeito, minha irmã. Um dia vocês se encontrarão e, nesse dia, o amor se perpetuará pela eternidade. Você aprendeu a amar Flávio e agora o liberta para viver uma união de amor com Lucia. Você aprendeu a amar de verdade, e é esse sentimento altruísta que unirá vocês para sempre.

– Obrigada, Heitor, sou muito grata a você por todos os esclarecimentos que me proporciona. Meu desejo é promover minha evolução por meio do amor ao meu semelhante, sem julgamentos, sem tristezas, sem inveja ou cobiça pelo que não me pertence mais. Se me for permitido, quero que minha lembrança seja um doce mel no coração de Flávio, mas que sua felicidade seja ao lado de Lucia, porque ela merece este amor.

– Gosto de ouvi-la falar assim, Lenita, é sinal de superioridade espiritual. Que Jesus a abençoe, minha irmã!

Após a saída de Flávio, Laurinda mentalizou Heitor e lhe agradeceu:

– Obrigada, meu amigo, por suas inspirações. Sinto que Lenita está ao seu lado, portanto, quero dizer à minha grande amiga que meu coração bate por ela, por sua felicidade espiritual, sou grata a ela por tudo o que fez por nossa comunidade, pelo acolhimento aos mais necessitados e por ter podido conviver com um ser tão nobre como ela. Sei que tanto Lenita quanto você estarão auxiliando Flávio em sua nova vida ao lado de Lucia. Ele merece todo o carinho e amizade dos bons espíritos. Que Jesus abençoe vocês, meus amigos, e não abandonem esta velha irmã que já sente o peso dos anos em seus ombros.

Lenita aproximou-se de Laurinda e depositou um beijo em sua testa. Laurinda, com sua natural sensibilidade, sentiu uma brisa suave roçar-lhe o rosto e pensou:

"Obrigada, amiga!"

Os dois espíritos fizeram uma singela prece em agradecimento e partiram de volta à Espiritualidade.

Livro dos Espíritos – Capítulo IX

456 – Os espíritos veem tudo o que fazemos?
Podem vê-lo, pois estais incessantemente rodeados por eles. Mas cada um só vê aquelas coisas a que dirige a sua atenção, porque eles não se ocupam das que não lhes interessam.
457 – Os espíritos podem conhecer os nossos pensamentos mais secretos?
Conhecem muitas vezes aquilo que desejaríeis ocultar a vós mesmos; nem atos, nem pensamentos podem ser dissimulados para eles.
457-a – Assim sendo, pareceria mais fácil ocultar-se uma coisa a uma pessoa viva, pois não o podemos fazer a essa mesma pessoa depois de morta?
Certamente, pois quando vos julgais bem escondidos tendes muitas vezes ao vosso lado, uma multidão de espíritos que vos veem.
458 – Que pensam de nós os espíritos que estão ao nosso redor e nos observam?
Isso depende. Os espíritos levianos riem das pequenas traquinices que vos fazem, e zombam das vossas impaciências. Os espíritos sérios lamentam as vossas trapalhadas e tratam de ajudar.

capítulo
19

O TRABALHO DE LENITA CONTINUA

Lenita continuava entregue ao seu trabalho de assistência aos recém-desencarnados. Agora cuidava de jovens adolescentes que retornaram à espiritualidade de maneira inesperada, por conta das inconsequências e leviandades praticadas com total irresponsabilidade pelos jovens desavisados.

Preparou-se para essa tarefa concedida por Jesus e a realizava com muito amor por aqueles espíritos que muito erraram, mas que foram beneficiados pela misericórdia divina. Aprendera com seus instrutores que: "É importante compreender que ajudar alguém é auxiliá-lo a encontrar a verdade dentro de si mesmo; respeitar o livre-arbítrio de cada um e não pretender devassar sua alma, visto que não conhecemos a nossa própria, não devemos exigir que ninguém seja como nós achamos que deva ser. (Trecho extraído do livro *A Essência da Alma* – Ir. Ivo)

Após terminar a prece de Madre Teresa, no Educandário, Lenita seguiu para seu quarto sentindo a paz envolver seu espírito. Aproximou-se da janela e, admirando o imenso jardim à sua frente, pensou:

"Senhor, quão imensa é a vossa bondade com todas as criaturas; sentir essa vibração de amor acariciando meu espírito é a felicidade real, e eu vos agradeço, meu Pai de misericórdia. Quanto errei em algumas de minhas existências terrenas, e hoje, graças à bênção de uma nova oportunidade, consegui superar minhas fragilidades e posso fazer parte dos tarefeiros de Jesus, amparando aqueles que, como eu, viveram nos enganos que nos levam ao sofrimento. Obrigada, Senhor, por poder fazer o bem para quem sofre."

Tão envolvida estava que não percebeu Heitor se aproximando e ele, com suavidade, lhe disse:

– Lenita, acabou de ser recolhido das zonas infelizes um irmãozinho em estado lastimável. Retornou da Terra por uma overdose. Graças às orações que lhe foram dirigidas e a seu arrependimento sincero, foi-lhe concedido o resgate. Gostaria que fosse até ele e iniciasse o tratamento energético.

Lenita, emocionada por mais uma vez ter-lhe sido dado o crédito, a bênção de poder auxiliar um irmãozinho, meneou a cabeça, concordando, e de seu coração surgiu novamente o agradecimento:

– Obrigada, Senhor, por estar na posição de dar!

Em seguida, disse a Heitor:

– Vamos, amigo, estou pronta.

Saíram direcionando-se para o pavilhão de atendimento. Encontraram Vitor dormindo em meio a lençóis macios e limpos. Aproximaram-se e perceberam as contrações involuntárias que o acometiam. Ester se aproximou, dizendo-lhes:

– Que bom que chegaram, meus irmãos! Sou a responsável por este setor e peço-lhes que fiquem à vontade. Vitor precisa de energia salutar, ainda traz resquícios da sua imprudência de entregar seu corpo físico às drogas e também do efeito do vampirismo que sofreu nas zonas infelizes.

– Fique tranquila irmã – falou Heitor. – Lenita está acostumada a tratar desses casos.

– Eu sei disso, e sou-lhe grata. Sei que fará bem a esse irmãozinho que ainda está perdido em si mesmo.

"Em todos os casos de morte violenta, quando esta não resulta da extinção gradual das forças vitais, os liames que unem o corpo ao perispírito são mais tenazes e o desprendimento completo é mais lento. A duração da perturbação de após morte é muito variável: pode ser de algumas horas, como de muitos meses e mesmo de muitos anos. Aqueles em que é menos longa são os que identificaram durante a vida com o seu estado futuro, porque então compreendem imediatamente a sua posição." (*O Livro dos Espíritos* – Cap. III – Perturbação Espírita)

Heitor e Ester saíram, deixando Lenita só.

Esta se aproximou mais de Vitor e o envolveu com energia salutar, orando ao Senhor que a ajudasse nesse mister. Ele, sentindo em seu corpo a força energética, estremeceu levemente e, devagar, abriu os olhos. Depressa Lenita lhe disse:

– Seja bem-vindo, Vitor, ao reino do Senhor!

– Onde estou? – perguntou quase que silencioso.

– Está no Hospital de Maria de Nazaré recebendo os cuidados necessários para seu completo restabelecimento.

– E quem é você?

– Eu me chamo Lenita e tenho a tarefa de auxiliá-lo neste momento.

Envolveu-o novamente com a energia do amor e lhe disse:

– Será bom que continue ainda a dormir. Não tenha receio, estarei aqui para ajudá-lo na sua recuperação. Confie em Jesus e se entregue ao seu amor.

A droga, quando usada pela ciência, tem a finalidade de curar, aliviar sofrimento e limitar doenças. No entanto, quando usada indiscriminadamente opera a viciação de nossa vida mental.

André Luiz, em seu livro *Obreiros da Vida Eterna*, nos diz:

"Os suicidas costumam sentir, durante longo tempo, a aflição das células violentamente aniquiladas, enquanto os viciados experimentam tremenda inquietação pelo desejo insatisfeito."

No livro *Após a Tempestade*, Joanna de Ângelis, Divaldo P. Franco (Ed. Alvorada) nos elucida:

"A educação moral à luz do Evangelho, sem disfarces nem distorções; a conscientização espiritual sem alardes;

a liberdade e a orientação com bases na responsabilidade; as disciplinas morais desde cedo; a vigilância carinhosa dos pais e mestres cautelosos; a assistência social e médica em contribuição fraternal constituem antídotos eficazes para o aberrante problema dos tóxicos – autoflagelo que a humanidade está sofrendo por haver trocado os valores reais do amor e da verdade pelos comportamentos irrelevantes quão insensatos da frivolidade."

Enquanto aplicava o passe espiritual em Vitor, Lenita percebeu que, aos poucos, ele foi relaxando e entrando novamente em sono profundo. Mais uma vez, elevou seu pensamento ao Senhor e orou por aquele irmãozinho que entregara, levianamente, o seu corpo às drogas, comprometendo o seu corpo astral.

"Senhor,

Abra os olhos deste irmãozinho para a tua luz.

Que ele consiga ver... e sentir

O teu amor banhando seu espírito e propagá-lo ao mundo

Através do amor universal.

Que na trajetória de sua evolução saiba retirar... ou suportar

O peso dos empecilhos, porque

Através deles crescerá em espírito

E terá mais oportunidades de se aproximar de Ti."
(Sônia Tozzi)

Ao terminar a prece, Lenita se retirou, não sem antes depositar um singelo beijo na face de Vitor. Não demorou muito e Vitor voltou a delirar. Lenita, que ainda continuava no recinto, sentiu em seu espírito toda a energia desequilibrada de Vitor. Procurou por Ester e, juntamente com ela, retornou ao aposento onde Vitor se encontrava. O que viram deixou Lenita espantada. Com a expressão vidrada, perdido em si mesmo, o pobre adolescente se entregava ao desespero de sua abstinência química. Ao avistar Lenita, fez menção de se levantar, mas, não sabendo ainda como fazer, caiu novamente em sua cama.

Ester, acompanhada de Lenita, tentava apaziguá-lo, mas Vitor, confuso, não ajudava no processo. Chamaram por Heitor que, imediatamente entrou no quarto.

– Vamos orar por este espírito em desequilíbrio – falou com segurança e, em seguida, passou a emitir energia salutar. – Jesus olhará por ele.

Assim o fizeram. Vitor foi se acalmando até que se entregou ao sono reparador. Os três espíritos, agradecendo a Jesus os bons fluidos e o auxílio, retiraram-se, deixando Vitor amparado.

– Heitor – perguntou Lenita –, até quando Vitor vai sofrer por esta necessidade imperiosa das drogas?

– O prazo quem determina é ele, Lenita, mas é necessário que seu espírito esteja limpo das energias nocivas da química. Vitor já recebeu a bênção de Jesus, está aqui sendo tratado, cuidado e recebendo as energias salutares que lhe trarão os benefícios do equilíbrio e da cura espiritual. Cabe a ele se entregar, cada vez mais, a esse amor, confiar e, principalmente, aceitar o Divino Amigo sem reservas.

– Mas é difícil esse processo, não Heitor?

– Sim. A droga possui o poder de aniquilar as células. É um poder destruidor, minha irmã. Os jovens desavisados se entregam a essa viagem como um fuga de si mesmos, e nessa fuga jogam-se ao lamaçal da miséria espiritual. A ida é fácil, Lenita, mas a volta é carregada de sofrimento, penúria e lágrimas.

– Como posso, na realidade, ajudá-lo?

– Orando por ele, emitindo energia de amor e de equilíbrio; ensinando-o a controlar seus pensamentos com o auxílio da prece e da confiança em Jesus, e a querer, de verdade, a própria evolução. Ensinando-o a educação moral sem disfarces.

Lenita estava impressionada com as explicações de Heitor, que continuou:

– Nossa querida Joanna de Ângelis nos diz:

" A dependência de drogas alucinógenas é das mais graves injunções a que a criatura se entrega, normalmente numa iniciação inocente, que se agrava num compromisso sem libertação."

Lenita, comovida, disse a Heitor:

– Posso, neste instante, orar por ele?

– Claro, irmã, a prece pode ser feita em qualquer situação. O que, na verdade, importa é a sinceridade do coração.

Lenita elevou seu pensamento a Jesus e orou:

"Senhor... Pai de misericórdia,

Elevo meu pensamento e vos imploro

Tranquilize este irmãozinho que, tão jovem ainda, se jogou no lamaçal da dor.

Acalme-o com vosso amor e vossas bênçãos.

Permita que minha prece flua pura em direção a Vós e retorne em bênçãos para esse espírito.

Retire-o desse desespero para que possa enxergar a luz que o ilumina.

Ajude-o a compreender este momento e se entregar a Vós, e que eu possa e saiba ajudá-lo a encontrar a si mesmo." Assim seja!

Heitor acompanhou, comovido, a sinceridade de Lenita, o desejo real de ajudar Vitor. E pensou:

"Que Jesus a fortaleça, Lenita, para propagar o amor entre as criaturas."

A prece é aquela necessidade que sentimos de nos comunicar com nosso Pai para pedir, para agradecer as graças recebidas ou, simplesmente, para glorificar a Deus. Mas é importante que seja feita com o coração aberto e sincero, sem ostentação e com simplicidade.

A prece é uma invocação e, por meio dela, os bons espíritos se aproximam para auxiliar e inspirar bons e nobres pensamentos, ajudando a adquirir a força moral necessária para vencer as dificuldades que, muitas vezes, o próprio homem cria.

Na prece encontra-se alívio para as dores e os sofrimentos que surgem no caminho; resignação para suportar as vicissitudes da vida; o alento de que se necessita nas horas de amargura. Mas deve-se orar com confiança e verdadeira piedade. A prece é sempre meritória aos olhos de Deus.

Não importa o número de palavras. A prece não se prende às palavras, mas, sim, ao sentimento fluindo livre, puro e sincero em direção a Deus. É preciso conseguir se despir da vaidade e do orgulho, se soltar inteiro e confiante, como verdadeiros filhos de Deus.

Não importa o lugar, é possível se comunicar com Deus a qualquer momento, bastando, para isso, estar com a mente e a consciência voltadas para o Criador com fervor e fé.

Deve-se orar por gratidão aos inúmeros benefícios concedidos; pelo fato de acordar pela manhã, por poder estar novamente com os entes queridos e receber nova oportunidade de se melhorar como ser humano; purificar o espírito e elevá-lo a uma condição mais favorável e mais cristã.

Prece escrita pela autora:

"Ah! Esta paz infinita que sinto dentro de mim,
Me envolve, me domina, me leva para lá e para cá.
Me faz ganhar tempo para continuar sempre assim.
Ah! O que será que me empurra para este caminho tão lindo
Que percorro com fé... Sem perguntar por quê?
Que deslizo na esperança e me perco na certeza
De que no fim da linha... Vou encontrá-lo, Senhor?
Quero sentir... E sentir que o Senhor me espera,
Quero dormir em paz... E acordar feliz,
Quero saber que sou... E que estou porque o Senhor o quis
E nesse enlevo... Meu olhar
E vê-Lo Senhor... Dentro de mim." (Sônia Tozzi)

Heitor e Lenita saíram deixando Vitor adormecido serenamente. Permaneciam em silêncio, cada um trazendo em seu âmago a paz vinda do Mais Alto. Sabiam que Vitor estaria melhor assim que despertasse, e essa certeza os deixava felizes.

Dirigiram-se ao Educandário para se beneficiarem com a palestra de Madre Teresa. Após alguns instantes, o querido espírito, com a humildade característica das almas nobres, iniciou:

"Meus irmãos em Cristo, a vida é o bem mais precioso dado por Deus às suas criaturas, e nos dará quantas vezes necessárias for por meio das sucessivas reencarnações, com a finalidade de promover, cada um, a sua evolução, saldando os débitos do passado, as faltas cometidas, as inconsequências geradas pelo orgulho e o egoísmo que levam seus adeptos à falta de amor e ao apego excessivo aos bens materiais. É preciso amar sem fronteiras, querer o bem e a felicidade para nossos semelhantes com a mesma força que os aspiramos para nós.

É preciso aprender a olhar com compaixão para aqueles que se deixam levar pelos desvarios dos desejos carnais, pela ilusão das viagens nefastas das drogas, pela ambição de possuir, de ter sem se importar com as lágrimas que deixam atrás de si.

As casas de luxo abrigam, tanto quanto as favelas, a crueldade, o despotismo, a intolerância. E os crimes acontecem porque eles nascem no coração dos homens, nas mentes vazias e inescrupulosas onde o amor não se faz presente.

Amar ao próximo significa respeitar aquilo que não lhe pertence; amar ao próximo significa deixá-lo fazer suas próprias escolhas, mas estar atento para ampará-lo quando necessário; amar ao próximo é saber, antes de tudo, que todos nós erramos, nos enganamos e, por isso, não julgar e não exigir qualidades que não possuímos. Enfim, amar ao próximo é, antes de tudo, agir movido por um sentimento altruísta e sincero, onde o interesse não ocupe lugar.

Madre Teresa continuou:

Quando nascemos no mundo físico, uma luz se acende para nós. É preciso viver de maneira que esta luz jamais se apague. Ao contrário, que continue brilhando através dos tempos, da pureza de nossos sentimentos e ações, da vontade de servir e de amar, de compreender e perdoar, de lutar para que a palavra de Deus fale sempre mais alto e mais forte.

É essa luz, meus irmãos, que iluminará nosso caminho, conduzindo-nos para a espiritualidade, para o reino de Deus, quando for a hora do nosso retorno."

Concluindo com uma singela prece, Madre Teresa encerrou sua palestra. Retirou-se do recinto levando em seu espírito a paz que acompanha as almas nobres.

As luzes se apagaram e, em poucos instantes, as cadeiras ficaram vazias. Cada um dos assistentes saía levando em seu espírito a energia das sábias palavras do espírito comunicante.

Sem dizer uma única palavra, Heitor e Lenita se despediram.

capítulo
20

Verdadeira caridade

O trabalho na comunidade Santa Rita continuava atuante.

Flávio contava com a ajuda de Lucia para manter o trabalho que Lenita desempenhara na comunidade, contando sempre com a orientação de Laurinda. Lenita acompanhava o processo humanitário que desenvolvera quando encarnada sendo muito bem dirigido por Laurinda, que, apesar da idade, não esmorecia em seu objetivo de auxílio ao próximo. Contava com o apoio de Joana, Matilde e Teresa, que jamais deixaram de acompanhá-la em sua tarefa beneficente.

Praticavam a caridade na mais singela expressão desse sentimento; juntavam os retalhos da vida e construíam o grande manto da solidariedade. Aprenderam que a caridade é um dos mais sublimes sentimentos e que, praticá--la com o desprendimento que somente as almas nobres possuem é, sem dúvida, caminhar em direção ao Pai.

A caridade com fé, aquela que se pratica com abnegação, com fraternidade completa e, principalmente, com pureza de alma.

A caridade ensinada por Jesus não consiste somente em dar esmolas, não é apenas isso que Deus espera de suas criaturas; mas, também, da benevolência concedida sempre e em todas as coisas ao semelhante.

Existem várias maneiras de praticar a caridade real; por meio de ações, pensamentos, gestos e palavras e, em todos os casos, sem humilhação.

É muito importante matar a fome ou a sede de um irmão, assim como agasalhar os bracinhos frios de uma criança, mas também deve-se lembrar de acariciar os cabelos brancos de um idoso que vive de recordações em um asilo ou mesmo no quarto dos fundos da casa de seus próprios filhos.

Caridade é doação, é conseguir dar a alguém um pouco de nós mesmos; é dar uma palavra de conforto; é orar em favor de algum necessitado, um enfermo. A caridade é, sobretudo, perdoar as fraquezas dos semelhantes, enfim, é amar sem nada exigir, é apenas amar.

Deixar de praticar o bem é um grande mal!

Lenita aprendera isso, portanto, entregava-se à tarefa de auxílio aos irmãos que chegavam à espiritualidade, confortando-os, direcionando-os à luz divina, que acalma e mostra o caminho a seguir. Propagava o exercício do amor ao próximo e aprendera que para chegar a Deus é preciso seguir Jesus.

Pensava na imensa caridade que o Divino Amigo Jesus praticou em nosso favor, sofrendo as maiores dores já suportadas, as humilhações, o descaso, os sorrisos de desdém e escárnio sem um lamento, uma queixa, com o coração transbordando de amor, dando a toda a humanidade o maior exemplo do que é, na verdade, a caridade.

Lenita se espelhava nesse exemplo maior de caridade, que a impulsionava para o aprendizado e sua própria evolução.

Pensando em Vitor, dirigiu-se ao aposento dele. Encontrou-o em frente à janela com o olhar distante, e assim permaneceu, mesmo percebendo a presença de Lenita.

– Com está, Vitor? – perguntou Lenita delicadamente.

Percebeu que Vitor se manteve impassível, sem esboçar nenhuma reação.

Aproximou-se um pouco mais.

– Vitor, percebo que está distante. Gostaria de saber o que o aflige, talvez eu possa ajudá-lo.

Voltando-se para Lenita, Vitor respondeu:

– Acho que não, ninguém pode me ajudar. Fui o causador dos meus sofrimentos, das minhas dores e só eu posso resolver isso.

– Sinto-o muito desanimado, meu irmão, isso não é bom. Tudo vai se resolver a seu tempo. Confie em Jesus e aguarde. Entregue-se à oração, trazendo Jesus para perto de seu espírito. A energia do grande Mestre vai fortalecê-lo.

– Por que fui fazer as leviandades que fiz, irmã? Por que aniquilei meu corpo físico e astral? Por que afundei a mim mesmo nesse lamaçal da droga? Por que fechei meus ouvidos aos conselhos de meus pais? Por quê... Por quê?

Vitor se expressava de maneira ofegante. Lenita, comovida, direcionou suas mãos para Vitor e, orando, emitiu energia salutar, suplicando ajuda para aquele irmãozinho que, por conta de suas leviandades, desencarnara tão jovem e se encontrava ainda em desequilíbrio, sem conseguir aceitar as consequências de sua imprudência quando no mundo físico.

Ao perceber que Vitor se acalmara, Lenita acomodou-o em seu leito e, com doçura, lhe disse:

– Meu irmão, não raro nos perguntamos o porquê de tanto sofrimento, a causa de tantas amarguras e lágrimas pelas quais passamos, a razão do desânimo que se abate sobre nós trazendo as aflições. Na maioria das vezes, achamos que não merecemos, julgando, mesmo, serem injustos. Não se pode esquecer a lei de causa e efeito, Vitor. Toda ação gera uma reação, e o que julgamos injusto nada mais é do que reflexo dos nossos delírios levianos. Você hoje sofre a consequência de seus enganos, da sua inconsequência, mas isso também vai passar, porque tudo passa a seu tempo, precisa apenas ter fé e lutar contra a revolta, a impaciência e se entregar livremente ao amor de Deus.

– Não sei fazer isso – respondeu Vitor, humildemente.

– Não precisa saber, precisa apenas se entregar confiante às energias que recebe do Mais Alto com sinceridade.

– Tenho medo do castigo – falou Vitor.

– Deus não castiga ninguém, Vitor, nós mesmos nos castigamos. É importante sairmos da culpa, entender que erramos e nos esforçar para acertar. É preciso dar tempo ao tempo para tudo chegar ao equilíbrio. As leis divinas são soberanas, justas e infalíveis; os méritos consistem em suportar com paciência, sem murmurações ou blasfêmias as consequências dos males que não podemos evitar e tentar modificar aqueles que estão fora das leis de Deus. Não raro torna-se difícil caminhar na doutrina do bem porque nossos olhos materiais se encantam facilmente com o que brilha, com tudo o que nos dá prazer, mas que, em um piscar de olhos, nos joga no abismo.

Vitor, cada vez mais, se entregava aos esclarecimentos de Lenita, encantava-se com as colocações desse espírito que muito errou em um passado não tão distante, mas que venceu as próprias mazelas entregando-se ao amor universal.

– Gostaria de orar, mas não sei como fazê-lo! – exclamou Vitor.

– Irmão, orar quer dizer conversar com Deus; e conversar com Deus é simplesmente falar o que lhe vai na alma, sem enfeites, sem se importar com palavras bonitas, mas apenas dizer o que deseja e o que precisa. Deus ouve todo aquele que se entrega com sinceridade.

Encorajado, Vitor falou:

– Posso?

– Claro, Vitor, converse com nosso Pai, Ele sempre escuta o que pede nosso coração.

Vitor levantou-se de seu leito, ajoelhou-se e começou a falar:

"Senhor, peço-lhe,

Viva comigo este momento de dor, ansiedade e incerteza.

Momento em que sinto, dentro de mim, o desespero dos descrentes,

A revolta dos fracos, o medo dos covardes.

Viva comigo, Senhor,

Para que eu possa sentir teus braços me envolvendo,

E me conduzindo para o descanso.

Sentir tão forte a Tua presença em mim

Dando-me a sensação de estar deitado em teu colo.

Viva comigo... Senhor

Para que eu transforme o desespero... em aceitação

A revolta... em fé

O medo... em coragem para enfrentar meus desatinos.

Viva comigo, Senhor, porque junto de Ti encontrarei força.

...que vai me impulsionar para o infinito." (Sônia Tozzi)

As preces contidas neste livro, por orientação do autor espiritual, Ir. Ivo, foram escritas pela médium.

Lenita emocionou-se com a singeleza das palavras de Vitor. Levantou-se e, elevando seu pensamento até Jesus, falou simplesmente:

– Obrigada, Senhor! Abençoe este irmãozinho para que ele encontre a paz.

Retornou às suas tarefas na certeza de que Vitor estaria bem. Encontrando-se com Heitor, relatou-lhe o ocorrido.

– Graças ao Senhor, Lenita, Vitor, a partir de agora, iniciará sua caminhada rumo ao equilíbrio e à sua própria paz interior.

– Assim seja! – respondeu Lenita, feliz.

– Lenita – disse-lhe –, tem uma tarefa para você, minha irmã, e gostaria que a aceitasse.

– Claro, Heitor, jamais negaria um trabalho sequer, principalmente se ele fosse para auxiliar um irmão.

– Gosto do que ouço – respondeu Heitor.

– Diga-me do que se trata.

– Recorda-se de Lilian, uma jovem recém-chegada da Terra, que está amparada no pavilhão 7 do Hospital de Maria?

– Claro, recordo-me de sua perturbação, aliás, excessiva por não aceitar "a morte", por achar que não merecia ter deixado o corpo físico tão precocemente. Sempre vivera como cristã e aprendera que ficaria no sono eterno esperando o julgamento final. Como isso não aconteceu, entregou-se ao desequilíbrio.

– Exatamente. Gostaria que conversasse com ela, mostrasse o real valor da palavra cristã, enfim, descortinasse a vida da espiritualidade como nossa verdadeira pátria.

– Por que alguns espíritos chegam trazendo essa dificuldade, Heitor, de aceitar a nova vida, que é a real?

– É preciso ter muito cuidado com as crenças, Lenita – respondeu-lhe Heitor. – Acreditam piamente que tudo acaba no sono eterno. E quando percebem que o que acreditavam não passa de ilusão, negam-se a aceitar.

– Vou, imediatamente, ter com ela. Que Jesus me ilumine!

Os dois espíritos se separaram, cada um seguindo sua rota de trabalho.

Assim que Lenita entrou no quarto de Lilian, comoveu-se. Lilian entregava-se, com veemência, a orar segurando o terço com mãos trêmulas.

– Bom dia, Lilian! – disse Lenita com suavidade. – Podemos conversar um pouco, irmã?

Lilian apenas meneou a cabeça concordando.

– Vejo que está orando e fico feliz por isso!

– Sabe, Lenita, estou pedindo a Jesus que me auxilie a entender tudo o que está acontecendo comigo, por que morri tão jovem e, principalmente, a aceitar que não vou ficar dormindo como acreditei a minha existência inteira. Aprendi isso nos cultos, e hoje vejo que tudo é diferente. Não sei quem eu sou nem o que faço.

Lenita comoveu-se da simplicidade de Lilian.

– Vou tentar ajudá-la, irmã, esclarecendo algumas questões. Depois, o entendimento, a vontade real de evoluir vai depender de você.

– Posso perguntar?

– Claro!

– Por que, sendo cristã como sempre fui, tive de passar por momentos infelizes? Não valeu de nada? Por que a morte me trouxe para cá, sendo ainda tão jovem?

– Lilian, você retornou por intermédio de uma doença renal grave, cuja causa está inserida na sua última encarnação. Ainda é muito cedo para você tomar conhecimento de seu passado, mas, creia, seu retorno aconteceu dentro do previsto pela lei de causa e efeito, lei esta a que todas as criaturas estão subordinadas, e com você não foi diferente.

– Agora vamos saber o que é ser, na verdade, cristã. "Nem todos os que dizem Senhor, Senhor, entrarão no reino dos Céus, mas somente o que faz a vontade de meu Pai que está no céu."

Essas palavras de Jesus encerram o que é realmente ser cristão, porque não importa apenas dizer "Sou Cristão". O que, na verdade, torna o homem cristão são suas obras; é o seu trabalho construtivo; é a sua crença nos ensinamentos do Evangelho, é a prática das virtudes e o amor que destina ao semelhante.

– Mas eu frequentei o culto sem perder um só dia sequer, isso não conta?

– Sim. Mas, o que é a teoria sem a prática?

– Ser cristão, Lilian, é estar no mundo plantando as flores da fraternidade, formando um imenso jardim de paciência e compreensão. É estar atento à vida à sua volta, ou seja, ver a necessidade de um irmão que sofre e fazer todo o bem que puder. Não existe mérito algum em passar o dia a orar e não fazer nada para nos tornar melhores como criaturas de Deus. Muitos se dizem cristãos, mas se deixam levar pelo orgulho, pela vaidade ou pela falta de indulgência com os semelhantes e, inconsequentemente, nos deixamos arrastar pelas paixões desenfreadas. Você consegue entender minhas palavras, Lilian?

– Sim, Lenita, consigo entender e vou ficando cada vez mais envergonhada.

– Não precisa se sentir assim, você está procurando a luz da verdade, isso é o que importa neste momento.

– Por favor, continue.

Lenita sorriu e continuou.

– O sentimento de piedade deve estar sempre dentro do nosso coração, quando nos propomos a fazer o bem. Nós podemos ser felizes dentro do quadro das necessidades humanas. O espírito sente necessidade da alegria, dos passeios e das festas; mas não se pode permitir que dentro dessa felicidade entre um pensamento ou um ato que possa ofender a Deus, ofendendo nosso próximo.

Ser cristão não consiste em mostrar uma aparência austera, severa, nem mesmo repelir os prazeres que a condição humana exige e permite. Ser cristão, seguir as leis divinas é, antes de tudo, não praticar nenhum ato sem que o nosso pensamento esteja voltado para Deus, para a fonte suprema. Não esquecer, jamais, de agradecer a bênção recebida, que é a própria vida.

Enquanto Lenita falava expondo a Lilian a verdade, esta permanecia com o pensamento voltado para o aprendizado até então desconhecido para ela.

– Então, Lilian, ficou claro para você o que, na verdade, é ser cristão?

– Ficou, sim, mas qual é a razão de determinados segmentos religiosos incutir em seus fiéis que quando deixamos nosso corpo passamos a dormir até o juízo final? Dizem não haver vida após a morte, mas eu sou prova viva de que isso não é verdade. Tenho os mesmos sentimentos, permaneço com minha inteligência, enfim, estou confusa.

– Lilian, todos nós somos espíritos e corpo físico, quando encarnados. O que morre, na verdade, o que acaba é o corpo físico, e quando isso acontece o espírito ressurge, porque ele é eterno. Alguns segmentos religiosos não aceitam esta realidade, vivem como se não houvesse nada amanhã, mas se surpreendem ao perceber que a morte é uma ilusão e que esta é a nossa verdadeira pátria.

– Está bem, aconteceu – disse Lilian. – Agora, o que eu faço?

– Agora você vai continuar seu aprendizado do amor e promover sua evolução até o dia em que receberá nova oportunidade de se reencarnar, quer dizer, voltar à Terra novamente em um corpo físico para cumprir novas missões e saldar débitos que ficaram pendentes.

– E quantas vezes isso vai acontecer?

– Quantas vezes necessário for para que sua evolução aconteça e você possa avançar para Deus. O amor, Lilian, é fundamental para alcançarmos a glória de estarmos junto dos justos e dos bem-aventurados no reino de Deus.

Lilian, agradecida, disse a Lenita:

– Obrigada, irmã, por ter me mostrado o caminho.

– Agradeça ao Pai e seja feliz nesta nova vida. Que Jesus a auxilie a encontrar as belezas das muitas casas de Deus!

– Vou poder trabalhar aqui na espiritualidade, assim como você, irmã?

– No tempo certo, sim. Nada na espiritualidade acontece fora do tempo, e com você não vai ser diferente. Seu momento, agora, é de aprendizado, dedique-se a ele com coragem, determinação e fé, assim estará pronta para quando o momento chegar.

Saiu deixando Lilian entregue aos seus pensamentos.

capítulo
21

NÃO CHORES... AGRADEÇA

QUANTAS VEZES ELEVAMOS o pensamento a Deus e pedimos graças para nós, filhos e parentes, achando sempre que não estamos recebendo tudo quanto merecemos e que Deus parece que se esqueceu de nós pela simples razão de a nossa vida não andar da maneira como gostaríamos. O dinheiro é pouco, as dificuldades são muitas e os problemas parecem não terminar nunca.

Sofremos, julgando-nos abandonados e injustiçados pela vida, e continuamos pedindo para que Deus envie os espíritos de luz para que resolvam todos os nossos problemas e dificuldades, esquecendo-nos que Deus nos deu o dom da vida física, a bênção da reencarnação para que pudéssemos saldar nossas dívidas do pretérito.

Entendendo o verdadeiro motivo pelo qual estamos encarnados na Terra passaremos a ver e a aceitar as dificuldades com mais serenidade, resignação, coragem e fé e, dessa maneira, passaremos a pedir menos e a agradecer mais, pois, através do sofrimento regenerador é que despertamos em nós a fé vigorosa, a humildade para reconhecer a nós mesmos, como realmente somos e, consequentemente, alcançando, degrau por degrau, a evolução espiritual.

Isso acontece, irmãos, quando não nos revoltamos com as vicissitudes da vida, com as provações que nos ajudarão no reajuste dos nossos débitos.

Necessário se faz aprender a agradecer pelo simples fato de existirmos; agradecer os sorrisos, as lágrimas, porque elas são benditas; agradecer a felicidade e o sofrimento, porque eles não vêm por acaso; tudo resulta dos nossos próprios erros, enganos, das nossas atitudes em relação ao próximo e de nossos débitos de vidas anteriores.

Quando se ora para pedir, que sejam pedidos de força, de alento para vencermos nossa jornada caminhando sempre em comunhão com as leis divinas e reparando as nossas faltas.

Deus nos dá tudo na medida certa e para o nosso bem; é preciso aceitar nossas misérias, lutar para vencê-las, mas nunca blasfemar contra Aquele que nos criou.

Quantos já não sentiram o coração dilacerado pela separação de um ente querido, um filho amado? Quantos já não sentiram a dor da fome e do frio? É nessa hora, irmãos, que se deve lembrar de que tudo é reação de nossas ações levianas.

É muito comum, durante toda a nossa existência, dizermos da nossa fé, da confiança em Deus, da certeza que temos de uma vida espiritual. Isso, geralmente, acontece quando nos sentimos felizes, quando tudo ocorre de maneira serena, tranquila, com problemas banais. Mas quando nosso Pai acha por bem retirar do nosso lado um filho amado, a nossa fé enfraquece, perdemos a confiança e já não temos certeza que a vida espiritual realmente existe.

É justamente nessa hora que devemos nos aproximar de Deus e acreditar que Ele não nos faria sofrer tanto se não fosse para o nosso melhoramento espiritual, para o resgate de débitos passados, para que a lei se cumpra. Em sendo assim, não devemos nos revoltar contra a vontade de Deus, mas, sim, orarmos pedindo que nosso Pai, em sua infinita bondade, abençoe nosso ente querido para que ele possa, a cada minuto, se elevar no mundo espiritual e, quanto a nós, que possamos descansar no doce olhar de Jesus.

Se acreditarmos na justiça de Deus, acreditamos, também, que o sofrimento de hoje será a vitória de amanhã. Nosso Pai não dá a nenhuma de suas criaturas uma prova que não mereça ou que não possa suportar.

Mais importante do que pedir é agradecer. E temos muitas razões para tanto, principalmente o fato de existirmos. E inserida nesta existência está a oportunidade de promovermos nossa evolução espiritual com a própria transformação.

Um pensamento negativo destrói, corrói a alma e a matéria, levando à doença física e espiritual; ao passo que o pensamento positivo eleva a alma, melhora a saúde por meio da energização que provém da própria positividade, sem dizer dos benefícios que se pode fazer ao semelhante quando se vive em paz com os próprios sentimentos e pensamentos.

Lenita continuava sua tarefa de auxílio aos recém-
-desencarnados. Vitor e Lilian, aos poucos, iam se equilibrando e já conseguiam entender todo o processo da
desencarnação.

Obtiveram permissão para frequentar as palestras de
Madre Teresa e, por conta do aprendizado com o querido espírito, prosseguiam sua caminhada de evolução com
serenidade.

Lenita abraçara seu trabalho de atendimento aos jovens recém-chegados da Terra e o fazia com dedicação
e amor por aqueles espíritos jovens ainda. Alguns eram
crianças em tenra idade; neste caso, seu espírito se enter-
necia e, não raro, questionava Heitor qual a razão de um
desencarne tão prematuro.

– Às vezes, Heitor, não consigo compreender com clareza os motivos que os trazem tão crianças ainda.

Heitor, com paciência, lhe explicava com palavras simples, mas esclarecedoras.

– Tudo nas leis divinas está dentro da justiça e do merecimento, não Heitor?

– Exatamente, Lenita, ninguém escapa da lei de causa
e efeito, como já lhe disse. A sabedoria de Deus rege todas
as coisas do Universo, tudo está subordinado à vontade do
Criador. A nós cabe lutar para nos aperfeiçoarmos, mas é
importante saber que no caminho da evolução não existem atalhos, todos temos de lutar pela perfeição, por isso devemos nos unir ao amor de Cristo, nas palavras redentoras

ditas por Jesus, para juntos prosseguirmos a jornada em direção ao progresso espiritual, sem julgamentos, porque sabemos que todos estão propensos a erros, e esta é a causa pela qual não devemos julgar ninguém.

Necessário se faz aprender a ampliar nosso horizonte e colocar dentro dele a figura doce e esclarecedora de Jesus, que nos ensina a amar sem cobranças e a aceitar os fatos que não podemos mudar, Lenita, como, por exemplo, separar-se de alguém que amamos, não importa a idade que tenha.

– Mas é difícil a separação de um ente querido, Heitor – falou Lenita. – Muitos não suportam e sucumbem ao sofrimento, não raro culpando nosso Pai pela dor que estão passando.

– Devemos nos habituar a não censurar o que ainda não podemos compreender. A justiça divina está em todas as coisas, e aquele que parte é porque cumpriu a sua missão, enquanto os que ficam, muitas vezes, nem começaram.

Heitor continuou:

– Por essa razão é necessário aceitar a partida sem querer medir a justiça de Deus pelo valor da nossa, assim consegue-se ter no coração a certeza de que os que julgamos mortos vivem, amam, sentem saudade e esperam, também, o dia do reencontro.

– Continue, por favor, Heitor – pediu Lenita.

– Quando o homem conseguir enxergar o ser humano como matéria e espírito não sentirá mais o medo da morte, porque saberá que o espírito continua vivo e vibrante, auxiliando-nos na continuação de nossas experiências na Terra.

Jesus disse aos seus apóstolos: "Negar a espiritualidade é negar o próprio Deus, o Espírito Santo. Aceitá-la, vivê-la com harmonia e sabedoria é estar próximo do Espírito Santo".

A vida espiritual é uma realidade, como é uma realidade a vida terrena. O mundo terreno é a grande escola onde aprendemos as lições mais importantes, aquelas que nos ajudarão a subir os degraus que nos levam à eternidade; e a vida espiritual é a Pátria Verdadeira, nosso ninho, nossa realidade.

Lenita admirava a tranquilidade com a qual Heitor se expressava. Ao ouvir as palavras de Heitor pronunciadas com tanta sensatez e equilíbrio, Lenita, sentindo- se comovida, perguntou:

– Heitor, posso dirigir uma prece ao Senhor?

– Claro, minha irmã, preces sinceras são sempre apreciadas pelo Mais Alto.

Contrita, Lenita iniciou:

"Senhor,
Diante de tanta beleza, sinto meu coração se encher de alegria e gratidão.
Poder ver... E sentir a Vossa grandeza,
A Vossa perfeição, é estar gozando a felicidade suprema... De existir!
Que meus olhos saibam ver na natureza o Vosso poder.
Para cada momento vivido... E sentido... Que eu saiba agradecer.
No sofrimento... Na saudade... Que eu compreenda a Vossa justiça;

Na esperança... Na fé... E no amor ao próximo
Para viver na vida eterna... Junto de Vós!

Cheia de emoção, Lenita despediu-se de Heitor e foi para o Hospital de Maria.

Logo na entrada, encontrou Marta, que, se aproximando, disse-lhe:

– Obrigada por ter vindo até aqui, Lenita, estamos com problemas com Fátima. Gostaria muito que fosse vê-la.

– Não me agradeça, Marta, é minha tarefa. Jesus confiou em mim, quero desempenhar meu papel com esmero, dedicação e amor por esses espíritos que ainda sofrem a influência da matéria. Mas diga-me o que está acontecendo com nossa irmãzinha.

– Não se conforma com seu desencarne. Foi trazida para cá sob a bênção de Jesus, mas permanece inconformada e que ir embora para seu lar terreno.

– Vamos vê-la – respondeu Lenita, elevando seu pensamento ao Alto e suplicando auxílio.

Encontraram Fatima agitada. Lenita aproximou-se com carinho dizendo-lhe:

– O que está acontecendo, Fátima, o que a faz assim tão agitada?

– Simples, Lenita, não quero ficar aqui. Eu quero voltar para meu lar terreno, junto de minha família. Sou nova e não é justo que fique confinada neste hospital, se tenho liberdade, como dizem, para decidir o que acho melhor para mim.

– Você está certa, Fátima, tem liberdade de escolha, mas não seria prudente agir dessa maneira agora, quando está ainda impossibilitada de pensar e agir com prudência.

– O que faz você pensar que não tenho condições para decidir?

– O seu estado inquieto, a não aceitação de sua vida atual, o seu desejo que não está inserido nesse momento de mudança, uma mudança que somente vai lhe trazer benefícios, se você permitir.

– Benefício para mim, agora, é voltar para junto de minha família! – exclamou Fátima sentindo-se segura, sem perceber que enganava a si mesma.

– Fátima – disse-lhe Lenita com suavidade –, olhe para você e perceba a diferença em seu corpo. Veja como está mais leve, mais sutil, pronto para viver aqui na espiritualidade, que, na verdade, é a nossa casa verdadeira.

– Se eu tenho um corpo, se me vejo, sinto e me expresso, por que não posso estar na vida física junto aos meus.

– Porque ninguém vai vê-la, minha irmã, nem a escutar. Sofrerá por perceber que a vida continuou para aqueles que ficaram e que eles retomaram suas tarefas. Quando retornamos, passamos a existir como uma lembrança no coração de nossos entes queridos, e assim será até o dia do reencontro, que se dará em algum momento. Há quanto tempo chegou aqui na espiritualidade?

– Não sei ao certo, mas parece-me que faz mais ou menos dez anos.

– Você não acha que em dez anos muita coisa acontece?

– O que você quer dizer com isso?

– Quero dizer que as coisas mudam para todos, Fátima; para os que partem e para os que ficam, e nem sempre encontramos nossos entes queridos do mesmo jeito que os deixamos.

Fátima silenciou por alguns instantes. Depois, voltou a dizer:

– Se é assim, eu posso, pelo menos, ajudá-los, não posso?

– Por enquanto não, Fátima. Primeiro é preciso ajudar a si mesma, aceitar sua transformação; aprender a viver como espíritos que somos; entender o significado da palavra amor; e sentir no âmago do seu ser o desejo de auxiliar o próximo, com verdade e sinceridade, e não para tirar proveito, por menor que seja.

Marta apenas escutava as palavras de Lenita, sentindo, por ela, uma crescente admiração.

"Como está elevada esta querida irmã – pensava. – Que Jesus a abençoe sempre."

Fátima, aos poucos, foi se acalmando. De repente, voltou a perguntar:

– Mas o que tenho de fazer para conseguir tudo isso?

– Primeiro, e antes de tudo, se entregar ao amor Divino; agradecer ao Divino Amigo Jesus por todos os benefícios que recebeu e que ainda recebe e vai receber sempre. Depois, é permitir que as energias salutares fortaleçam seu espírito, crer no amor de Deus e querer, sinceramente, evoluir. O mais virá por si só, pelo seu esforço em querer ser melhor, se tornar verdadeira criatura de Deus.

– Posso lhe fazer uma pergunta – disse-lhe Fátima.

– Claro, estou aqui para esclarecê-la no que me for permitido.

– Por que você cuida de seres que desencarnaram anos antes de você, se tem menos tempo de desencarnada? Por que sabe de todas essas coisas e tem permissão para auxiliar aqueles que necessitam?

Lenita sorriu, olhou para Marta e respondeu:

– Fatima, o que, na verdade, importa não é o tempo que o espírito tem de desencarnado, mas sim o que ele fez durante sua existência na Terra; como usou a sagrada oportunidade da encarnação; os valores que adquiriu; o amor que exemplificou para o semelhante, enfim, se o bem foi a sua bandeira que secou as lágrimas do próximo. Não sou o que você possa estar pensando de mim, tenho muito o que aprender, sou ainda muito pequena diante da grandeza espiritual de tantos mestres, mas procuro ouvir e seguir as palavras de Jesus porque elas nos levam à felicidade espiritual.

Marta, cada vez mais, se impressionava com Lenita.

"É uma alma nobre" – pensava.

– E agora, minha irmã, está mais calma, receptiva às palavras do Mestre? Entregue-se à prece sincera, confie e aguarde. Jesus está no controle de tudo. Logo poderá adquirir permissão para ouvir as palestras, ser beneficiada por um trabalho e, no momento propício, visitar seus entes queridos.

Lenita, auxiliada por Marta, beneficiou Fátima com energia salutar. Vendo-a mais calma, despediu-se.

Livro dos Espíritos - Capítulo III

149 – Em que se transforma a alma no instante da morte?

Res. Volta a ser Espírito, ou seja, retorna ao mundo dos Espíritos que ela havia deixado temporariamente.

150 – A alma conserva a sua individualidade após a morte?

Res. Sim. Não a perde jamais. O que seria ela, se não a conservasse?

150-a – Como a alma conserva sua individualidade se não tem mais o corpo material?

Res. Tem um fluido que lhe próprio, que tira da atmosfera do seu planeta e que representa a aparência da sua última encarnação: seu perispirito.

153 – Em que sentido se deve entender a vida eterna?

Res. É a vida do espírito que é eterna; a do corpo é transitória, passageira. Quando o corpo morre, a alma retorna à vida eterna.

155. Como se opera a separação da alma com o corpo?

Res. Desligando-se os liames que a retinham, ela se desprende.

159 – Que sensação experimenta a alma no momento em que se reconhece no mundo dos espíritos?

Res. Depende. Se fizeste o mal com o desejo de fazê--lo, estarás, no primeiro momento, envergonhado de o haver feito. Para o justo é muito diferente: ele se sente aliviado de um grande peso, porque não receia nenhum olhar perquiridor.

165 – O conhecimento do Espiritismo exerce alguma influência sobre a duração maior ou menor da perturbação?

Res. Uma grande influência, pois o espírito compreende antecipadamente a sua situação; mas a prática do bem e a pureza de consciência são o que exercem maior influência.

capítulo
22

A volta de Laurinda

Heitor foi ao encontro de Lenita. Encontrou-a ao lado de Marisa, uma garotinha de cinco anos na idade cronológica da Terra. Propiciava a alegria infantil, oferecendo o que, naquele momento, era o essencial para aquele espírito ainda inserido na infância.

– Desculpe-me se vim solicitar sua presença, mas imaginei que gostaria do que vou lhe propor.

– Tudo o que vem de você, Heitor, é para algo nobre, mesmo sem saber já aceitei.

– Lenita, vamos até a crosta e gostaríamos que viesse conosco, se você quiser, é claro.

– Com imensa alegria – aquiesceu Lenita. – Alguma missão especial?

– Uma missão corriqueira, mas torna-se especial por conta do espírito que vamos receber; grande tarefeira de Cristo, querida por todos nós e por todos os que, de uma forma ou de outra, foram beneficiados por sua bondade.

É uma irmã que retorna à sua pátria de origem vencedora, porque conseguiu transformar os retalhos da vida em uma grande colcha que abrigou quantos a procuraram, transformando tristeza em alegria; lágrimas em sorrisos; sofrimento em fé; dor em esperança, enfim, conseguiu transformar a vida miserável de muitos em um doce lar.

Lenita logo percebeu de quem se tratava. Olhou para Heitor e este, sem esperar a pergunta, falou:

– Sim, Lenita, é nossa Laurinda que retorna trazendo em sua bagagem todo o bem exercitado; todo o amor demonstrado com total desinteresse; é um retorno de alegria! – exclamou.

– Obrigada, Heitor, por permitir minha presença e poder receber Laurinda, minha grande e querida amiga.

Partiram.

Assim que adentraram o barraco materialmente pobre, mas rico de Deus, com a simplicidade das almas puras, Lenita aproximou-se da amiga querida e se enterneceu ao vê-la serena, amparada pelos espíritos amigos que energizavam seu corpo denso, auxiliando a equipe socorrista a desligá-la da matéria. Ao seu lado, chorosas, estavam Matilde e Joana, amigas fiéis de todos os momentos. Flávio e Lucia, um pouco afastados, oravam ao Pai para que a recebesse em seu reino.

A paz reinava absoluta no recinto. Quando, finalmente, a equipe do desencarne terminou, Laurinda, envolvida pela energia de paz e por tênue luz azulada, separou-se de seu corpo físico. E Lenita, emocionada, abriu os braços e recebeu feliz a amiga querida, que, deixando o corpo físico inerte em sua cama, abriu os olhos confiantes para a eternidade.

Mais um espírito do bem se desprendia de sua vestimenta carnal e regressava à sua casa de origem. O corpo de Laurinda era franzino, envelhecido, maltratado pelos obstáculos da vida, obstáculos esses enfrentados com coragem e determinação, sem enfraquecer a fé de que somente o amor transforma o homem; pelas dificuldades que passara e por toda a miséria que enfrentara, calara-se para sempre, mas Laurinda espírito levantava-se perfeita e iluminada, amparada por todo o bem e amor que espalhara à sua volta; por ter feito de sua vida um riacho doce que banhava com sua água cristalina os rostos marcados e os olhos sem brilho daqueles que a procuravam em sofrimento.

Enquanto os encarnados velavam o corpo inerte de Laurinda, seu espírito fora levado para uma casa espírita onde ficaria até o fim do sepultamento recebendo a energia salutar do equilíbrio e da paz necessária neste momento de transformação.

Lenita observava o grande número de pessoas que se acumulavam no pequeno barraco de onde sairia o enterro. Admirava o respeito de toda aquela gente que fora beneficiada por Laurinda e reconhecia várias pessoas que cruzaram com ela enquanto encarnada.

Em dado momento, foi pedido a Flávio que fizesse uma prece de despedida da querida amiga.

Lenita postou-se ao lado de Flávio e lhe disse:

"Faça a prece, Flávio, deixe que saia livremente de seu coração o sentimento mais profundo de amor por esta querida amiga que demonstrou, em toda a sua vida, que o amor universal é essencial para conquistar a felicidade."

Flávio sentiu uma sensação de paz invadir-lhe a alma; lembrou-se de Lenita e a saudade dominou seu coração.

E pensou:

"Se você estiver aqui ao meu lado, Lenita, receba o meu mais puro sentimento de saudade e meu desejo de que seja feliz em sua caminhada de evolução."

Aproximou-se do corpo de Laurinda e orou emocionado:

Heitor e Lenita, acompanhando a equipe espiritual responsável pelo transporte de Laurinda, chegaram ao Hospital Maria de Nazaré. Laurinda foi acomodada em um quarto limpo, lençóis cheirosos, um vaso onde se via uma rosa branca próxima a uma jarra onde fora colocada água fluidificada. Na parede, um quadro com o doce rosto de Jesus.

Após o enterro, todos saíram em direção aos barracos em que moravam. Traziam no rosto a tristeza da separação, mas, conforme aprenderam com Laurinda, agasalhavam ainda a esperança de que dias melhores viriam pelo esforço de cada um.

Assim que Flávio e Lucia chegaram em casa, Lucia, pegando nas mãos do marido, lhe disse:

— Você sentiu a presença de Lenita, não sentiu?

— Por que a pergunta?

— Não sei, em algum momento tive a impressão de que você estava emocionado, mas de uma maneira diferente.

— Isso a incomoda?

– Em absoluto! – exclamou Lucia – Acho até natural que isso pudesse acontecer. Uma ligação de amor verdadeiro não se rompe com a distância, porque, na verdade, essa distância existe apenas para os olhos, e não para o coração, Flávio. E eu não quero e nem vou ser um obstáculo entre duas almas afins.

Flávio se impressionou com as palavras de Lucia. Amava sua esposa, isso era um fato, mas sentia que sua ligação com Lenita não se rompera por causa da distância que os separava. Sabia, como lhe disse Laurinda um dia, que caminhavam como duas linhas paralelas, não poderiam se tocar, mas seguiam na mesma direção cujo destino era o Senhor.

Pegou nas mãos de Lucia e, com carinho, lhe disse:

– Se não se importa, prefiro não falar sobre isso. É um assunto delicado que não saberia explicar, mas quero que saiba que eu amo você, somos felizes e não quero magoá-la.

– Claro, meu bem, eu entendo. Vá descansar, tivemos um dia cansativo e triste.

Passou as mãos sobre os cabelos de Flávio e pensou:

"Eu o amo, Flávio, e sei que me ama também, mas não podemos lutar contra um amor que permaneceu no ar."

O tempo é senhor de tudo. Os dias se passaram e cada coisa foi tomando seu lugar. Na comunidade Santa Rita a vida foi retomando seu curso. Joana e Matilde assumiram, com dedicação, o trabalho de Laurinda, sempre amparadas por Flávio e Lucia que, feliz, anunciara ao marido que esperava a vinda do filhinho, fruto do sentimento real e verdadeiro que os unia.

Lenita continuava seu trabalho junto aos irmãozinhos que desencarnavam precocemente, e o fazia com todo o amor que sentia em seu ser. Exercitava, na espiritualidade, a mesma fraternidade, o mesmo amor universal que vivenciara na Terra, mas, agora, tendo a seu lado Laurinda, sua grande amiga. Ambas seguiam lado a lado rumo à evolução no reino de Deus!

Irmãos meus, é hora do silêncio!

O silêncio faz nossa voz interna gritar à procura de Deus, e Deus está aqui, misturado às coisas que nos esquecemos de observar, mas que encerram a essência do amor fraternal.

Deus também está nas favelas, nos barracos pobres, porque o desamor e a violência não pertencem às favelas, e sim ao coração dos homens que se entregam aos desvarios da matéria.

Onde estiver um coração perdido no mal, envolto por nuvens escuras, haverá violência e maldade.

As guerras nascem nas mentes doentias, orgulhosas, egoístas e sedentas de poder, e, não importa o lugar onde vivam esses corações doentes, importa, sim, o quanto vivem afastados de Deus.

Quanto mal é gerado em meio à opulência e à riqueza! E quanto bem podemos encontrar nos corações que habitam barracos pobres e miseráveis!

Devemos evitar que o sentimento do falso moralismo se infiltre em nossa mente; devemos encarar a verdade dos nossos sentimentos e tentar compreender o muito que podemos realizar em prol de uma sociedade mais feliz. Mas, geralmente, sentimos medo e repulsa por alguém vestido pobremente e nos entregamos, sem reserva, às pessoas que imaginamos ser corretas e dignas unicamente tendo as vestes como garantia. A aparência é apenas o corpo físico à mostra, a essência é o ser na realidade, porque é com o coração que vemos corretamente. O essencial é invisível aos olhos, mas a humanidade é capaz de perdoar um buraco no caráter de um homem do que um buraco na sua roupa.

Por esta razão volto a dizer: é hora do silêncio, é hora de repensar os valores e os conceitos para poder soltar a voz com sabedoria e respeito em favor dos irmãos que amargam as dificuldades e as tristezas das favelas.

O importante é saber que o coração do homem é o local onde se abriga o bem ou o mal; a opção, a escolha do caminho a seguir depende de cada um.

Devemos nos conscientizar da força que possui a palavra; quanto mais o mal for exposto em letras garrafais, mais vai se propagar. Existem mentes que esperam apenas as ideias para agir.

Por que não expor com a mesma força o bem que se pode fazer?

Por que não divulgar as tantas opções que existem para melhorar e acalmar essa onda de violência?

Quanto mais os ricos se exibirem em futilidades, mais os pobres se revoltarão com a gritante e injusta diferença social. É difícil ver o prato dos filhos vazios; crianças doentes e famintas, quando tantos desperdiçam o que, para eles, é essencial; enquanto a ganância e a ambição imperarem soberanas direcionando seus subordinados para atos cruéis contra o semelhante, nada mudará, porque para que a mudança aconteça faltam-lhes os ingredientes principais: o amor e o respeito ao próximo.

A luta por um mundo melhor e mais pacífico é constante e árdua. Cabe a todos contribuir para a modificação. Atirar a primeira pedra é imprudência; julgar impulsivamente é errar no julgamento e se arrepender mais tarde. Mas nutrir o coração com justiça, compreensão e solidariedade é, pelo menos, se dar a oportunidade de acertar.

Em vez de solicitarmos de Deus que nos envie a paz, vamos pedir ao Pai que nos ilumine para que possamos conquistá-la pela transformação da nossa alma, porque tudo se consegue por merecimento.

Deus não nos envia nada de graça, mas nos dá a oportunidade, o esclarecimento e as condições para alcançarmos nosso ideal de felicidade.

É esse ideal que se deve buscar por meio da reforma interior.

Se o homem abrir o coração de verdade para os ensinamentos que Jesus Cristo pregou durante sua estada na Terra conseguirá perceber o verdadeiro sentido da vida; mas é preciso não ter vergonha de amar, querer o bem para os semelhantes e tentar ajudar a todos os que se aproximam em busca de um alento, de uma palavra amiga, de um consolo.

Não raro, o homem deserda dos compromissos, por excesso de egoísmo e escassez de amor, entretanto, só com muito amor fraterno consegue se libertar das coisas materiais e conquistar os valores reais da espiritualidade.

A vida é dada por Deus, para todas as criaturas, como a maior prova de amor paternal. É a oportunidade que precisamos para nos redimir das faltas cometidas no pretérito, ressarcir os erros e saldar os débitos contraídos por meio do egoísmo e do apego excessivo aos prazeres materiais.

É prudente nos revestir de muita humildade para entender o verdadeiro sentido da vida. Viver a verdade de Cristo significa vivenciar as palavras do Evangelho, sentir e propagar os ensinamentos deixados pelo Mestre.

Quando nossos olhos se abrem para a vida física, uma luz se acende para nós. Necessário se faz viver de maneira que essa luz jamais se apague, para não cairmos na escuridão de nós mesmos, permitindo que esta mesma luz continue brilhando através de nossa aura, da pureza dos nossos sentimentos e ações, da vontade de servir e de amar. Quando chegar a hora do nosso retorno, que sejamos guiados pelo clarão dessa luz que, iluminando nosso caminho, vai nos conduzir para a espiritualidade.

O amor é uma força gigantesca que se renova sem cessar enriquecendo, ao mesmo tempo, aquele que dá e aquele que recebe. É por intermédio do amor e da vontade que atraímos para nós as vibrações positivas. As ondas benfazejas são atraídas e se infiltram em nosso ser energizando-o e fortalecendo-o para suportar e enfrentar os obstáculos encontrados.

Não se deve cair no desânimo nem na ociosidade. A vida é um buscar constante, é a luta incessante contra os sentimentos mesquinhos que invadem nossa alma aprisionando-a nas correntes da inconsequência, da leviandade e nos distanciando das virtudes que elevam e salvam os homens.

Todo irmão que deseja progredir, trabalhar na obra da solidariedade universal, recebe dos espíritos mais elevados uma missão particular apropriada às suas aptidões e ao seu grau de adiantamento espiritual, e também a proteção, a força e o amparo para que consigam cumprir essa missão com alegria e com a certeza de estarem no caminho do bem, da verdade e do amor.

É evidente que encontraremos obstáculos durante nosso percurso na Terra. Nessas horas em que o desânimo e a vontade de recuar tomam conta do nosso espírito devemos orar. Elevar nosso pensamento até nosso Pai e pedir com humildade e sinceridade Sua proteção, Sua bênção e o fortalecimento para prosseguir.

Deus nos espera e nos deseja, é preciso que nós saibamos promover nosso encontro com Deus.

capítulo
23

APÓS O SONO, O DESPERTAR

O SONO QUE transportará as criaturas encarnadas para outra dimensão, para outra vida, acontecerá para todos, não importando a crença que possam professar.

A passagem para a outra vida, a verdadeira e eterna, aquela na qual iremos dar conta dos nossos atos, das nossas obras, boas ou más, acontecerá para todos nós inevitavelmente.

Para o homem de bem, esse despertar é sempre tranquilo, é como se acordasse de um sono profundo. A perturbação que se segue após a desencarnação é de duração curta, e logo o espírito perceberá a sua nova situação, desvencilhando-se do corpo físico sem nenhum apego.

Para as pessoas que levaram uma vida desregrada, demasiadamente apegada aos prazeres mundanos, muito materialista, sem nenhuma fé, a perturbação fatalmente será mais longa, podendo ficar preso ao corpo que perdeu durantes horas, dias, meses ou mesmo anos, na ilusão de estar vivo.

Quando os homens enveredam pelo caminho da maldade, da corrupção e do crime, esses terão um triste retorno, sofrendo as reações das ações que eles mesmo praticaram. Assim acontece com os suicidas e aqueles que praticaram ou induziram o aborto.

Os sentimentos elevados conduzem, para uma esfera superior, o homem que, durante sua estada na Terra, semeou o bem, trabalhou em favor dos mais fracos e oprimidos. Certamente, será recebido, na ocasião do seu desenlace, por espíritos amigos auxiliando-o no seu despertar, que será glorioso por todo o bem praticado entre os homens.

A fé no mundo maior é que vai ajudar na caminhada cheia de lágrimas e sorrisos; justiças e ingratidão; segredos e incertezas que é a vida na Terra.

Na luta pela sobrevivência, na busca incansável pela posição social, na correria pelo sucesso e na vontade férrea de subir na vida é preciso cuidar para não se esquecer dos valores verdadeiros e profundos, ou seja, do sucesso interior e da integração com a vida espiritual, tendo a consciência de que somente os bens espirituais vão conosco nessa grande viagem de volta, abrindo as portas do despertar com Jesus.

A felicidade terrena é efêmera, mas a felicidade alicerçada na bondade e na caridade se torna a chave do céu e da felicidade eterna.

Lenita e Laurinda, como de costume, seguiram em direção ao Educandário para, mais uma vez, ouvir a palestra de Madre Teresa, sabendo que, a cada vez, mais e mais se deliciavam com a sabedoria do espírito amigo.

Logo na entrada encontraram com Marta. Sentiram que algo a preocupava, e Lenita exclamou:

– Sinto-a preocupada, irmã! Podemos ajudá-la?

– Recebi a notícia de que logo o filho de minha irmã vai retornar da Terra em razão de um acidente. Preocupa-me a reação de Jurema, que sempre foi muito apegada aos filhos, à família em geral, receio não suportar tamanha dor.

– Querida irmã, confie em Jesus, entregue sua irmã ao Divino Amigo que o amparo virá.

Laurinda, até então silenciosa, disse:

– Desculpe-me, mas não podemos temer a reação das pessoas por suposições nossas. As pessoas nos surpreendem, irmã, mais do que podemos imaginar. Na verdade, não sabemos a proporção do amor e da fé que as pessoas guardam em seu coração.

– Laurinda tem razão – ouviram Heitor falar. – Nossa querida Jurema sempre foi uma irmã de fé, por que agora iria derrubar a edificação que construiu dentro de si mesma e que a sustentou em suas aflições? Ela vai sofrer, sim. Quem não sofre ao se separar de um ente querido? Mas quem sofre com Jesus encontra força e coragem para passar pelos espinhos da dor sem sangrar os pés.

– Podemos ajudá-la?

– Sim. Orem por ela e por aquele que em breve estará entre nós.

– Quando acontecerá? – perguntou Marta.

– Daqui a dois dias, minha irmã, mas será recebido e amparado pela espiritualidade com todo o cuidado e carinho dos quais se faz merecedor.

– Sofrerá muito? – quis saber Marta.

– Como disse, estará amparado pelos espíritos responsáveis por seu desencarne.

Ouviu-se o cântico da Ave Maria iniciando a palestra.

– Vamos – falou Heitor. – Vamos orar pelos irmãozinhos que sofrem.

– Posso orar por Jurema? – perguntou Marta.

– Sim, irmã, por ela e por tantos outros que necessitam.

Entraram.

Em instantes madre Teresa adentrou o recinto.

Envolta em intensa luz azul, o nobre espírito iniciou sua palestra.

"Muitas vezes, meus irmãos, nos perguntamos o porquê de tanto sofrimento, a causa de tantas amarguras e lágrimas que pairam sobre os ombros curvados de tantos irmãos.

Não raro, achamos que as provas são duras demais quando observamos tantas tragédias se abatendo sobre a Terra, mas o que não se pode esquecer é que existe a lei de causa e efeito. A agressão desmedida, seja na natureza, entre os povos, aos animais, enfim, seja contra a própria vida ou de outrem, vai gerar uma reação desastrosa, levando sofrimento e aflições ao coletivo ou àqueles que foram os mentores da inconsequência.

As enfermidades são provenientes dos exageros cometidos, senão na existência atual, em alguma existência do pretérito. O homem desavisado, imprudente e leviano agride o corpo físico com excessos de bebidas, fumo, drogas e até mesmo comida. Leva a vida em desvarios e cava para si mesmo o mal que, de alguma maneira, vai consumi-lo.

É importante viver dentro de um conceito de generosidade, resignação e compreensão das leis de Deus, que são justas, soberanas e imutáveis.

Muitos homens acham difícil caminhar na doutrina do bem. Imaginam ser mais fácil, mais cômodo desistir de pensar no enobrecimento do espírito e se entregar aos prazeres da matéria que lhes traz satisfações momentâneas.

São nesses momentos, meus irmãos, que nascem os sofrimentos, as aflições e as lágrimas.

Madre Teresa silenciou por uns instantes e voltou a dizer:

Vamos orar, irmãos meus, é o momento de elevarmos nosso pensamento até nosso Pai e orar... Orar com sentimento e gratidão; orar com certeza de ser ouvido e atendido, com o desprendimento das almas humildes e generosas, porque nesse instante de encontro com Deus nosso espírito necessita estar aberto para receber os fluidos de amor que nosso Pai nos enviará; as bênçãos que, como um bálsamo, recairão sobre nós e tantos outros irmãos iluminando nossos pensamentos e dando-nos a certeza de que somente através do amor, da resignação e da fé alcançaremos a glória eterna.

Encerrou dizendo:

Que Deus, com toda sua complacência, guie-nos no caminho da verdade e da espiritualidade."

As luzes se apagaram após a saída de madre Teresa; todos se levantaram contritos, levando no espírito a paz acolhedora do Criador.

Dois dias depois, Heitor, acompanhado de Lenita, Laurinda e Marta, seguiu junto com a equipe do desencarne para a crosta com a finalidade de receber Junior, o filho de Jurema. Marta controlava sua ansiedade e, ao mesmo tempo, sua alegria em poder receber em seus braços o filho de sua irmã.

Seguindo a orientação de Heitor, todos permaneceram em oração. Em certo momento, viram a moto de Junior rasgando a estrada, quando um carro desgovernado entrou na contramão e pegou a moto de frente, tirando, instantaneamente, a vida de Junior, que, após serem feitos os desligamentos necessários, foi colocado nos braços de Marta, que o aconchegou nos primeiros momentos até que, colocado na maca, foi levado pela equipe para a casa espírita onde o atendimento aos desencarnados era constante. Ele ficaria ali até que terminasse seu velório e, consequentemente, o enterro de seu corpo.

Olhando o corpo inerte de Junior próximo da moto retorcida, Marta pensou na dor de Jurema e orou ao Pai pedindo auxílio para sustentar seu sofrimento. Em meio a lágrimas e inconformações, o velório aconteceu. Jurema, amparada, chegou ao recinto; seu rosto expressava a dor maior que um ser humano pode aguentar. Ver seu filho inerte, partindo para sempre de seu convívio, era como se suas entranhas fossem retiradas a ferro, deixando marcas de sofrimento jamais por ela sentido. Marta, Lenita e Laurinda aproximaram-se de Jurema amparando-a com energia salutar e, qual não foi a surpresa quando do coração de Jurema saíam palavras de amor ao Pai, palavras de fé e aceitação da vontade Suprema! A cada palavra, a cada sentimento que saía livre em direção a Deus, o recinto se enchia de vibrações positivas nascidas do amor a da confiança que aquela mãe demonstrava. Alheia a tudo, Jurema se entregava ao Senhor:

"Senhor...

Insisto em acreditar em Vós, Senhor da vida.

Insisto em dizer que, apesar do sofrimento em que me encontro,

Não perco a fé que me move.

Insisto, na certeza da sobrevivência da alma na espiritualidade.

Sou alguém que sofre a pior dor que um ser humano pode aguentar.

E sei que sou apenas uma mulher que perdeu a felicidade enquanto dormia.

Mas, mesmo assim, confio em Vós e vos amo,

Porque tenho dentro de mim a força dos que acreditam na vida depois da vida,

Dos que sabem que estamos neste mundo, mas não pertencemos a ele.

E assim, meu Pai, vou seguir em frente

Insistindo na minha fé, apesar da dor e da saudade que ficarão cravadas em meu ser.

Sabendo que o que nos separa da Pátria Espiritual...

É a Vossa vontade, porque és soberano e justo,

E tendo consciência de que sou responsável pela minha chegada

Quero prosseguir,

Enquanto puder, resgatando o meu pretérito,

Com paciência e resignação,

Para chegar feliz e amparada ao encontro de quem amo,

Na Casa de meu Pai!"

(Prece feita pela autora por ocasião do desencarne de seu filho Ricardo Luiz, aos 26 anos de idade. Autorizada pelo autor espiritual)

– Heitor, eu... – tentou falar Marta.

Heitor, interrompendo-a, disse:

– Acabamos de presenciar o sentimento verdadeiro de fé e confiança na aceitação dos desígnios de Deus. A partir deste instante nascerá um importante trabalho social.

Heitor continuou:

– Minhas irmãs, é justamente nesta hora de total sofrimento que devemos nos aproximar mais de Deus; acreditar que Ele não nos faria sofrer tanto se não fosse para nosso melhoramento espiritual; para o resgate de débitos passados. Aprofundar-nos em nossa fé, reavivar a confiança em nosso Pai celestial é ter convicção de que a vida espiritual é uma verdade, a realidade e a certeza que a morte do corpo denso não é uma separação eterna, e que em algum momento, em algum lugar poderemos novamente nos encontrar com aqueles que amamos. Não devemos nos revoltar contra a vontade do Senhor, mas, sim, orar e pedir para que nosso ente querido possa, a cada minuto, se elevar no mundo espiritual. Cremos na justiça de Deus e, por isso, acreditamos que o sofrimento de hoje será a vitória de amanhã, porque nosso Senhor não dá a ninguém uma prova que não mereça e que não possa suportar.

Os espíritos amigos oraram e, em seguida, partiram para a espiritualidade sabendo que Junior estava amparado, assim como Jurema.

Considerações

"O VERDADEIRO HOMEM de bem é aquele que pratica a lei de Justiça, de amor e de caridade na sua mais completa pureza. Se interroga sua consciência sobre os atos praticados, perguntará se violou essa lei; se não cometeu nenhum mal, se fez todo o bem que podia, se ninguém teve de se queixar dele, enfim, se fez para os outros o que queria que os outros lhe fizessem.

O homem possuído pelo sentimento de caridade e de amor ao próximo faz o bem pelo bem, sem esperança de recompensa, e sacrifica o seu interesse pela justiça.

Ele é bom, humano e benevolente para com todos, porque vê irmãos em todos os homens, sem exceção de raças ou de crenças.

Se Deus lhe deu o poder e a riqueza, olha essas coisas como um depósito do qual deve usar para o bem, e disso não se envaidece porque sabe que Deus, que lhos deu, também poderá retirá-los.

Se a ordem social colocou os homens sob sua dependência, trata-os com bondade e benevolência, porque são seus iguais perante Deus; usa de sua autoridade para lhes erguer o moral, e não para os esmagar com seu orgulho.

É indulgente para com as fraquezas dos outros porque sabe que ele mesmo tem necessidade de indulgência e se recorda dessas palavras do Cristo: 'Que aquele que estiver sem pecado atire a primeira pedra'.

Não é vingativo; a exemplo de Jesus, perdoa as ofensas para não se lembrar senão dos benefícios, porque sabe que lhe será perdoado assim como tiver perdoado.

Respeita, enfim, nos seus semelhantes, todos os direitos decorrentes da lei natural, como desejaria que respeitassem os seus."

(*O Livro dos Espíritos*, resposta da pergunta 918)

Assim, meus irmãos, chegamos ao fim de mais um livro. Que cada um consiga trazer para sua vida, como um farol a iluminar seus dias de busca, as palavras de Jesus, seus exemplos, seu amor pelas criaturas sem distinção ou preconceitos.

Todos somos irmãos em Cristo. Todos têm direito à grande casa de Deus. A escolha do caminho depende de cada um. A felicidade somos nós que a criamos com nossos sentimentos de amor e generosidade; nossas atitudes em relação ao próximo, sabendo que temos apenas o usufruto de tudo o que conquistamos materialmente na vida física, mas nossas conquistas espirituais seguirão conosco pela eternidade, e é aí que devemos colocar todos os nossos esforços, pois sabemos que as virtudes adquiridas não as perdemos mais.

A vida na Terra é a oportunidade de nos melhorar como criaturas de Deus. Isto significa que a Terra é, na verdade, uma escola onde aprendemos os valores reais, valorizando as atitudes nobres e os sentimentos sinceros. A finalidade principal de estarmos encarnados é, justamente, nos elevar espiritualmente promovendo nossa evolução por meio da reforma interior. É essa evolução que Deus espera de todos nós.

Necessário se faz extirpar do coração o egoísmo e o orgulho, que levam seus adeptos a viver para si mesmos como se fossem o centro do Universo. Quanto engano, quanta ilusão, quanta vida perdida! Portanto, irmãos meus, procurem a felicidade no amor de Cristo e, com certeza, serão merecedores da felicidade real, a que perdura pela eternidade.

É preciso que o bem seja notado; é preciso que seja praticado; é preciso perceber o amor de Cristo pairando no ar e se entregar, sem reservas, ao Divino Amigo. Hoje vemos com tristeza os homens se perder no emaranhado dos desejos; nas viagens ilusórias; nas paixões que os levam aos desatinos; nos preconceitos que machucam aqueles que são alvo desse sentimento tão pequeno; na prepotência de se julgarem superiores aos que os cercam, enfim, é preciso compreender o grito de socorro dos olhos opacos, que, em silêncio, clamam por auxílio.

É preciso amar!

É preciso entender!

É preciso perdoar!

Não sabemos onde estaremos no futuro, mas sabemos onde estamos no presente; e é agora, neste instante em que termina de ler este livro, o momento de renovação, o momento de perceber o que se é, na verdade, e o que se quer ser perante os homens e perante Deus.

Deus não está somente na suntuosidade dos templos e das catedrais, mas, sim e principalmente, na simplicidade dos corações sinceros, porque é aí que nasce o amor verdadeiro.

Que a escolha seja de sabedoria, de amor, de fraternidade, de igualdade, respeitando a liberdade de cada um e perdoando os enganos que ocorrem com assiduidade no coração do homem. Assim, talvez um dia possamos nos encontrar e, juntos, glorificar a Deus nosso Criador!

Até mais ver!

Irmão Ivo

Palavras da Médium

Busca
Disseram-me que encontraria o Senhor
No mais alto pico da montanha!
Armei-me de esperança e saí em busca de meu Pai.
No caminho ouvi vozes que me falaram.
Mas meus ouvidos fechados fizeram-me seguir.
Luzes claras apareceram, mas meus olhos, cegos,
Empurraram-me para a frente.
Mãos se estenderam em minha direção,
Mas não tive tempo de segurá-las
Porque seguia em busca de meu Pai.
Ao chegar ao mais alto pico da montanha
Olhei ao meu redor, e... Estranho
Não consegui vê-lo, Senhor.
Senti frio e medo... Desamparo e solidão!
Vi-me só!
Entristecida, tomei o caminho de volta

Sentindo cansaço... Sentei-me à beira do caminho e...

Enquanto olhava para o chão surpreendi-me com uma pequena flor

Que acabara de desabrochar, impregnando o ar com seu perfume.

Mãos fraternas acariciaram-me aquecendo o coração.

Senti, então, a paz e o amor de meu Pai à minha volta.

Compreendi por que na minha busca

Não consegui encontrá-Lo;

Enquanto procurei no mais alto pico da montanha,

Deixei-O, Senhor... Para trás,

Perdido nas vozes... Nas luzes... E nas mãos...

Que cruzaram meu caminho!

Muita paz a todos!

Sônia Tozzi

Leia os romances de Schellida
Psicografia de Eliana Machado Coelho

PELO ESPÍRITO
JOÃO PEDRO

Obras de Irmão Ivo: leituras imperdíveis para seu crescimento espiritual Psicografia da médium Sônia Tozzi

O PREÇO DA AMBIÇÃO
Três casais ricos desfrutam de um cruzeiro pela costa brasileira. Tudo é requinte e luxo. Até que um deles, chamado pela própria consciência, resolve questionar os verdadeiros valores da vida e a importância do dinheiro.

A ESSÊNCIA DA ALMA
Ensinamentos e mensagens de Irmão Ivo que orientam a Reforma Íntima e auxiliam no processo de autoconhecimento.

A VIDA DEPOIS DE AMANHÃ
Cássia viveu o trauma da separação de Léo, seu marido. Mas tudo passa e um novo caminho de amor sempre surge ao lado de outro companheiro.

QUANDO CHEGAM AS RESPOSTAS
Jacira e Josué viveram um casamento tumultuado. Agora, na espiritualidade, Jacira quer respostas para entender o porquê de seu sofrimento.

SOMOS TODOS APRENDIZES
Bernadete, uma estudante de Direito, está quase terminando seu curso. Arrogante, lógica e racional, vive em conflito com familiares e amigos de faculdade por causa de seu comportamento rígido.

O AMOR ENXUGA AS LÁGRIMAS
Paulo e Marília, um típico casal classe média brasileiro, levam uma vida tranquila e feliz com os três filhos. Quando tudo parece caminhar em segurança, começam as provações daquela família após a doença do filho Fábio.

O PASSADO AINDA VIVE
Constância pede para reencarnar e viver as mesmas experiências de outra vida. Mas será que ela conseguirá vencer os próprios erros?

NO LIMITE DA ILUSÃO
Marília queria ser modelo. Jovem, bonita e atraente, ela conseguiu subir. Mas a vida cobra seu preço.

ALMAS EM CONFLITO
Cecília e Joaquim vivem um casamento tumultuado. E ela vai aprender, em difíceis experiências, a justiça da Lei de Ação e Reação.

VÍTIMA DO DESEJO
Somos responsáveis pelos nossos atos, bons ou ruins.
Sueli aprendeu isso na prática...

UMA JANELA PARA A FELICIDADE
Nancy supera suas deficiências com a certeza de que sempre colhemos aquilo que plantamos.

EM BUSCA DO VERDADEIRO AMOR
Vitória e Inês, duas irmãs, envolvem-se com o mesmo rapaz. Mas tudo na vida tem um explicação.

RENASCENDO DA DOR
Raul e Solange são namorados. Ele, médico, sensível e humano. Ela, frívola, egoísta e preconceituosa. Assim, eles acabam por se separar. Solange inicia um romance com Murilo e, tempos depois, descobre ser portadora do vírus HIV. Começa, assim, uma nova fase em sua vida, e ela, amparada por amigos espirituais, desperta para os ensinamentos superiores e aprende que só o verdadeiro amor é o caminho para a felicidade.

A RIQUEZA DO AMOR
Lenita trabalhou na Comunidade Santa Rita. E descobriu um mundo de oportunidades para fazer o bem.

Envolventes romances do espírito Margarida da Cunha com psicografia de Sulamita Santos

Pronto para recomeçar

João Pedro é um menino calado e estudioso e que sonha ter uma banda de rock. Vivendo em um lar sem harmonia com a mãe carinhosa e o pai violento, ao entrar na adolescência, começa a se envolver com drogas. Uma história com ensinamentos valiosos sobre a vida após a morte e sobre nossas batalhas cotidianas.

Um milagre chamado perdão

Ambientado na época do coronelismo, este romance convida-nos a uma reflexão profunda acerca do valor do perdão por intermédio de uma emocionante narrativa, na qual o destino de pessoas muito diferentes em uma sociedade preconceituosa revela a necessidade dos reencontros reencarnatórios como sagradas oportunidades de harmonização entre espíritos em processo infinito de evolução.

O passado me condena

Osmar Dias, viúvo, é um rico empresário que tem dois filhos – João Vitor e Lucas. Por uma fatalidade, Osmar sofre um AVC e João Vitor tenta abreviar a vida dele. Contudo, se dá conta de que não há dinheiro que possa desculpar uma consciência ferida.

Os caminhos de uma mulher

Lucinda, uma moça simples, conhece Alberto, jovem rico e solteiro. Eles se apaixonam, mas, para serem felizes, terão de enfrentar Jacira, a mãe do rapaz. Um romance envolvente e cheio de emoções.

Doce entardecer

Paulo e Renato eram como irmãos. Amigos sinceros e verdadeiros. O primeiro, pobre e o segundo, filho do coronel Donato. Graças a Paulo, Renato conhece Elvira, dando início a um romance quase impossível.

À procura de um culpado

Uma mansão, uma festa à beira da piscina, e, de madrugada, um tiro. O empresário João Albuquerque de Lima estava morto. Quem o teria matado? Os espíritos vão ajudar a desvendar o mistério.

Desejo de vingança

O jovem Manoel apaixona-se por Isabel. Depois de insistir, casam-se mesmo ela não o amando. Mas Isabel era ardilosa e orgulhosa. Mais tarde, envolve-se em um caso de traição conjugal com desdobramentos inimagináveis para Manoel e os dois filhos.

Laços que não se rompem

Margarida, filha de fazendeiro, conhece Rosalina, filha de escravos, e ambas passam a nutrir grande amizade. Um dia, a moça se apaixona por um escravo. E aí começam suas maiores aflições.

Obras da médium Maria Nazareth Dória

FRUTOS DO UMBRAL
(espírito Helena)
Nenhum ser que passa pelo Umbral pode esquecê-lo. No coração de todos que deixam essa região sombria, ao sair, o desejo é um só: voltar e fazer alguma coisa para ajudar os que lá ficaram. Esse foi o caso de Rosa.

AMAS
— as mães negras e os filhos brancos
(espírito Luís Fernando – Pai Miguel de Angola)
Livro emocionante que nos permite acompanhar de perto o sofrimento das mulheres negras e brancas que, muitas vezes, viviam dramas semelhantes e se uniam fraternalmente.

LIÇÕES DA SENZALA
(espírito Luís Fernando – Pai Miguel de Angola)
O negro Miguel viveu a dura experiência do trabalho escravo. O sangue derramado em terras brasileiras virou luz.

AMOR E AMBIÇÃO
(espírito Helena)
Loretta era uma jovem da corte de um grande reino europeu entre os séculos XVII e XVIII. Determinada e romântica, desde a adolescência guardava uma paixão por seu primo Raul.

SOB O OLHAR DE DEUS
(espírito Helena)
Gilberto é um maestro de renome internacional. Casado com Maria Luíza, é pai de Angélica e Hortência. Contudo, um segredo vem modificar a vida de todos.

UM NOVO DESPERTAR
(espírito Helena)
Simone é uma moça simples de uma pequena cidade. Lutadora incansável, ela trabalha em uma casa de família para sustentar a mãe e os irmãos, e sempre manteve acesa a esperança de conseguir um futuro melhor.

JÓIA RARA
(espírito Helena)
Leitura edificante, uma página por dia. Um roteiro diário para nossas reflexões e para a conquista de um padrão vibratório elevado, com bom ânimo e vontade de progredir.

CONFISSÕES DE UM SUICIDA
(espírito Helena)
José Carlos pôs fim à própria vida. Ele vai viver, então, um longo período de sofrimento até alcançar os méritos para ser recolhido em uma colônia espiritual.

A SAGA DE UMA SINHÁ
(espírito Luís Fernando – Pai Miguel de Angola)
Sinhá Margareth tem um filho proibido com o negro Antônio. A criança escapa da morte ao nascer. Começa a saga de uma mãe em busca de seu menino.

MINHA VIDA EM TUAS MÃOS
(espírito Luiz Fernando – Pai Miguel de Angola)
O negro velho Tibúrcio guardou um segredo por toda a vida. Agora, antes de sua morte, tudo seria esclarecido, para a comoção geral de uma família inteira.

A ESPIRITUALIDADE E OS BEBÊS
(espírito Irmã Maria)
Livro que acaricia o coração de todos os bebês, papais e mamães, sejam eles de primeira viagem ou não.

HERDEIRO DO CÁLICE SAGRADO
(espírito Helena)
Carlos seguiu a vida religiosa e guardou consigo a força espiritual do Cálice Sagrado. Quem seria o herdeiro daquela peça especial?

VOZES DO CATIVEIRO
(espírito Luís Fernando – Pai Miguel de Angola)
O período da escravidão no Brasil marcou nossa História com sangue, mas também com humildade e religiosidade.

VIDAS ROUBADAS
(espírito Irmã Maria)
Maria do Socorro, jovem do interior, é levada ao Rio de Janeiro pela tia, Teodora, para trabalhar. O que ela não sabe é qual tipo de ofício terá de exercer!

Romances do espírito Alexandre Villas
Psicografia de Fátima Arnolde

O diário de Sabrina

Leandro e Sabrina se amam desde a época da escola, mas enfrentam uma série de dificuldades para viver esse amor, incluindo a mãe possessiva do rapaz e a irmã invejosa da moça. Uma história emocionante, repleta de desencontros e reencontros e que mostra a verdadeira força do amor.

Raio Azul

O renomado pintor Raul nasceu no Brasil mas foi ainda pequeno para a Espanha. Ao se tornar adulto, algo inexplicável o impulsiona a voltar à sua terra natal. Aqui chegando, reconhece em um quadro uma mulher misteriosa que o persegue em suas inspirações. Uma história arrebatadora!

Quando setembro chegar

Silvana sai da Bahia rumo a São Paulo para crescer na vida. Ela e Sidney se tornam grandes amigos e fazem um pacto por toda a eternidade. Um belo romance, que nos ensina que somos os roteiristas da nossa própria história e evolução.

Por toda a minha vida

A família D'Moselisée é respeitada pela sociedade francesa por seus famosos vinhos. Contudo, não podem desfrutar desse conforto porque o pai acha desperdício receber amigos. Este romance nos traz uma linda história de reencontros de almas afins em constante busca de aprendizado.

Enquanto houver amor

O médico Santiago e Melânia formam um casal feliz de classe média alta. Mas Melânia desencarna em um acidente, e a família começa a viver momentos tormentosos. Um romance que nos ensina que o verdadeiro amor supera todas as dificuldades.

Uma longa espera

Laura, moça humilde, envolve-se com um rapaz de classe alta. Como sabia que os pais dele jamais aceitariam, ao engravidar, decide terminar o romance. Devido a complicações durante a gestação, ela desencarna assim que os gêmeos nascem. Antes de partir, ela pede que sua grande amiga Isabel cuide das crianças. Assim começam suas aflições.

Memórias de uma paixão

Mariana é uma jovem de 18 anos que cursa Publicidade. Por intermédio da amiga Júlia, conhece Gustavo, e nasce uma intensa paixão. Até Gustavo ser apresentado para Maria Alice, mãe de Mariana, mulher sedutora, fútil e egoísta. Inicia-se uma estranha competição: mãe e filha apaixonadas pelo mesmo homem.

Livros de Elisa Masselli

É preciso algo mais

A violência se faz presente no mundo todo e, geralmente, está relacionada às drogas. Mas, se tudo está sempre certo e a Lei é justa, por que as drogas existem? Por que Deus permite isso? Por que um jovem, vindo de uma boa família com condições financeiras, usa drogas? A história de Arthur, um adolescente inexperiente, mostra o que pode acontecer a quem se deixar levar pelas drogas: um longo caminho de dor e sofrimento para chegar à regeneração. Este livro pretende consolar todos que, direta ou indiretamente, estejam envolvidos com drogas.

Deus estava com ele

Walther é um jovem que mora no exterior, tem uma boa profissão e uma vida tranquila. Após a morte de sua mãe, descobre segredos que o fazem tomar uma atitude que muda completamente sua vida, levando-o a repensar conceitos, preconceitos e a conhecer a espiritualidade. Uma história emocionante e repleta de ensinamentos.

As chances que a vida dá

Selma leva uma vida tranquila em uma pequena cidade do interior. O reencontro inesperado com uma amiga de infância traz à tona todo o peso de um passado que ela não queria recordar, e toda a segurança de seu mundo começar a ruir de um dia para o outro. Que terrível segredo Selma carrega em seu coração? Neste livro, vamos descobrir que o caminho da redenção depende apenas de nós mesmos e que sempre é tempo de recomeçar uma nova jornada.

Apenas começando

Ao passarmos por momentos difíceis, sentimos que tudo terminou e que não há mais esperança nem um caminho para seguir. Quantas vezes sentimos que precisamos fazer uma escolha; porém, sem sabermos qual seria a melhor opção? Júlia, após manter um relacionamento com um homem comprometido, sentiu que tudo havia terminado e teve de fazer uma escolha, contando, para isso, com o carinho de amigos espirituais.

Não olhe para trás

Olavo é um empresário de sucesso e respeitado por seus funcionários. Entretanto, ninguém pode imaginar que em casa ele espanca sua mulher, Helena, e a mantém afastada do convívio social. O que motiva esse comportamento? A resposta para tal questão surge quando os personagens descobrem que erros do passado não podem ser repetidos, mas devem servir como reflexão para a construção de um futuro melhor.

À beira da loucura

No sertão da Bahia, Cida foi encontrada quase morta. Ao se recuperar, constatou que não lembrava do que lhe havia acontecido e o que estava fazendo naquele lugar, naquelas condições. Passou um longo tempo à procura dessas respostas. Somente amigos, tanto encarnados como desencarnados, poderiam ajudá-la. Enquanto tentava descobrir, recebeu ensinamentos espirituais preciosos, que a fizeram entender o que alguém é capaz de fazer por ciúmes.

GRÁFICA PAYM
Tel. [11] 4392-3344
paym@graficapaym.com.br